새 담임목사님이 오셔도
가정교회
할건가요?

새 당성목사님이 오셔도
가정교회 할건가요?

초판 인쇄	2013년 10월 28일
초판 발행	2013년 10월 31일
지은이	정주채
편집	김성수
교정교열	김설현, 이윤주
펴낸이	나삼진
펴낸곳	도서출판 생명의 양식
등록	1998년 11월 3일. 제22-1443호
주소	137-803 서울특별시 서초구 고무래로 10-5 (반포동)
전화	02-533-2182
팩스	02-533-2185
북디자인	노성일
ISBN	987-89-88618-65-3 (03230)
가격	12,000원

이 책은 저작권법에 의해 보호를 받는 출판물입니다.
기록된 형태의 저자의 허락이 없이는 무단 전재와 복제를 금합니다.
www.qtland.com

이 도서의 국립중앙도서관 출판시도서목록(CIP)은 서지정보유통지원시스템 홈페이지(http://seoji.nl.go.kr)와
국가자료공동목록시스템(http://www.nl.go.kr/kolisnet)에서 이용하실 수 있습니다. (CIP제어번호: CIP2013022044)

정주채 목사 목회 칼럼집

새 담임목사님이 오셔도 가정교회 할 건가요?

정주채 지음

생명의 양식
THE BREAD OF LIFE

발
간
사

20여 년 전의 어느날 책들이 빽빽하게 꼽혀있는 잠실의 당회장실 낡은 서가 모퉁이에 정주채 목사님이 애송하시는 성경구절이 붙어 있는 것을 보았습니다.

"나를 보내신 이가 나와 함께 하시도다. 나는 항상 그가 기뻐하시는 일을 행하므로 나를 혼자 두지 아니하셨느니라." (요 8:29)

"아~! 우리 목사님은 어떤 큰 일을 하려고 하시는 분이 아니라 오직 하나님이 기뻐하시는 일을 하려고 애쓰시는 분이시구나!"
감동을 받으며 서 있었던 그 때의 기억이 새롭습니다.

잠실의 중심에 위치하면서 순탄하게 뻗어가고 있던 고신 교단의 중추적인 교회인 잠실중앙교회의 당회장직을 내려놓고 2000년 가을 낯선 용인 구성읍에 향상교회를 직접 분립개척하셨던 일도 평소 애송하시던 그 말씀의 실천이었던 것으로 압니다.

향상교회 은퇴준비위원들은 65세 조기은퇴를 하시는 정주채 목사님의 예우에 관한 사항들을 결정해 가면서 감동과 감사의 은혜로운 시간을 가졌습니다. 담임목사 은퇴 이후의 생활과 사역을 염려하고 배려하고자 하는 교회의 마음이 담긴 예우 안에 대해서 정목사님께서 끝까지 교회를 걱정하시며 삭감을 주장하셔서 이를 조정하느라 위원회가 매우 힘이 들었습니다. 진귀한 경험이었습니다.

이렇게 주님과 동행하기를 소원하시는 정주채 목사님의 인격과 사상과 영성이 잘 드러나 있는 향상교회의 주보 칼럼이 책으로 엮어져 발간되니 참으로 반갑고 기쁩니다. 부디 이 책이 그리스도의 편지요 향기가 되어 널리 퍼져 나가기를 소망합니다.

2013년 10월 1일
은퇴준비위원장 신원웅 장로

프롤로그

은퇴한다니까 만나는 사람들마다 "은퇴하려니 섭섭하지 않느냐? 왜 조기은퇴를 하느냐? 은퇴하면 뭘 할 것이냐?"라고 묻습니다.

먼저 "섭섭하지 않느냐?"는 말에는 "전혀 그렇지 않다."고 대답할 수 있습니다. 섭섭하기는커녕 오직 감사할 뿐입니다. 요즘 나의 마음에는 감사가 가득합니다. 그리고 하나님의 은혜를 생각할 때마다 눈물이 납니다. "내가 나 된 것은 하나님의 은혜로 된 것이니 내게 주신 그의 은혜가 헛되지 아니하여 내가 모든 사도보다 더 많이 수고하였으나 내가 한 것이 아니요 오직 나와 함께 하신 하나님의 은혜로라"는 말씀이 떠오를 때마다 가슴이 먹먹해집니다.

건강이 매우 나쁘고 약했던 내가 65세까지 목회할 수 있었다는 것, 나 같이 부족한 사람이 30여 년 동안 큰 실수 없이 목회를 할 수 있었다는 것, 무엇보다 다른 사람들이 보는 나와 나 자신이 보는 내가 다른 곳 많은 죄와 위선이 있었음에도 불구하고 하나님께서 버리지 않으시고 용서하시고 용납하시며 기다려주셨다는 것, 하나님께서 나의 부족을 채우시려고 좋은 동역자들을 많이 붙여주셨다는 것 등등 참으로 감사한 일들이 많습니다. 거기다 항상 긴장되고 바쁜 생활에서 벗어날 날도 이제 멀잖았다는 것이 큰 기대로 다가와 있으니 또한 감사합니다.

나는 결혼하고 난 후부터 끊임없이 기도한 제목이 있습니다. 그것은 50세까지는 살게 해 달라는 기도였습니다. 건강이 나빴으므로 나 나름대로는 여러 가지를 고려하고 계산해서 올린 기도였습니다. 나는 초등학교 때부터 목사가 되겠다고 결심하고 준비했는데 목사가 되면 적어도 20년 정도는 목회를 할 수 있어야 안 되겠느냐는 것이 그 첫째 이유였고, 둘째는 결혼을 했으니 배우자와 적어도 20년 정도는 살아주어야 하지 않겠느냐는 것, 셋째는 자녀들이 났으니 이 아이들이 고등학생 때까지는 아빠가 있어야 하지 않을까라는 것 등이었습니다. 이런 되지도 않은 이유들로 올린 기도였지만 하나님께서는 넘치도록 응답하셔서 65세가 가까워질수록 더 건강하게 해주셨고, 오늘에까지 이르게 해 주셨으니 어찌 감사하지 않을 수 있겠습니까.

그리고 나는 65세 은퇴를 '조기은퇴'라고 하는 말에 동의하지 않습니다. 어떤 일에나 특별한 사람들이 있긴 하지만, 보통 사람들은 대개 60세가 되면 창조적이고 생산적인 일을 하기가 어렵다고 합니다. 건강문제도 있지만 그보다는 그 동안의 삶의 경험이 선입견이나 편견을 만들어서 창의적인 사고를 제한시키기 때문입니다. 또 거기다 나이가 많아지면 융통성도 약해져서 자기주장이 강해지고 리더십도 독재형으로 변하는 경우가 대부분이라고 합니다. 그럼에도 불구하고 건강하다면 65세까지는 일을 더 할 수 있는데 그것은 그 동안 축적된 지식이나 경험들이 있기 때문입니다. 그래서 나는 일찍부터 목사·장로는 대학교수들처럼 65세에 은퇴하는 것이 좋겠다고 생각했습니다.

그 후 나는 1998년도에 교단총회에서 미래정책연구위원회의 위원장이 되었는데, 앞의 이유들을 근거로 목사·장로의 정년을 65세로 낮추자고 제안했었습니다. 그러나 당시 대부분의 나이든 목사님들과 장로님들이 벌떼처럼 일어나 반대하는 바람에 뜻을 이루지 못한 것은 물론 아주 혼줄(?)이 났습니다. "성경에는 죽도록 충성하라고 했는데 정년은 무슨 정년이냐? 거기다 정년을 낮추자고? 오히려 건강도 좋아지고 수명도 길어졌으니 정년을 5세 정도는 늘려야 한다. 젊은 것들이 목회가 뭔지도 모르면서 되지도 않은 주장을 하고 있다."고 야단을 했댔습니다.

그럼에도 불구하고 그때 한 가지 남은 열매는 있었습니다. 그것은 교회가 은퇴하는 목사들의 복지를 위해 미리미리 준비해야 한다는 것에 주의를 환기시킨 일입니다.

그리고 그 이전부터 나는 정년단축만 주장한 것이 아니라 교회에 명예직(원로목사, 공로목사, 원로장로 등)을 두는 일을 반대해왔습니다. 1992년에 교단헌법을 개정할 때 원로직 폐지를 주장하였지만, 오히려 그 전에는 없었던 원로장로직이 더 생겨났습니다. 2010년에는 나도 헌법개정위원이 되어 원로직을 없애자고 주장하여 위원들과는 합의를 이룰 수 있었으나 공청회에서 대부분의 목사·장로들이 반대하는 바람에 개정에는 실패하였습니다.

내가 원로직을 반대한 이유는 첫째 이것이 명예직처럼 여겨지고 있기 때문이고, 둘째는 목사의 경우 한 교회에서 20년 이상 목회한 연수(年數)만을 조건으로 하여 원로목사로 우대하는 것은 누구나 거의 한평생을 목사로 헌신한 분들을 차별하는 결과를 가져 오며, 셋째는 은퇴하신 분들이 이런 직분을 이용하여 실제로는 은퇴를 하지 않는 경우가 생겨나기 때문입니다.

즉 은퇴한 목사가 상왕 노릇을 한다든지, 원로장로가 시무장로들의 의견이나 결정을 무시함으로써 당회의 권위가 서지 않아 교회가 어려움을 당하는 경우들이 더러 있습니다. 몇몇 교회들을 보면 교회의 중요한 문제들에 대한 결정권은 사실상 원로목사가 행사하고 있으므로 후임 담임목사가 목회를 제대로 할 수가 없고, 또 어떤 교회들은 은퇴장로들이 단합하여 당회를 압박함으로써 교회가 많은 어려움을 당하는 경우들도 있습니다. 그러니 가능한 명예직은 없는 게 좋고, 더 중요한 것은 제도보다 은퇴하는 사람의 마음과 태도라 하겠습니다. 은퇴하면 진짜 은퇴하는 것 말입니다. 원로목사나 원로장로가 보면 후배들이 하는 일들이 얼마나 어설퍼 보이겠습니까? 그렇다고 간섭하기 시작하면 교회가 혼란을 당하게 된다는 말입니다.

나는 요즘 은퇴 후 교회에 출석하는 문제로 이런저런 생각들을 좀 하고 있습니다. 은퇴 후에도 교회를 떠나고 싶지 않은 것이 마음에 깔려있는 인지상정입니다. 아내는 나에게 평신도로 돌아가 찬양대라도 같이 봉사하자고 말합니다. 정말 그러고 싶기도 합니다. 그러나 우리 자신의 입장만으로 결정할 수는 없습니다. 내가 가장 중요하게 고려하는 것은 교회의 유익입니다. 내가 계속 우리 교회에 다니는 것이 서로에게 유익하다면 그럴 생각입니다. 그러나 혹이라도 교회에나 후임자에게 누가 될 수 있다면 홀연히 떠나야 하겠지요. 그런데 아마 은퇴 후 1~2년 정도는 우리 교회에 나올 시간이 없을는지도 모르겠습니다. 실업자가 과로사한다니까요.

은퇴준비위원회에서 내가 지난 몇 년 동안 주보에 쓴 칼럼들을 출판하자고 해서 깊은 생각 없이 쓴 글들이라 뭔 도움이 되겠느냐고 반대했습니다만, "목사님이 떠나신 후 교우들이 목사님이 그리울 때면 평상시 대화처럼 쓴 칼럼들을 읽으며 위로를 받을 수 있고, 또 교회생활에 지침도 될 수 있지 않겠느냐?"는 권고에 그러자고 동의를 했습니다. 하지만 얼마나 도움이 될는지 모르겠습니다.

출판을 위해 애써주신 은퇴준비위원님들, 특별히 편집을 위해 수고한 김성수 목사님에게 감사드립니다. 항상 따뜻한 사랑으로 저를 품어주신 모든 교우님들에게 감사드립니다. 하나님 아버지, 감사합니다.

2013년 10월 3일
은퇴를 앞두고, 정주채

발간사 _ 4
프롤로그 _ 6

제1부
새로운 시작

예수님이 우리의 소망이십니다 _ 17
새 순이 돋고 꽃술이 퍼지는 아침 _ 19
하나님의 가치를 추구하며 살자 _ 21
정신차려야 한다 _ 23
다음 칸이 있습니다 _ 25

제2부
교회

교회설립 10주년을 맞으며 _ 29
몸과 마음을 다해 찬양하기 _ 39
십일조, 헌금의 복 _ 43
목사의 계급장 _ 48
허영의 교회 _ 51
당회와 제직회의 관계 _ 54

제3부
가정교회 1

새 담임목사님이 오셔도 가정교회 할 건가요 _ 59
교인의 고객화와 교회의 무력화 _ 62
가정교회가 과연 완전한 성경적 모델인가 _ 66
가정교회의 역사 _ 68

제4부
가정교회 2

가정교회의 5대 원칙 _ 77
목자장이 목자들을 부르십니다 _ 80
목장에 기쁨과 활력을 불어넣는 VIP _ 83
아직 목장에 참여하지 않는 분들에게 말씀드립니다 _ 85
나의 기쁨 나의 면류관 _ 88
우리 교회가 변화되고 있습니다 _ 91

제5부
선교와 여행

할 일 많은 세상 _ 97
평양과학기술대학 이야기 _ 101
중국교회 중국선교 _ 105
라틴 아메리카 선교전략회의에 참석하고 _ 108
이슬람이 오고 있다 _ 111
마지막 선교지 인도 _ 113
미국의 힘 _ 117

제6부
이웃

탈북 청소년대안학교 '여명' _ 123
지금은 교회가 나서야할 때입니다 _ 125
우리의 이웃 일본의 재난을 보며 _ 128
지극히 작은 자 하나에게 한 것이 바로 내게 한 것이니라 _ 131
우리 주위에는 이런 사람들도 있습니다 _ 133
가족, 이웃, 그리고 고향 _ 135

제7부 가정과 자녀

하나님의 기업 _ 139
자녀의 신앙교육 _ 142
쉐마교육 _ 145
자식농사에 성공한 귀농 _ 149
장애 자녀를 가진 부모들의 고생을 누가 알리요 _ 151
가정은 인류가 수호해야 할 마지막 보루입니다 _ 154
부부모꼬지가 뭐꼬 _ 157
늦은 결혼 _ 159
결혼은 반드시 주 안에서 이루어져야 합니다 _ 162
어버이주일을 맞으며 _ 165

제8부 감사

감사 모드로 전환하기 _ 169
감사하기 _ 172
감사로 마음을 따뜻하게 _ 175
감사는 삶의 동력을 공급하는 발전소 _ 177
부활절에 읽는 아름다운 이야기들 _ 180
추수감사절과 전도의 열매 _ 183
받기엔 너무 무거운 선물 _ 185

제9부 믿음

하나님나라와 영원에 잇대어 있는 삶 _ 191
죽어서 가는 곳을 어찌 알겠나 _ 197
반전 – 죽음과 부활 _ 200
성도가 위기에 있을 때 취할 자세 _ 203
무지애환 _ 206
간증문을 써보세요 _ 209
성탄절에 얽힌 불확실한 이야기들 _ 213
성령강림절 _ 216

제10부 인물과 기억

날 가끔 울리는 자매 _ 221
금산교회의 조덕삼과 이자익 _ 223
한국교회의 영원한 자랑이요 보배인 故 손양원 목사 _ 226
이은주 사모의 간증집회를 마치고 _ 228
고신총회 설립 60주년 기념일을 맞으며 _ 230
평양과기대 김진경 총장의 전기를 소개합니다 _ 233

제11부 삶

요한 크리소스토무스의 『단순하게 살기』_ 239
함께 도시락 먹는 재미 _ 242
좋은 말 나쁜 말 _ 245
유서 쓴 이야기 _ 248
윤리가 힘이다 _ 251
주님의 긍휼을 앙망하며 _ 254
어느 의사의 유언 _ 257
목사를 행복하게 하는 사람들 _ 260

제12부 사회

인권문제와 기독교 _ 265
무례한 기독교 _ 271
기독인의 나라사랑 _ 274
인터넷 중독 _ 277
세상에는 참 기이한 일들이 많습니다 _ 280
목회자 윤리선언 _ 283

에필로그 _ 287

과연 목회자의 기쁨이 무엇인가요?
작은 개척교회에서 온갖 고생을 하면서도
그들로 하여금 행복하다고 고백하게 만드는 것은
과연 무엇인가요?

천하보다 귀한 영혼을 구원하고,
그들을 섬겨 제자 삼은 바로 그 사람들이 아닌가요?

"주님 보십시오,
이들이 나의 기쁨이요, 나의 면류관입니다."

제1부

새로운 시작

세월을 아껴야 합니다.

시간을 아낀다는 것은 바로
인생을 가치 있게 산다는 말입니다.

인생을 가치 있게 산다는 것은
하나님의 가치를 따라 사는 것입니다.

01
예수님이 우리의 소망이십니다

새해를 맞이할 때마다 모든 사람들의 화두는 희망입니다. 뭔가 좋은 일이 있을 것을 기대하고, 또 그렇게 되기를 바라며 서로를 축복합니다. 그러나 대부분의 희망은 그야말로 희망사항일 뿐입니다. 무슨 근거가 있고 믿을만한 것이 있어서가 아니라 막연한 기대이고 잘 되기를 바라는 덕담입니다.

그러나 우리 기독인의 소망은 하나님을 믿는 믿음에서 나옵니다. 성삼위 하나님의 살아계심과 하나님의 약속의 말씀에 근거합니다. 하나님은 우리가 항상 희망을 가지고 살기를 원하시고 우리에게 희망을 주십니다.

"여호와의 말씀이니라 너희를 향한 나의 생각을 내가 아나니 평안이요 재앙이 아니니라 너희에게 미래와 희망을 주는 것이니라" (렘 29:11)

하나님은 우리의 미래를 위해, 우리의 희망이신 예수 그리스도를 세상에 보내주셨습니다. 아무 희망 없이 사망의 그늘 아래 살고 있는 인류를 구원하시려고 예수님을 보내주셨습니다.

제1부 새로운 시작 17

예수님은 그의 속죄사역을 통하여 우리에게 소망을 주십니다. 범죄하고 실패한 우리들의 죄를 대속하심으로 하나님의 용서를 받게 해 주셨습니다. 용서는 언제나 과거를 털고 일어나 미래를 향해 새 출발할 수 있게 해 줍니다.

예수님은 그의 부활하심을 통해 우리에게 부활과 영생의 소망을 주셨습니다. 그리고 그리스도의 부활은 그를 믿는 모든 사람들의 산 소망, 곧 현재적이고 실제적인 소망이 됩니다. 이 소망은 종말에 있을 부활뿐만 아니라 거듭나서 새 사람이 되게 하는 중생의 은혜요, 일곱 번 넘어져도 또 다시 일어나게 만드는 삶의 동력입니다.

예수 그리스도는 약속의 말씀들을 통하여 우리의 소망이 되십니다. 그는 우리가 믿음으로 받을 수 있는 수많은 축복들을 약속하셨습니다. 이 약속의 말씀들을 읽고 묵상하고 암송하시기 바랍니다. 말씀을 믿고 붙드시기 바랍니다. 그리고 어떤 경우에도 좌절하지 말고 소망을 가지고 나아가시기 바랍니다.

예수님은 우리에게 성령을 통하여 소망을 주십니다. 예수님이 말씀하셨습니다.

"내가 아버지께 구하겠으니 그가 또 다른 보혜사를 너희에게 주사 영원토록 너희와 함께 있게 하리니" (요 14:16)

우리의 믿음도, 우리의 행함도 성령의 도우심 없이는 온전할 수 없습니다. 성령의 권능으로 영적인 전투에서 승리하고 우리에게 주어진 사명을 성취할 수 있습니다. 그리고 성령님은 우리에게 비전을 갖게 하고 꿈을 꾸게 하시는 분이십니다.

예수님은 우리의 소망이십니다. 모든 소망이 그에게로부터 나옵니다. 바울 사도님은 다음과 같이 성도들을 축복했습니다.

"우리 주 예수 그리스도와 우리를 사랑하시고 영원한 위로와 좋은 소망을 은혜로 주신 하나님 우리 아버지께서 너희 마음을 위로하시고 모든 선한 일과 말에 굳건하게 하시기를 원하노라" (살후 2:16-17) 아멘!

02
새 순이 돋고
꽃술이 퍼지는 아침

아가(雅歌)라는 말은 "아름다운 노래"란 뜻이지만, 본래 제목은 "노래들 중의 노래(song of songs)"입니다. 모든 노래의 최고의 주제는 사랑입니다. 아가서의 이 사랑의 노래는 어찌 보면 매우 에로틱하기까지 한 노래입니다. 그러나 이 노래는 단순히 인간의 육체적 사랑이나 로맨스를 노래하고 있는 것이 아닙니다. 만왕의 왕이시지만 영광의 보좌를 떠나 사람의 몸을 입으시고 이 세상에 오셔서 우리를 그의 신부로 삼아주신 주님의 사랑이 얼마나 크고 아름다운가를 노래하고 있습니다.

아가서의 앞부분에서는 신랑(솔로몬)이 신부(술람미 여인)를 찾아와 초청합니다. 그러나 뒷부분에 가면 이제는 신부가 신랑을 초청하고 대접합니다. 7장 11~13절에서 신부는 말합니다.

"내 사랑하는 자야, 우리가 함께 들로 가서 동네에서 유숙하자. 우리가 일찍이 일어나서 포도원으로 가서 포도 움이 돋았는지, 꽃술이 퍼졌는지, 석류 꽃이 피었는지 보자. 거기에서 내가 내 사랑을 네게 주리라. 합환채가 향기를 뿜어내고 우리의 문 앞에는 여러 가지 귀한 열매가 새 것, 묵은 것으로 마련되었구나. 내가 내 사랑하는 자 너를 위하여 쌓아 둔 것이로다." (아7:11-13)

시골 출신의 신부는 신랑인 왕을 시골 동네로 인도합니다. 그리고 그 곳 시골집에서 잠을 자고 아침 일찍 일어나 신랑을 포도원으로 데리고 갑니다. 그리고 거기서 포도나무에 움이 돋은 것, 꽃술이 퍼진 모습을 보여줍니다. 생명의 기운이 가득한 아침입니다. 그리고 다시 집으로 돌아와 식탁에 앉습니다. 그윽한 향이 나는 합환채─이 채소는 남녀의 사랑의 기운을 돋우는 채소로 알려져 있습니다─로 샐러드를 만들고, 온갖 귀한 열매들과 새 것, 묵은 것들을 고루 갖추어 왕을 위해 상을 차렸습니다.

나는 이 부분을 묵상하면서 깊은 감상에 젖었습니다. "주님, 제 마음에 오십시오. 주님이 주신 은혜로 이제 내 안에도 이렇게 생명의 움이 돋고 있습니다. 꽃술이 퍼지고 있습니다", "주님, 우리 집에 오십시오. 우리 교회에 오십시오. 여기 주님을 위한 식탁이 마련되어 있습니다. 이곳에 사랑의 향기가 있고, 주님께서 드실 새 열매와 묵은 열매들이 마련되어 있습니다."

그러나 나는 감히 이렇게 고백할 수 없었습니다. 내가 주님께 보일만한 것이 없었고, 주님께 드릴만한 열매들이 없었기 때문입니다. 그래도 나는 이 말씀을 읽으면서 주님을 만나고 주님의 음성을 들을 수 있었습니다. "너 제법이구나. 힘들게 살면서 이만큼이라도 준비했으니 말이다"라고 말입니다.

나이 드신 아버지들은 경험이 있을 것입니다. 시집간 딸이 새 살림을 시작하면서 식사를 준비했다고 초대해서 가보면 음식 맛이 시원찮습니다. 제대로 된 요리가 얼마나 있겠습니까? 그래도 항상 제 엄마가 준비해 준 것이나 먹던 딸애가 부모를 위해 음식을 마련했다는 것이 대견스럽고 사랑스럽습니다.

나는 우리의 초대를 받고 찾아오신 주님의 마음이 이런 아버지의 마음과 같으리라고 생각합니다. 그래서 비록 주님께 내놓을만한 열매가 적고 대접할만한 것도 별로 없지만 주님은 나를 사랑한다고 말씀하실 것입니다. 주님이 주신 은혜로, 내 마음의 동산에 새 순이 돋고 꽃술이 피어나고 있기에 말입니다.

03
하나님의 가치를 추구하며 살자

영국의 극작가이자 철학자인 버나드 쇼는 유머가 풍부하고 아주 위트가 있는 사람이었습니다. 그의 유머 중에서 항상 들어도 재미있는 것이 있습니다. 그는 자기 묘지에 세울 비문을 생전에 미리 발표하였는데, 그 비문은 이렇습니다. "우물쭈물하다가 내 이럴 줄 알았다."

세월이 참 빠르게 지나고 있습니다. 쇼의 말대로 정말 우물쭈물하다보면 하루가 지나고, 어영부영하다 보면 한 해가 훌쩍 지나고 맙니다. 내가 45세였을 때 어느 은퇴 목사님이 "정 목사, 나이가 몇이냐?"라고 물으시기에 "마흔 다섯입니다"라고 했더니 "참 좋~은 때다"라고 하셨습니다. 그런데 이제 나도 곧 은퇴를 바라봅니다.

시간은 한정된 자원입니다. 하루는 24시간, 일 년은 365일, 이렇게 시간은 정해져 있고 우리는 바쁘게 삽니다. 미국의 경제 사회학자인 피터 드러커의 말입니다.

"시간은 다른 자원과는 달리 한정된 자원이다. 시간은 빌릴 수도, 고용할 수도, 구매할 수도, 혹은 다른 사람보다 더 많이 소유할 수도 없다. 시간의 공급은 완전히 비탄력적이다. 아무리 소유가 많아져도 시간의 공급은 늘릴 수 없다. 시간에는 가격도 없고 한계효용곡선이라는 것도 없다. 게다가 시간은 철저하게 소멸되는 것으로서 저장 될 수도 없다. 어제의 시간은 영원히 지나가 버리고 결코 되돌아오지 않는다. 그러므로 시간은 언제나 심각한 공급 부족 상태에 있다.

그리고 시간은 대체불능이다. 다른 자원도 한계가 있긴 하지만 대체할 수는 있다. 예를 들면, 알루미늄 대신에 구리를 사용할 수 있다. 인간의 노동을 자본으로 대체할 수도 있다. 육체노동을 지식노동으로 대체할 수 있고 그 반대도 가능하다. 그러나 시간만은 다른 무엇으로도 대체할 수 없다."

그렇습니다. 시간은 정해져 있습니다. 이것은 다른 어떤 것으로 대체할 수도 없습니다. 따라서 시간 사용의 문제는 시간 그 자체에 있지 않습니다. 모든 사람들에게 똑같이 주어지고 정해져 있는 시간을 각자 어떻게 사용하느냐가 문제입니다.

여기서 가치관의 문제가 생깁니다. 우리가 정해져 있는 이 시간을 어떤 일을 위해 어떻게 사용해야 할 것인가가 문제입니다. 바쁘다고 세월을 아끼는 것은 아닙니다. 무엇에 바쁘냐가 문제입니다. 우리가 해야 할 일들을 생각해 보면 바쁜 일들과 중요한 일들로 나누어 볼 수 있습니다. 어떤 일은 아주 중요한 일인데도 그렇게 급하게 생각되지 않는 일들이 있고 또 어떤 일들은 매우 급하지만 그렇게 중요한 일이 아닌 것들도 있어서 급한 일과 중요한 일이 꼭 일치하지 않는다는 것을 우리는 알고 있습니다.

그러므로 우리는 일정하게 주어진 시간을 어떻게 사용해야 할 것인지를 잘 생각하고 지혜롭게 살아야 합니다. 누구에게나 객관적으로 주어지는 시간은 같습니다. 지혜로운 자들은 그 시간을 아주 유익하게 사용합니다. 그러나 어리석은 자들은 시간을 낭비합니다. 심지어 어떤 사람들은 시간을 악의 기회로 사용하기도 합니다. 악한 일에 시간을 낭비하는 것입니다.

그래서 우리가 세월을 아껴 선하고 가치 있는 삶을 살기 위해서는 주의 뜻을 이해해야 합니다. 성경에서는 "그러므로 어리석은 자가 되지 말고 오직 주의 뜻이 무엇인가 이해하라", "주께 기쁘시게 할 것이 무엇인가 시험하여 보라"고 했습니다. 우리의 인생은 짧으므로 이것저것 허랑방탕하게 보낼 시간이 없습니다. 세월을 아껴야 합니다. 시간을 아낀다는 것은 바로 인생을 가치 있게 산다는 말입니다. 인생을 가치 있게 산다는 것은 하나님의 가치를 따라 사는 것입니다.

04
정신차려야 한다

해가 바뀐다고 새해가 되는 것은 아닙니다. 우리의 심령이 새롭게 되고 우리의 삶이 달라져야 새해가 되는 것입니다. 지금 우리는 우리가 얼마나 깊이 추락했는지 가늠하기도 힘들 정도로 타락했습니다. 정신을 차려야 합니다. 그렇다면 우리는 왜 정신을 차려야 합니까?

현대는 도덕적으로 급격히 타락하고 있는 시대이기 때문입니다

방탕함과 음란함이 온 세상을 덮고 있습니다. 방탕, 술취함, 음란과 호색이 현대를 설명하는 대표적인 낱말들입니다. 정신적으로 공허해진 사람들이 육신의 정욕을 따라 아무런 절제 없이 끝없이 타락하고 있습니다. 교회 안에도 이런 죄악들이 그대로 들어와 하나님의 영광을 가리고 복음전도의 길이 막히고 있습니다. 죄는 문화라는 이름으로 마약을 태울 때 나오는 연기처럼 사람들을 마취시키고 있습니다. 거기다 사람에게는 누구나 어느 정도 이런 죄성이 남아있어서 정신을 차리지 않으면 이러한 죄악에 쉽게 빠질 수밖에 없습니다.

현대는 물질적인 풍요로 인해서 정신적인 안일에 빠지기 쉽기 때문입니다

지금은 참으로 편리하고 풍요로운 시대입니다. 돈만 있으면 아주 살기 좋은 시대입니다. 입고 싶은 것은 무엇이든지 입을 수 있고, 먹고 싶은 것도 무엇이든 먹을 수 있습니다. 그러나 이러다 보니 현대인들은 영적으로 안일함에 빠져있습니다. '나는 부자다. 부요하여 아무것도 부족한 것이 없다'는 자만심에 빠져 있습니다.

그래서 신자들은 게으릅니다. 신앙생활에 절실함이 없고 간절한 소원도 없습니다. 구원과 영생에 대한 소망도 희미하고 천국에 대한 믿음도 막연할 뿐입니다. 육신적으로 살기 좋은 세상은 우리의 영적인 각성을 빼앗아가기 쉽습니다. 그래서 정신을 차려야 합니다. 지금은 만물의 마지막이 가까운 시대입니다.

우리 시대는 너무 바쁘기 때문입니다

요즘은 경제사정이 어려우니 먹고 살기가 보통 힘들고 바쁜 게 아닙니다. 직장생활도 너무나 힘듭니다. 거기다 편리한 통신수단들이 우리를 더욱 바쁘게 합니다. 휴대폰, 인터넷 등이 보편화되면서 언제 어디서나 사람을 만날 수 있고 많은 정보를 쉽게 얻을 수 있게 되었습니다. 그러나 이것들이 우리로 하여금 피상적인 일에 얼마나 분주하게 하는지 모릅니다. 바쁠수록 돌아가라는 옛 사람들의 속담처럼 바쁠수록 우리 성도들은 마음을 가다듬고 정신을 차려야합니다.

이 시대는 영적으로도 대단히 혼란한 시대입니다

말세가 되면 이런 영적 혼란이 야기될 것이라고 예수님은 아주 강조하여 여러번 말씀해 주셨습니다. "그 때에 사람이 너희에게 말하되 '보라. 그리스도가 여기 있다. 혹 저기 있다.' 하여도 믿지 말라. 거짓 그리스도들과 거짓 선지자들이 일어나 큰 표적과 기사를 보이어 할 수만 있으면 택하신 자들도 미혹하게 하리라." (마 24:23,24)

오늘날 이단들이 수없이 많아졌습니다. 그리고 여러 종파들이 생겼습니다. 이단과 진리가 섞여있고, 사이비종파와 건전한 교회들이 섞여있고, 바른 지도자와 거짓 스승들이 뒤섞여 있습니다. 그러다보니 진리는 그만 상대적인 것이 되고 말았습니다. 여러 이론들 중의 하나인양 되고 말았습니다. 그래서 요즘 많은 사람들이 후천성믿음결핍증에 걸려 있습니다. 아무도 못 믿겠고 어느 것도 안 믿어진다는 것입니다. 이래서 우리가 정신을 차려야 합니다.

05
다음 칸이 있습니다

매일 아침 이메일을 통하여 아름다운 이야기를 보내주시는 분들이 있습니다. 짧은 칼럼들이지만 재미있고, 감동적이거나, 때론 번뜩이는 지혜를 주기도 합니다. 아래 인용한 글은 [사랑밭새벽편지]에서 보내온 글인데, 재미·지혜·감동을 다 주는 글이기에 여러분들과 나누고 싶어 여기에 올립니다.

한 아저씨가 큰 가방을 들고 1호선 인천행 지하철에 올라탔다.
이 아저씨는 가방을 바닥에 놓고 두 손으로 손잡이를 잡고
헛기침을 몇 번 한 뒤 일장 연설을 시작했다.

"자 여러분 안녕하십니까? 제가 여러분 앞에 나선 이유는
가시는 걸음에 좋은 물건 하나 소개시켜 드리고자 이렇게 나섰습니다.
직접 물건을 보여드리겠습니다.
자 플라스틱 머리에 솔이 달려 있습니다.
자 대체 이것이 무엇이겠습니까? 예 칫솔입니다.

이걸 왜 가지고 나왔겠습니까? 물론 팔려고 나왔습니다.
한 개에 200원씩, 다섯 개가 묶여 있습니다.
얼마이겠습니까? 1000원입니다.
뒷면을 돌려 보겠습니다. 영어가 적혀 있습니다.
메이드 인 코리아, 이게 무슨 뜻이겠습니까?
수출했다는 것입니다. 수출이 잘 됐겠습니까?
폭삭 망했습니다. 그래서 들고 나왔습니다.
자 그럼 여러분에게 한 묶음씩 돌려 보겠습니다."

그리고 아저씨는 칫솔을 한 묶음씩 돌렸다.
그때까지 사람들은 웃지도 않았다. 다 돌린 후 아저씨는

"자 여러분 여기서 제가 몇 묶음이나 팔 수 있겠습니까?
여러분도 궁금하십니까?
저는 더 궁금합니다. 잠시 후에 결과를 알려 드리겠습니다."

"자 여러분 칫솔 네 묶음 팔았습니다. 총 매상이 얼마이겠습니까?
예, 칫솔 5개짜리 네 묶음 팔아 겨우 4000원입니다.
제가 실망했겠습니까? 안 했겠습니까?
물론 실망했습니다.
그렇다고 제가 여기에서 포기하겠습니까? 포기안하겠습니까?
예, 절대로 포기하지 않습니다.
저는 다음 칸으로 갑니다."

그래요. 다음 칸이 있습니다. 지난 해의 삶이 실망스러웠습니까? 그렇다고 포기하지는 않으시겠죠? 오늘부터 또 새로운 해가 시작되었습니다. 용기를 내십시오.

제2부

교회

현대는 많은 사람들이 고도의 기계문명 속에서
삭막함과 외로움을 당하고 있습니다.
현대인들에게는 좀 더 가까운 접촉과 따뜻한 사랑이 필요합니다.
하나님이 만드신 본래의 인간됨을 회복하고,
삶을 함께 나눌 진정한 공동체의 재건이 필요합니다.

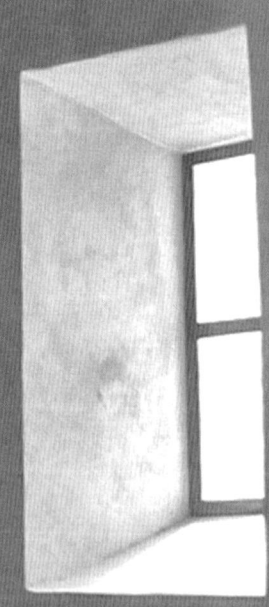

01
교회설립 10주년을 맞으며

01

   1989년, 우리는 연초부터 "2000년대를 향한 잠실중앙교회"라는 표제를 걸고 교회 미래상 정립을 위한 의견수렴과 토론을 시작했습니다. 먼저 교역자들과 장로님들이 기도원에 들어가서 함께 기도하며 10년 후 잠실중앙교회의 모습을 미리 그려보는 일을 시작했습니다.

   나는 "큰 비전, 큰 믿음, 큰 능력"이라는 모토를 제시하고, 토론할 주제들을 정리해서 토론 자료를 만들었습니다. 그리고 교역자와 장로들을 몇 개 조로 나누어 먼저 조별토론을 하도록 했습니다. 교회의 양적·질적 성장 목표와 내용들, 그리고 전도, 교육, 선교, 복지 등 전반에 걸쳐서 토의를 했습니다. 조별 토의 후 전체가 모여서 토의한 것을 발표하고 종합토의를 거쳐 이를 정리했습니다.

   당회원들의 모임이 있은 몇 달 후 주말에 역시 기도원에서 중직자들의 모임을 가졌습니다. 교역자와 장로는 물론 안수집사와 권사, 그리고 주일학교 부장, 각 전도회 회장들까지 함께 기도원에 올라가서 밤이 늦도록 교회의 미래상을 그리며 토의를 했습니다. 역시 조별로 나누었고, 장로님들이 조장을 맡아 지난 번 당회원들의 모임에서 정리한 내용들을 기초로 토의했습니다. 그리고 함께 모여 조별로 토의한 것들을 발표하고 종합 정리를 했습니다.

그리고 중직자들의 토의를 거쳐 어느 정도 윤곽이 잡힌 교회의 미래상을 가지고, 이를 구체적으로 실현하기 위한 더 세밀한 계획을 세우고 그것을 실천하기 위해 추진위원회를 조직했습니다. 이름 하여 '21세기 위원회'였습니다.

이 과정에서 나왔던 중요한 안건 중의 하나가 '교회 분립 개척안'이었습니다. 이는 "교회가 양적으로 계속 성장하게 될 때 교회당과 교육관 등 공간문제는 어떻게 해결할 것인가?"라는 주제를 다루면서 나온 안이었습니다. 교육관은 일단 근처의 상가를 매입하는 방법으로 해결한다 할지라도 본당은 재건축을 하거나, 교회를 이전해서 신축하는 방법으로 해결할 수밖에 없었습니다. 그러나 두 가지 다 현실적으로 어렵고 막대한 재정이 필요했습니다. 그래서 우리는 "교회들이 일반적으로 해 오던 방법대로 해야 할 것이냐? 제3의 방법은 없는가?"라는 생각을 하다가 나온 안이 교회 분립 개척안이었습니다.

분립의 좋은 점은 첫째, 교회 건물을 다시 짓는 것보다 훨씬 적은 비용으로 든든한 개척교회를 세울 수 있다는 점이고, 둘째 21세기에는 대형교회보다 건강한 중소교회가 더 바람직한 교회 모델이기 때문입니다. 그리고 분립으로 교회 사이즈가 작아짐으로써 성도의 교제가 더욱 친밀해질 뿐 아니라, 특히 제직들로 하여금 봉사와 사역에 모두 적극적으로 참여할 수 있도록 하는 계기가 될 수 있다는 점입니다. 물론 이 외에도 여러 가지 유익함이 있습니다. 다음은 교회 분립을 준비하면서 교회 앞에서 내가 자주 했던 말입니다.

"교회 분립은 복음의 확장과 교회 성장의 가장 바람직한 방법이라고 생각합니다. 그리고 우리는 건강한 중소교회를 많이 세우는 것이 좋겠다는 생각을 해 왔습니다. 대교회가 가진 장점들이 있지만 어려운 점과 문제점들도 적지 않습니다. 특히 21세기는 지도자 한 사람의 특별한 카리스마보다는 공동체 구성원들의 적극적인 참여로 이루어지는 리더십이 더욱 요청되고 있습니다.

또 현대는 많은 사람들이 고도의 기계문명 속에서 삭막함과 외로움을 당하고 있습니다. 현대인들에게는 좀 더 가까운 접촉과 따뜻한 사랑이 필요합니다. 하나님이 만드신 본래의 인간됨을 회복하고, 삶을 함께 나눌 진정한 공동체의 재건이 필요합니다. 분립을 통해 양 교회—모교회와 개척교회—가 다 이런 아름다운 교회로 발전될 수 있으리라 믿습니다."

02

컨센서스를 정리하면서 우리는 10년 안에 새 교회를 개척한다는 계획과 아울러 주일 낮예배 출석수가 1,500명이 넘으면 교회를 분립한다는 안을 결정했습니다. 물론 만약 분립이 아닌 일반 개척교회 설립이 가능하다면 교인들을 파송해서 분립개척의 방식을 따르기로 했습니다. 그러나 우리가 최초로 분립을 논의할 때는 주일 낮예배 참석 인원이 800여 명이었습니다. 그래서 분립계획을 세우긴 했으나 실제로 이 일이 이루어지는 것은 먼 장래의 일로 여겨졌고, 이 일을 입안한 우리 자신들과 당장에는 큰 관계가 없어 보였습니다. 그랬기에 당시에는 이 일이 매우 단순하게, 그리고 순수하게 결정되었습니다.

이후 교회는 꾸준히 성장하였고, 1996년에 내가 안식년을 보내고 돌아온 후부터 교회는 더욱 빠르게 성장하여 참석 인원은 곧 1,600명을 넘었습니다. 그리고 이때부터 교회 분립 문제가 본격적으로 논의되기 시작했습니다. 당회는 처음 약속대로 일단 교회를 분립하는 방향으로 의견을 모으고 이를 제직회에 부의했습니다. 그러나 뜻밖에도 제직회에서는 부정적이었습니다.

나는 당시 교회 분립이 중요한 의제라고 생각하여 항존제직들(장로, 집사, 권사)을 5개 조로 나누어 그들과 조별로 충분한 토의를 하고, 그 결과를 전체모임에서 발표하는 방식을 취했습니다. 토의 결과 분립을 찬성하는 조는 2개조였고, 3개조는 유보하자는 의견이었습니다. 유보하자는 쪽은 "이제 우리 교회가 중형교회로 성장하여 선교와 사회봉사 등 안팎으로 많은 일들을 할 수 있게 되었는데, 교회를 분립하게 되면 이후 수년 동안은 이런 사역들이 중단되거나 위축될 수밖에 없지 않느냐"는 것이었습니다. 그리고 "지금은 교회를 개척하기보다 오히려 사회봉사를 많이 해야 할 때"라고 주장했습니다. 결국 분립안은 보류되었습니다. 이와 같은 결정은 한편으론 마음이 놓이지만 다른 한편으로는 아쉬운, 그야말로 시원섭섭한 결정이었습니다.

그런데 1998년에 들어서면서 10년 전 [21세기 위원회]가 세웠던 종합성장계획들을 점검하고, 더 나아가 다가오는 21세기 첫 10년을 위한 새로운 계획을 수립하기 위해 [교회발전연구위원회]가 조직되었습니다. 이 위원회는 30명의 위원들로 구성됐고 몇 개의 소위원회로 나누어 분야별로 연구했습니다. 그리고 여기서 교회 분립에 대한 논의가 다시 이루어졌습니다. 교회 개척 소위원회의 제안으로 전체 회의에서 장시간 논의하였고, 그 후에 투표로 결정했는데 매우 근소한 차이로 교회 분립 개척안이 가결되었습니다.

당회는 교회발전 연구위원회의 결정을 승인했고, 이어 제직회에서도 교회 분립을 결의했습니다. 그리고 1999년도 예산에 분립개척을 추진하기 위한 예산을 반영함으로써 공동의회에서까지 통과를 보았습니다. 그러나 그 후 거의 일 년 동안은 구체적인 준비가 되지 않았습니다. 어느 정도 규모의 재정으로 할 것이며 어떻게 재정을 확보할 것인지, 어디에 교회를 세우는 것이 좋을지 정해지지 않았고, 막연한 상태에서 세월만 흘러갔습니다.

나는 이런 과정을 겪으면서 교회 분립이 생각보다 쉽지 않다는 것을 절실히 깨닫게 되었고, 일이 진행될수록 이러한 생각은 더욱 깊어졌습니다. 모든 일은 담임목사가 앞장서서 적극적으로 추진해야 하는데, 이 경우는 내가 너무 서둘면 '담임목사가 떠나려고 저러나?' 하는 오해의 소지가 있었고, 그것은 또 하나의 어려움이었습니다. 장로님들 역시 적극적으로 나서는 것을 부담스러워했습니다. 또한 교인들은 어느 지역의 교인들이 분립교회로 갈 것이냐는 것으로 설왕설래했습니다. 분립을 결정했지만 그 길은 의외로 멀고 힘들었습니다.

03

　1999년 가을에 접어들면서 당회는 [교회발전 연구위원회]를 해체하고 [분립교회설립 준비위원회]를 구성했습니다. 위원장에 정봉준 장로님이 선임되었고, 그 후 위원장과 사무장을 중심으로 적당한 부지를 매입하기 위해 사방을 두루 다니며 살폈습니다. 처음에는 분립교회에 가능한 많은 교인들이 참여할 수 있게 본교회와 크게 떨어지지 않은 곳을 찾아다녔지만 마땅한 곳이 없었습니다. 교회를 세울 수 있을만한 땅이 없었을 뿐 아니라 가격도 엄청나게 비쌌습니다.

　그래서 서울 외곽으로 땅을 찾아다니다보니 용인시 구성읍까지 오게 되었습니다. 많은 땅을 보고 다녔는데, 마침 구성읍 마북리 연원마을 아파트 단지 내에 종교부지로 약 400평 정도의 부지가 나온 게 있어서 그것을 사기로 작정하였습니다. 땅이 급한 비탈을 포함하고 있어서 가용면적은 300여 평밖에 되지 않았지만 중소교회를 지향하는 우리 입장과 맞아 떨어졌고 거리가 너무 멀다는 것 외에는 모든 조건이 매우 알맞다며 모두들 좋아했습니다.

　그리고 계약금도 생겼습니다. 이 부지매입을 위해 기도하고 있던 어느 날 오전에 집사님 한 분이 전화를 했습니다. 점심식사를 대접하겠다며 아내와 함께 나오라는 것이었습니다. 점심을 먹은 후 그 집사님은 저금통장과 함께 예금된 돈을 찾을 수 있도록 도장을 찍은 예금청구서를 한 장 주면서 "적지만 분립개척교회 설립에 씨앗이 되었으면 좋겠다"라고 말씀하셨습니다. 통장을 보니 금액란에 2자가 있고 그 뒤에는 동그라미들이 많았습니다. 나는 2천만 원쯤 되는 줄로 알았습니다. 그 돈을 감사히 받고 기도했습니다. 마음에 큰 격려가 되었습니다. 그런데 집사님과 헤어진 후 통장을 자세히 보니 그 금액은 2억 원이었습니다. 나는 그 집사님을 통해 하나님께서 분립개척사역에 결재 도장을 찍어주시는 것으로 믿고 다시 한 번 감사했습니다. 그리고 당회에서 이를 밝히며 좋은 땅도 보여주시고 계약금도 주시는 것을 보니 하나님의 뜻이 있는 것 같다고 말했습니다.

　그러나 부지를 계약하는 단계에서 새삼 문제가 생겼습니다. 그 땅 가격을 논하는 과정에서 당회원 중에 그 땅의 매입을 강력히 반대하는 사람이 나왔던 것입니다. 단순히 가격 때문만은 아니었고, 평소에 교회 분립에 대해서 다소 불만을 가지고 있었던 것이 이런 문제와 관련하여 표출된 것이었습니다. 주일 저녁 늦게까지 상당한 논란이 있었고 장시간 논의를 하다가 한 주간만 더 기도하기로 하고 계약을 미루었습니다.

그리고 나는 다음날 오전에 우리교회가 파송한 선교사님의 목사 안수식에 참석하기 위해 인도네시아로 떠났는데 그 날 오후에 위의 부지를 중개했던 사무소에서 급한 연락이 왔습니다. 그것은 다른 교회에서 그 토지가격의 거의 절반이나 되는 금액을 계약금으로 내놓고 전격적으로 계약을 하려고 한다는 것이었습니다. 이에 당황한 준비위원들은 우리가 그 이상의 계약금을 주고서라도 그 땅을 놓쳐서는 안 된다고 주장했습니다. 그러나 일부 당회원들은 일주일 동안 기도해 보고 계약하기로 했으니 그 결의는 존중되어야 한다고 주장했습니다. 결국, 이러는 사이에 다음 날 땅은 다른 교회(지금의 성찬교회)에 팔렸습니다.

나는 인도네시아에서 이 소식을 듣고 크게 낙담했습니다. 더구나 이 문제로 야기된 교회 내의 갈등은 하나의 큰 위기였습니다. 그 토지의 매입을 찬성했던 다수의 장로님들과 준비위원들은 그 땅의 계약을 반대하며 계약을 미루자고 주장했던 장로님들에게 '하나님께서 아주 분명하게 보여주신 뜻을 거역했다'며 공격하기 시작했고, 반대로 공격을 당하는 장로님들은 '이야말로 하나님의 뜻이 아니냐'라며 반박했습니다. 그 당시의 당회 분위기는 거의 격돌 직전이었습니다.

04

해외에서 돌아온 나는 교역자들과 함께 금식기도에 들어갔습니다. 나는 하나님의 은혜를 구했고 지혜와 용기를 주시기를 간절히 기도했습니다. 15년 전 본 교회에 담임이 되면서 만신창이가 된 교회를 어떻게 수습해야할지 몰라 오직 하나님께 기도로 매달릴 수밖에 없었던 그 절실함이 다시 내 가슴을 가득 메웠습니다.

기도원에서 돌아온 나는 당회를 소집하여 다음과 같은 세 가지 사실을 확인하고 결의해 줄 것을 요청했습니다. "첫째는, 교회를 분립한다는 종전의 결의자체에 대해서는 더 이상 어떤 이의도 제기하지 않는다. 둘째는, 분립을 위해 본교회가 지원할 재정규모는 20억으로 정한다. 셋째는, 준비위원장의 사표는 반려하되, 토지선택과 구입에 관한 구체적인 사안은 준비위원회에 일임한다." 위 안건은 하나님의 도우심으로 순조롭게 결의가 되었고, 위기는 수습되었습니다.

고비를 넘긴 우리는 다시 땅 찾기에 몰두했습니다. 이왕 용인 구성 지역에까지 내려왔으니 영역을 더 넓혀서 땅을 찾아다녔습니다. 부지 물색을 다시 시작한지 한 달쯤 되었을 때 두 군데의 땅이 구체적으로 거론되었습니다. 하나는 수지 지구촌교회에서 멀지 않은 곳에 있는 땅이었고, 다른 하나는 바로 마북 부지였습니다. 전자는 약 500평의 땅이어서 우리가 찾고 있는 규모로서는 적당했으나 산인데다가 비탈에 위치하고 있어 가용면적이 적은 것이 흠이었습니다. 후자는 바로 마북 부지였는데 여러 면에서 입지가 좋았습니다. 게다가 볼링장을 하던 건물과 부속건물을 합쳐 약 580여 평의 단층 건물이 있어서 그것을 수리하면 당장 예배당과 교육관으로 쓸 수 있었습니다. 그러나 1,136평이나 되는 큰 땅이었고, 요구하는 가격도 예산보다 배로 더 많았습니다. 또 건물 안에서는 식당과 PC방 등 영업을 하고 있는 세입자들이 많아서 그들을 내보내는 문제도 작은 일이 아니었습니다. 그럼에도 불구하고 당회원들은 거의 모두가 이 땅을 선호했습니다.

거기에 반대한 사람은 나 혼자였습니다. 물론 위치가 좋고 또 당장 교회를 시작할 수도 있다는 점에서도 매우 좋은 조건이라고 나도 생각했지만, 규모가 너무 크다는 것이 마음에 크게 걸렸습니다. 중소교회를 지향한다면서 땅을 1,000평 이상이나 산다는 것이 과연 옳은가 하는 생각에 많이 고민했습니다. 게다가 만약 이 땅을 사서 건물을 수리하여 예배실로 사용하려면 모교회 지원금 외에 적어도 25억 정도의 돈이 더 들어야 할 것이므로 많은 부채를 안지 않으면 안 된다는 것이 더 큰 문제였습니다. 누가 보아도 이는 분명히 분립정신에 맞지 않았습니다.

그러나 준비위원들은 의견을 일치하여 이 땅을 사자는 결정을 했고, 당회원들도 모두 찬성했습니다. 지난 번 반대했던 장로님들도 그때 일로 부담을 느껴서인지 이번에는 아무도 반대하지 않았습니다. 결국 이번에는 내가 양보할 수밖에 없었고, 예상했던대로 새 교회는 많은 부채를 짊어지고 시작해야 했습니다. 이 점은 분립정신과 관련하여 나의 마음에 큰 부담으로 남게 되었습니다.

토지와 건물을 매입한 후 분립을 위한 준비는 급진전되었습니다. 건물의 리모델링을 위한 설계를 하고 신속하게 공사를 시작했습니다. 서둘러 열심히 공사를 했지만 석 달이나 걸렸습니다. 교회 건물은 바깥에서 보면 공장이나 창고 같아 보였지만 내부는 검소하면서도 아담하게 꾸며졌습니다. 본당을 600석 규모로 만들었고, 교육관 4개와 새 가족실, 제자 양육실, 소그룹실과 사무실 등으로 공간을 구성했습니다. 드디어 갖출 것은 거의 다 갖춘 훌륭한 교회건물이 되었습니다.

05

교회부지 매입이 마무리되면서부터 나의 거취문제가 가장 큰 이슈가 되었습니다. 나도 분립준비가 진행되는 동안 계속 많은 생각을 했습니다. 교회가 제대로 분립이 되기 위해 담임목사가 나서야 한다는 생각은 처음부터 나의 마음에 자리 잡은 결론이었습니다. 그러나 몸이 약했던 나에게 개척이라는 말은 그 자체부터가 큰 부담으로 느껴졌고, 아내 역시 쉰이 넘은 나이에다 몸이 약한 나에게 개척은 무리라며 은근히 말렸습니다. 또한 세 아이가 대학에 다니는 상황이었기에 경제적인 문제도 나를 머뭇거리게 만든 하나의 현실적인 문제였습니다.

그러나 분립교회로 갈 작정을 한 교인들은 집요하게 "담임이 새 교회로 가지 않으면 어떻게 분립이 되겠느냐?"고 설득을 했습니다. 당시 다수의 교인들은 담임목사가 본 교회를 두고 개척교회로 가리라는 것을 아예 염두에 두지 않고 있었습니다. 당시의 나는 겉으로 태연한 체 했지만 마음으로는 계속 오락가락 했습니다. 오늘은 가기로 마음을 정했다가 내일은 철회하는 식이었습니다.

그러나 일이 진행되는 과정에서 나는 하나님의 부르심을 분명히 확인할 수 있었습니다. 새 교회가 세워질 곳이 모교회에서 아주 먼 곳에 있었고 많은 부채를 안고 시작하는 상황에서 부목사를 파송한다는 것은 불가능하다고 생각됐습니다. '몇 명 되지 않는 교인들이 어떻게 그 많은 부채를 감당할 수 있겠는가? 그리고 부목사가 갈 경우 교인들이 과연 얼마나 따라 나서겠는가?'라는 생각이 들었습니다. 그래서 기도할 때마다 나의 귀에는 끊임없이 "네가 개척하라"는 음성이 들렸습니다. 결국 나는 모든 것을 주님께 맡기고 새 출발하기로 했습니다.

나는 마음을 결정했지만 이를 언제 교회에 알리느냐는 것이 또 하나의 문제였습니다. 당회를 분립하는 자리에서 당회원들은 '담임목사의 거취문제를 명백히 밝혀 달라.'고 요청했습니다. 나는 "이 문제를 나에게 전적으로 맡겨 달라"고 말했고, 분립교회를 시작하는 날이 정해지면 그 날로부터 한 달 전에 설교를 통해 전격적으로 거취를 밝히겠다고 했습니다. 그러나 이때부터 장로님들은 이미 내가 분립교회로 갈 것 같다는 짐작을 하고 있었던 것 같습니다.

나는 예고한 대로 분립교회가 시작되기 한 달 전인 9월 첫 주일에 분립교회로 떠나겠다는 선언을 했습니다. 교회 분위기는 약간 술렁거렸지만 다행히도 대체로 차분했습니다. 교인들도 어느 정도 예상을 했던 일이었고, 객관적인 상황이 나의 이런 결정을 뒷받침해 주고 있었기 때문입니다.

2000년 10월 15일 예정했던 주일 아침 11시, 우리는 어떤 얼굴들이 모일까 하는 설렘과 더불어 가슴 깊은 곳에서 솟아오르는 감격과 흥분을 가지고 첫 예배에 모였습니다. 유아들까지 합쳐 402명이었습니다. 여기에는 첫 예배를 시켜보려고 온 모교회의 성도들도 있었고, 분립개척의 소문을 듣고 교회당을 수리할 때부터 설립을 기다려온 동네 주민들도 상당수 참석했습니다.

우리는 입례찬송으로 "면류관 가지고 주 앞에 드리세" 찬송을 눈물과 함께 부르며 예배를 시작했습니다. 찬양대는 "나 어제 밤에 잘 때 한 꿈을 꾸었네"라는 곡으로 찬양을 드렸습니다. 나는 여호수아서 1:1~9절의 말씀을 가지고 "내가 주는 땅으로 가라"는 제목의 설교를 했습니다. 예배는 감동 그 자체였습니다.

예배 후 나는 서재에 들어와 혼자서 울고 또 울었습니다. 정든 사람들을 떠나보내고 허전한 마음으로 예배드릴 잠실중앙교회 성도들의 모습이 파노라마처럼 밀려왔기 때문입니다. 그곳에서 울고 웃으며 함께 보낸 19년의 세월이 이젠 잊지 못할 나의 영원한 추억이 되었습니다.

이제 나는 새로운 꿈을 꾸며 향상교회의 미래를 바라봅니다.

02
몸과 마음을 다해 찬양하기

01

    나는 어릴 때부터 항상 엄숙한 분위기에서 예배를 드렸습니다. 언제나 단정하게 앉아서 움직이지 않고 찬송을 부르고 설교를 들었습니다. 나의 이런 태도는 습관이 되었고, 중고등학교 때는 어른들로부터 "너는 어쩌면 미동도 한 번 없이 단정히 앉아서 그렇게 예배를 잘 드리냐?"라는 칭찬을 듣기도 했습니다. 당시는 박수치며 찬송하는 것을 부흥회 같은 때에나 예외적으로 하던 때였습니다.

    내가 어른이 된 후 예배 중에 가스펠 송이 도입되면서부터 나는 그것에 적응하는데에 오랜 기간 동안 어려움을 겪었습니다. 특히 찬송할 때에 드럼을 친다든지, 손을 든다든지, 몸을 움직이는 것은 거부감이 일어나곤 했습니다. 내 후배목사 중 한 명은 강도사 시절에 기타 치며 찬양을 인도하고, 거기다 교인들에게 손을 들라며 강요(?)하다가 그 교회에서 쫓겨나기도 했습니다. 그 친구는 아프리카 체질이었는지, 아프리카에 선교사로 가서 놀랍게 큰 사역을 하고 수많은 교회들을 개척했습니다.

이런 내가 약간 바뀌기 시작한 것은 1988년 안식년으로 영국에 갔을 때였습니다. 내가 갔던 학교는 올내이션스 크리스찬 칼리지(All Nations Christian College)였습니다. 나는 그곳에서 다양한 예배문화를 경험하였고, 그러면서 손을 들고 몸을 흔들며 찬양하는 것을 거부감 없이 바라볼 수 있게 되었습니다. 그리고 나 자신도 조금씩 몸을 사용하여 찬양하기—가끔 손을 들거나 박수를 치는 정도였지만—시작했습니다. 몸을 움직이며 색다른 은혜를 느끼기도 했습니다.

내가 정말 뭔가 회개하는 심정으로 몸놀림에서 자유와 기쁨을 경험하게 된 것은 2007년 안식년 때였습니다. 함께 DTS 훈련을 받던 동료 교역자들은 거의 대부분 젊은이들이었기에 예배 분위기는 활기가 넘쳤습니다. 처음에 어설프게 흉내만 내던 나는 차츰 거기에 젖어들어 갔습니다. 그리고 예배영성의 다양성에 눈을 뜨기 시작했고, 차츰 문화적 고정관념이나 체면, 위신, 나이, 직분 등에서 자유해지기 시작했습니다. 엉거주춤 들던 손을 아무런 주저 없이 자연스럽게 들게 되었던 그 날 나는 해방감으로 눈물을 흘렸습니다. 언약궤 앞에서 춤추던 다윗의 마음이 이랬을까요?

다윗은 하나님 앞에서 망가진 사람이었습니다. 그는 왕이었으나 하나님 앞에서는 어린 아이였습니다. 그는 하나님을 사랑했습니다. 하나님과 친밀했습니다. 다윗의 하나님은 그에게 아빠 하나님이셨습니다. 다윗은 하나님의 임재를 갈망한 사람이었습니다. 그는 조석으로 하나님 앞에 나아가기를 사모했습니다. 주의 궁전에서 한 날이 다른 곳에서의 천 날보다 낫다고 하였고, 악인의 장막에 거함보다 내 하나님의 성전 문지기로 있는 것이 좋다고 하였습니다. 목마른 사슴이 물을 찾듯 그는 하나님의 임재를 갈망했습니다.

하나님의 법궤를 시온성으로 메어 올리던 날, 그는 하나님 앞에서 '방탕한 사람들이 부끄러운 줄 모르고 춤추는 것처럼' 춤추었습니다. 그는 가마에서 내려섰습니다. 그리고 왕관도 벗었습니다. 왕의 홀도 던져버렸습니다. 요즘 말로 하면 그는 웃옷도 벗고, 넥타이도 풀고, 어쩌면 신발도 벗었을지 모르겠습니다. 그는 어린 아이처럼 하나님 앞에서 춤추었습니다. 다윗처럼 나도 몸과 마음이 자유함 가운데 그렇게 하나님을 찬양하는 사람으로 살고 싶었습니다.

그런데 안식년에서 돌아온 지 2년이 지난 지금, 나는 서서히 옛날로 돌아가고 있는 것 같습니다. 나의 영은 지금도 몸의 자유를 갈망하는데 ….

02

성경에 보면 신앙생활에서 항상 강조되는 것은 마음입니다. "마음과 뜻과 힘과 정성을 다하여"라는 말씀이 거듭 강조되고 있습니다. 하나님은 마음이 없는 제사, 정성이 없는 예배, 믿음이 없는 율법준수, 그리고 외식적인 기도는 참고 견딜 수가 없다고까지 말씀하셨습니다. 혹시 여러분은 정성이 없는 형식적인 예배를 드릴 때가 없습니까?

그러나 성경이 단지 "마음만" 말하고 있는 것은 아닙니다. 성경에는 하나님께 기도하고 찬송할 때 예배자들의 신체사용이나 몸놀림에 대한 언급이 많습니다. 서서, 손을 들고, 춤추며, 눈을 들고, 엎드려, 무릎을 꿇고 등등의 수많은 표현들이 나옵니다. 성경은 몸과 마음을 분리하지 않고, 전인적으로 봅니다. 마음은 몸에 담겨있고, 몸은 마음의 지배를 받고 있기 때문입니다. 따라서 몸이 움직이면 마음이 움직이고, 마음이 움직이면 몸이 움직입니다. 그러므로 우리의 습관이나 문화가 이런 몸과 마음의 상호작용을 지나치게 억제하고 있지는 않은지 반성해볼 필요가 있습니다.

우리는 "몸과 마음을 다해"라는 말을 예배드릴 때에 자주 상소합니다. 몸과 마음은 분리할 수 없습니다. 분리되면 죽거나 온전치 못하게 됩니다. 예배야말로 우리 인간이 행하는 가장 고상하고 거룩한 일이며, 여기에는 말 그대로 몸과 마음을 다해야 합니다. 이것은 특히 찬양할 때 더욱 그러합니다. 찬양은 예배의 중심이고, 그것만으로도 예배입니다. 그래서 대부분의 교회들이 찬양을 워십(worship)이라고 합니다.

우리는 시편에서 예배자들이 마음으로 찬양하고 몸으로 찬양하는 것을 볼 수 있습니다. 입으로, 손을 들고, 손뼉을 치며, 춤을 추며, 일어서서, 악기를 연주하며 찬송하고 예배합니다. 지금 우리의 예배 분위기와는 상당히 다른 분위기임을 충분히 짐작할 수 있습니다. 이들 예배자들의 몸놀림에서 우리는 약간의 공통점—정해진 제스쳐가 아니라 자연스럽게 나타난다는 공통점—을 발견할 수 있습니다.

두 팔을 높이 드는 것은 주님을 높임과 간절히 사모함을 나타내고, 때론 항복을 뜻합니다. 옆으로 양팔을 벌리는 것은 마음을 여는 것과 영접, 그리고 감사와 만족을 나타냅니다. 양손을 펴서 드는 것은 올려드린다는 뜻이 있습니다. 그리고 오른손을 드는 것은 확인, 고백, 결단, 맹세의 의미가 있습니다. 또한 손뼉에는 감사, 칭송, 감동의 표현이 들어있습니다.

예배에서 자유를 누리십시오. 우리는 자유자입니다. 죄와 사망의 매임으로부터, 사단과 모든 악의 세력으로부터 속량함을 받고 해방된 사람들입니다. 이 자유를 선포하고, 확인하고, 감사하며 하나님께 나아갑시다. 그런데 이런 큰 구원을 받은 우린데, 안타깝게도 아주 사소한 것들에 얽매여 예배에서 참 자유를 누리지 못하는 경우가 많습니다. 체면, 자기 취향, 어떤 습관 등에 매여서 자유함이 없습니다.

신체를 사용함에 있어서도 우리의 전통문화는 자유함이 없습니다. 손도, 발도, 몸놀림, 감정의 표현을 지나치게 억제합니다. 그래서야 어떻게 몸과 마음을 다해 예배드릴 수 있겠습니까? 워렌 위어스비 목사님은 "감정적인 표현이 결여된 예배는 공허한 종교의식이 될 수 있다"라고 경고했습니다.

나는 어느 선교대회에서 70세가 넘은 강사 목사님이 손을 들고 몸을 움직이며 어린이처럼 찬송하는 것을 보고 감동을 받은 일이 있습니다. 나는 너무 일찍 어른이 되어버렸다는 자괴감과 함께…. 한 가지 분명한 경험은 작은 몸놀림이라도 사용하면 생각 없이 찬송하지 않게 된다는 사실입니다. 몸과 마음을 다해 찬양하기를 연습해 보십시오. 참된 자유를 느낄 때까지 말입니다.

03
십일조, 헌금의 복

01

　십일조 헌금은 아브라함으로부터 시작되었습니다. 그돌라오멜과 그와 동맹한 연합군을 아브라함이 격파하고 그의 조카 롯을 구출하여 돌아올 때 살렘 왕 멜기세덱은 아브라함을 영접하며 축복했습니다. 그때 아브라함은 전리품의 십분의 일을 멜기세덱에게 주었습니다. 멜기세덱은 "지극히 높으신 하나님의 제사장"이었습니다. 이후 아브라함의 자손들은 신조의 믿음을 따라 십일조를 드리며 하나님을 공경했습니다. 후에 십일조는 하나님께 드리는 감사연보의 기준이 되었고, 모세는 이를 율법에 기록하여 영영히 지킬 규례로 삼았습니다.
　그리고 이 십일조 헌금은 아브라함과 그의 후손인 이스라엘 백성들의 축복이 되었습니다. 하나님은 감사하는 자들에게 복을 주시되 그들의 창고가 가득 차도록 주셨기 때문입니다. 유대인들의 경제적인 부는 바로 믿음으로 감사하며 드리는 십일조 헌금에서 비롯되었다는 것이 성경적, 역사적 결론입니다. 아브라함은 하나님의 축복을 받아 당대에 거부가 되었고, 그 후손인 유대인들은 지금도 세계의 부를 그 손에 쥐고 있습니다. 미국 뉴욕 월가의 큰 손들은 대부분 유대인들이고, 따라서 워싱턴 정가(政街)를 좌우지하고 있는 사람들도 유대인들이라는 사실은 누구나 알고 있는 사실입니다.

한국교회도 초기부터 청교도들의 영향으로 주일성수와 십일조 헌금이 강조되었습니다. 가난하기 이루 말할 수 없을 정도였던 그때, 특히 가난한 천민들이 교회의 주류를 이루고 있던 그때에도 십일조 헌금이 강조되었는데 많은 사람들은 이것이 우리나라의 경제성장을 가져온 내적인 힘이 되었다고 결론을 내립니다. 곧 십일조 헌금이 우리 국민들의 의식개혁의 동력이 되고 가난을 이길 수 있는 힘이 되었다는 것입니다.

가난한 사람들이 빠지기 쉬운 의식의 늪이 있는데, 그것은 바로 불평과 원망입니다. 가난하다보면 매사에 짜증이 나고, 다른 사람들을 원망스럽게 느끼기 십상입니다. 그래서 이웃에게 반감이 생기고 생각이 부정적으로 흐릅니다. 이렇게 되니 자포자기에 빠지거나 게을러지고 일상에서 의욕을 상실하기 쉽습니다.

그런데 이런 사람들이 믿음을 가지게 되었고, 변화되기 시작했습니다. 하나님을 알게 되고 그 은혜를 깨닫고 감사하는 마음을 가지게 되었습니다. 그리고 그런 감사를 구체적으로 표현하기 시작했습니다. 초기 성도들은 때론 밥을 굶으면서까지 십일조 헌금을 했습니다. 그러면서 의식구조와 삶의 모드가 바뀌기 시작했습니다. 부정적인 것에서부터 긍정적으로, 낭비에서 창조적이고 생산적인 사람으로 바뀌기 시작했습니다. 원망하고 핑계하는 사람에서 감사하며 부지런히 일하는 사람으로 변화되었습니다. 그렇게 그들은 가난을 극복하게 되었고 서서히 부가 축적되기 시작했습니다.

십일조 헌금을 하면 복을 받는다는 신앙은 기복이 아닙니다. 물론 어떤 이들은 십일조 헌금을 기복적으로 해석하고 적용하는 잘못을 저지르기도 합니다. 그러나 분명히 십일조 감사생활이 우리를 복된 삶으로 이끈다는 사실을 아무도 부정할 수 없습니다. 성경과 교회역사는 감사함으로 하나님을 공경하는 자가 복을 받는다는 것을 확실히 증언하고 있습니다.

어떤 사람들은 교회의 멤버십(membership)의 기준을 세례가 아니라 십일조 헌금으로 해야 한다고 주장합니다. 헌금으로 멤버십의 기준을 삼겠다는 것은 거룩한 교회를 경제집단으로 만들겠다는 것이 아니냐며 반발하는 사람들도 있겠지만, 이런 주장에 일리가 없지 않은 것은 십일조 헌금이 하나님을 만유의 주인으로 믿고 그리스도를 주님으로 모셨다는 신앙고백의 진실성을 잘 보여주고 있기 때문입니다. 나는 우리 교회의 모든 성도들이 십일조 헌금을 함으로써 하나님을 진실로 공경하는 사람들이 되고 물질적인 복도 넉넉히 받아 누릴 수 있기를 바라며 기도합니다.

근대에 와서는 십일조 헌금이 하나님을 진심으로 믿는 믿음의 실제적인 고백과 표지가 되어 주일성수와 함께 신앙생활의 두 기둥이 되었습니다. 십일조 헌금이 헌금을 하는 성도에게 가져다주는 유익은 크고 많습니다.

첫째, 십일조는 자신이 누구를 믿고 사는가를 확인시켜 줌으로써 믿음이 자라게 합니다. 둘째, 물질과 세상살이의 집착에서 자유를 얻게 합니다. 셋째, 하나님이 복 주시리라는 믿음과 기대감을 갖게 만듭니다. 넷째, 불평모드의 사람을 감사모드의 사람으로 바꾸어줍니다. 다섯째, 십일조는 하나님나라에 보화를 쌓게 합니다.

02
십일조 헌금에 대한 Q & A

Q1. 십일조 헌금은 구약의 율법에 속한 것인데, 신약시대에도 해야 하는가?
  A. 감사는 많이 할수록 좋은 일입니다. 신약시대의 성도들은 구약시대의 성도들과는 비교할 수 없이 많은 은혜와 복을 받아 누리고 있기에 바울 사도님은 "그러므로 … 너희 몸을 하나님이 기뻐하시는 산제사로 드리라"고 말씀하셨습니다.

Q2. 가난하고 어려운데도 십일조 헌금을 해야 하는가?
  A. 모든 헌금은 억지로 하는 것이 아닙니다. 믿음과 감사로 하는 것이지 율법 때문에

하는 것은 아닙니다. 그러므로 정 어려우면 못할 수도 있습니다. 하지만 가난할 때라도 하나님의 사랑과 은혜를 기억하고 감사한다면 하나님께서는 더 귀히 보지 않으시겠습니까? 그런데 만약 가난을 핑계대면서 감사를 하지 않는다면 그 사람은 그 마음마저 메마르고 말 것입니다. 감사는 불황을 이기는 영적인 무기입니다.

Q3. 사업을 하기 때문에 매달 십일조를 하기가 어렵다면?
A. 일단 매달 생활비의 십일조를 하고, 연말이나 혹은 적당한 때에 주기적으로 정산해서 헌금할 수 있을 것입니다.

Q4. 십일조 헌금은 교회에 꼭 내야 하는가? 교회가 아니더라도 좋은 기독교 단체들이 많지 않은가? 그리고 꼭 자신이 소속한 교회에 내야 하는가?
A. 그렇습니다. 헌금은 예배의 한 부분입니다. 교회의 공예배에서 드리는 것이 바로 하나님께 드리는 것입니다. 어떤 단체나 기관을 돕는 것은 따로 기부하는 것이지 연보가 아닙니다. 그리고 단체를 돕는 일도 개인적으로 하기보다 교회를 통하여 돕는 것이 더 건전하고 바람직합니다. 또한 헌금은 자기가 소속한 교회에 하는 것이 원칙입니다.

Q5. 교인들 중에는 십일조를 떼놓고 거기서 주일헌금과 특별헌금, 전도회 회비 등을 내는 사람도 있다는데?
A. 하나님은 인색하지 않은 분이십니다. 우리도 후히 받았으니 인색하지 맙시다.

Q6. 가장이 불신자이거나 신앙이 약해서 십일조 헌금을 반대할 때는 어떻게 하나?
A. 이런 경우에는 기다리며 설득하는 것이 좋습니다. 가장인 남편을 속이고 몰래 하는 것은 옳지 못합니다. 십일조보다 더 중요한 것은 배우자의 신앙이 자라는 것입니다. 그러나 이런 상황에서도 자기에게 자유롭게 맡겨진 것이 있다면 거기서 십일조를 할 수는 있을 것입니다.

Q7. 십일조는 총수입에서 하는가? 순수입에서 하는가?

A. 본인이 알아서 할 일입니다. 거듭 말하지만, 십일조는 율법으로 하는 것이 아니라 하나님께 대한 믿음과 감사로 하는 것입니다. 감사야 많이 할수록 좋은 것이지요.

04
목사의 계급장

과연 목사에게 계급장이 있을까요? 천주교의 경우 신부들에게는 분명한 직급이 있습니다. 그러나 신부와는 달리 목사는 초년생이라도 바로 담임목사가 될 수 있고, 경력이 많은 목사라도 부목사로 사역하거나 개척교회를 할 수도 있습니다. 말하자면 직급이 없습니다. 그러니 계급장도 물론 없습니다. 그러나 과연 그런 게 전혀 없는 것일까요?

"목사의 계급장은 교인 수이다"라는 말이 있습니다. 성장주의를 빗댄 가벼운 농담이라고 할 수 있는 말입니다만 실제로 이 말은 가벼운 풍자가 아닙니다. 목사들에게는 가장 심각한 현실이고 스트레스입니다.

군에서 계급은 매우 중요합니다. 그래서 장교들은 진급문제로 항상 긴장해 있습니다. 특히 영관장교에서 장군으로 진급하게 되는 경우는 그야말로 '별을 딴다'는 말이 실감날 정도로 경쟁이 치열하고 그렇기에 계급이 영광스럽습니다. 교회에서는 바로 "교인 수"가 그런 역할을 합니다. 교인 수가 목사를 주눅 들게도 하고 영광스럽게도 합니다. 목사는 어디서나 교인 수로 평가를 받습니다. "교인들이 얼마나 모입니까?"라는 질문은 "당신의 계급이 무엇입니까?"라는 질문과 똑같이 되어버렸습니다.

나는 이런 "계급장"에 초연하려고 지금까지 나 자신과 정말 치열한 싸움을 해왔습니다. 교인 수에 집착하지 않고 교회를 교회답게 하는 일과 영혼을 구원하여 제자 삼는 일에만 전념할 수 있기를 바랐지만 쉽지 않았습니다. 교회성장은 교회 안에서 이미 가장 큰 가치로 자리매김하고 있었고, 그렇기에 이를 초월하기가 결코 만만치 않습니다.

목회 초기에는 매주일 교인의 예배 출석수를 주보에 게재했는데, 나는 그것을 볼 때마다 희비가 엇갈려서 게재하지 못하도록 했습니다. 사무실에서 예배일지를 쓸 때 출석수를 기록하되 나에게는 보고하지 말라고 했습니다. 그러면서도 나는 당시에 교인 수가 점점 불어나고 있었기 때문에 은근히 자랑스러운 마음으로 궁금해져서 무심결에 "오늘 교인들이 얼마나 모였어요?"라고 묻곤 했습니다.

어느 때는 교회가 거의 성장하지 않은 해도 있었습니다. 분당에 신도시가 들어서면서 많은 교인들이 그리로 옮겨갔기 때문입니다. 내가 이 사실을 교회에 알렸더니 어느 집사님이 대뜸 "목사님이 책임지셔야죠."라고 말했습니다. 나는 그 말 때문에 그날 저녁에 잠을 이루지 못했습니다. 하지만 그날 나는 교인 수에 연연하지 않기로 다시 한 번 결심했습니다. 나중에 내가 교회분립을 주장한 것도 교회 크기에 의해 정해지는 목사의 계급장을 떼놓고 싶었기 때문입니다.

왜 난들 높은 계급장을 붙이고 싶지 않겠습니까? 교인을 한 사람이라도 더 모아 교회 이름을 내고 덩달아 나도 유명해지고 싶지 않겠습니까? 그러나 나는 한국교회가 이렇게 추락한 가장 큰 이유 중 하나는 바로 성장주의임을 너무나 잘 알기 때문에 그것을 꼭 깨고 싶습니다.

젊은 목사님들 중에는 정말 목회다운 목회, 본질을 추구하는 목회를 해보자는 비전을 갖고 출발하는 사람들이 더러 있습니다. 그러나 목회현장에 나오자마자 그 꿈은 여지없이 깨지고 맙니다. "꿩 잡는 게 매"라는 교인들의 평가 앞에서 "그 고상한 비전"은 금세 풍비박산이 나고 오직 교인 수 불리기에 혈안이 된 진짜 매 같은 목사가 되고 맙니다. 목사들의 이런 타락에는 교인들의 책임도 상당부분 있습니다. 교인 수가 불어나야 교회가 부흥되는 것이라는 단순한 사고방식이 목사를 압박하고, 결국 목회를 세속적으로 흘러가게 만들기 때문입니다.

그러나 이런 현실 속에서 가정교회 운동은 목회의 본질을 추구하는 운동입니다. 교회가 가진 본질적인 사명, 곧 영혼 구원하여 제자 삼는 일에 충성하자는 운동입니다. 그래서 가정교회를 시작한 교회들은 한결 같이 이미 믿는 교인들의 등록은 받지 않습니다. 이는 기성교인들을 배척하는 것이 아니라 영혼 구원이라는 최고의 사명에 충성하기 위해서입니다.

05
허영의 교회

군사정부가 이끌어간 경제성장의 대열 속으로 교회는 기꺼이 함께 했습니다. 교회는 경제성장의 자원을 최대한 동원한 성장의 이용 주체이자 수혜자였습니다. 경제성장 정책은 교회가 성장하는데에 더 없이 편리한 조건이 되고 동력이 되었습니다. 그렇게 지난 1970년대와 80년대에 걸쳐 교회는 놀랍게 성장했습니다. 교인의 수가 1960년에는 고작 100만 정도였으나 1970년에는 그 배가 넘었고, 1980년 중반에 들어서서는 인구의 약 20%가 되는 천만 명을 헤아리게 되었습니다.

이렇게 해서 대형교회가 나타났고 모두가 그러한 교회를 본보기로 삼아 몸집을 불려나가고자 했습니다. 그것이 교회의 부흥이고, 기독교 전파의 공식이 되기에 이르렀습니다. 2007년의 조사에 따르면 주일마다 예배에 출석하는 교인수가 5,000명이 넘는 이른바 '메가 처치'가 35개나 되었고, 같은 해 외국의 유력 언론은 80만이 넘는 교인을 둔 세계 최대의 여의도순복음교회를 비롯하여 세계 10대 교회 가운데 5개가 한국에 있다고 보도하기도 했습니다. 대형교회를 세운 목사는 개발 정책을 기회로 삼아 성공을 거둔 부동산업자 못지않은 출중한 능력을 지닌 자들이었습니다.

　교회가 커진다는 것이 머리수만 많아진다는 것을 뜻하지 않았습니다. 교회의 수입도 불어난 것입니다. 그래서 교회는 교인이 함께 예배드릴 수 있는 우람하고도 호화로운 예배당을 지었고, 뿐만아니라 교인들에게 갖가지 편의를 제공해 줄 수 있는 시설도 갖춰나갔습니다. 되도록 교회 안에서 모든 것이 충족될 수 있도록 교회는 자기 충족 욕구를 채워나갔습니다. 교회가 묘지를 마련하는가 하면 산천이 좋은 데 기도원이나 수양관을 짓기도 했습니다. 더 나아가 교회 안에 카페도 열고, 공연장으로 쓸 수 있는 공간도 마련해두고자 했습니다. 이러한 교회 안의 각종 편의 시설이 교회 바깥 이웃들의 삶의 터전으로부터 교회를 분리시켜 새로운 담벼락을 치는 결과를 빚게 되었지만 그런 것은 교회주의에 빠진 이들에게는 전혀 관심에 둘 바가 아니었습니다. 모든 것이 교회 중심이어야 했습니다. 이렇게 해서 개발지역에 덩치 큰 교회가 이곳 저곳에 다투듯 세워졌습니다.

　교회가 대형화될수록 목회는 '경영'이 되었고, 성공하고 성장한 기업체의 '경영 노하우'를 배우며 그것을 닮아갔습니다. 목회자는 기업 조직을 경영하는 경영주처럼 되고 목회의 능력은 곧 경영의 능력처럼 되어갔습니다. 목회자는 자연스럽게 기업 조직의 총수처럼 생각하고 행동하고 군림하며 처신하게 되었습니다.

　기업체의 크기에 따라 그 총수의 지위가 달라지듯이 교회의 크기에 따라 담임 목사의 지위도 달라졌습니다. 큰 교회를 경영하는 교회 총수라는 자리 때문에 담임 목사가 행사하는 막강한 권리를 당연하다고 여기게끔 되었습니다. 대형교회는 중세교회의 거대함과 호화스러움을 뒤따르고, 대형교회의 목회 경영자는 중세교권주의자들처럼 엄청난 권력을 휘둘러댔습니다. 이들 목회자들은 화려한 '가운을 입은' 교회 조직의 경영자이고 제후였습니다.

　경제성장이 가져온 허영이 교회 안에도 들어와 교회 자체가 허영의 교회가 되고, 목회자가 허영에 휩싸이고, 교중이 허영을 떠받들고, 허영을 즐기는 판국이 되었습니다. 그러나 이런 허영에 대하여 누구도 물음을 던지지 않습니다. 오히려 허영이 '일반화'되어버렸습니다. 허영을 당연히 여기는 자들이 머리를 맞대고 교회를 더 웅장하게 지어 더 화려하게 꾸미고자 하는 대형화의 공모자가 되고 전위대가 되었습니다. 이것은 이들 스스로 허영의 덫에 걸려들었기 때문입니다. 허영의 도시에서 허영으로 길들여진 이들이 일구고자 계획하고 운영해온 교회란 한낱 허영의 결과물에 지나지 않습니다.

"실상 우리에게는 이 땅 위에 영원한 도성이 없습니다. 우리는 장차 올 도성을 찾고 있습니다." (히 13:14 표준역)

(위 글은 한국기독교목회자협의회 전국수련회에서 연세대학교 박영신 명예교수가 한 강의에서 발췌한 것임)

06
당회와 제직회의 관계

노회나 총회에 가면 당회와 제직회의 위상과 상호 관계에 대해 질문하는 분들이 더러 있었습니다. 근간에는 우리 교회 안에서도 여기에 대해 질문하는 분들이 몇 분 있었습니다. 질문하는 의도는 각기 달랐는데 당회가 제직회의 상위기관이라는 것을 확인하기 위한 의도로 질문하는 분들도 있고, 또 한편에서는 당회가 어떤 근거로 제직회의 결의를 무효화할 수 있느냐며 질문하기도 합니다.

당회는 대내외적으로 교회를 대표하는 대의기관입니다. 곧 당회는 교회를 대표하는 목사(노회가 파송한 목사)와 교인들을 대표하는 장로로 이루어지는 대의기관이며, 교회의 모든 일들을 살피고 감독하는 일을 합니다. 특히 예배와 선교와 치리 등 신령한 일을 책임지고 수행하는 치리기관입니다. 그러니까 총괄적으로 보면 분명히 당회가 교회의 모든 기관들을 감독하고 관리하는 최고기관이라고 할 수 있습니다.

그러나 대외관계나 권징 등의 업무를 제외하고 교회 내의 행정적인 조직으로서만 보면 교회의 최고 의결기관은 공동의회(교인총회)이며, 공동의회 아래 각각 다른 기능을 가진 당회와 제직회가 있습니다. 그리고 공동의회의 양 날개와 같은 당회와 제직회는 각각의 임무와 기능을 따라 독립적으로 안건들을 의논하고 결의할 수 있습니다.

주목할 것은 두 기관이 서로 밀접하게 협력하나 한 기관의 결의로 상대기관의 합법적인 결의를 무효화할 수 없다는 사실입니다. 곧 제직회의 결의를 당회결의로 무효화할 수 없고, 당회가 결의한 일을 제직회의 결의로 무효화시킬 수 없습니다. 다만 당회나 제직회가 상대기관의 반대 권고(부결)를 참고로 하여 스스로 의안을 철회할 수는 있습니다. 그러나 상대기관의 권고(부결)에도 불구하고 그 안건을 기어이 실행시키고자할 때는 공동의회의 승인을 받아야 가능합니다.

예를 들면, 당회가 결의하여 제직회에 부의한 안건을 제직회가 부결시켰을 때 당회는 그 안건을 폐기할 것인지 아니면 공동의회에다 상정할 것인지를 결정해야 합니다. 제직회의 경우도 마찬가지입니다. 그러나 실제로 이런 일은 거의 일어나지 않습니다. 왜냐하면 당회장이 제직회장을 겸하고 있기 때문에 어느 한쪽이 부결시킨 안을 공동의회로 가지고 가는 일은 매우 드문 경우라 하겠습니다.

장로교 헌법을 연구해 보면 우리의 선진들이 얼마나 지혜로운 분들인가를 알 수 있습니다. 영국의 웨스트민스터 종교회의에서 장로교 헌법을 만들 때에 3년이란 긴 기간이 소요되었습니다. 그리고 이들은 회의보다 예배와 기도 시간을 훨씬 더 많이 가지면서 헌법을 초안하였습니다. 그래서 장로교 헌법은 우리가 쉽게 흉내 낼 수 없는 지혜를 담고 있습니다. 당회와 제직회의 관계를 예로 들면, 헌법은 개체교회의 담임목사로 하여금 양 기관의 회장이 되게 해서 제직회와 당회가 충돌하는 것을 막을 수 있게 하였고, 또 모든 치리회의 회장은 말씀을 맡은 목사만 할 수 있도록 해서 교회가 무슨 일을 하든지 단순한 다수결의가 아니라 말씀중심으로 풀어가도록 제도화했습니다.

물론 당회는 교회 내의 그 어떤 기관으로부터도 간섭을 받지 않는 고유 권리를 갖고 있습니다. 그것은 바로 치리권입니다. 주로 교인의 훈련과 권징의 책무입니다. 이런 일에 대해서는 공동의회나 제직회 등 어떤 기관도 당회의 처사에 관여할 수 없습니다. 혹 권징을 받은 당사자가 부당하다고 생각되면 당회에 재심을 청구하거나 노회에 상소할 수 있습니다.

그리고 우리 교단의 헌법에는 교회의 기본재산을 처리하는 절차에서 제직회의 심의가 빠져 있습니다. 기본재산에 관한 안건은 당회가 결의하고 바로 공동의회에 부의할 수 있도록 규정하고 있습니다. 이는 현대에 와서 일반법을 교회법에 준용한 것으로 보입니다. 일반법에서 총유 개념의 교회재산을 다룰 때에는 당회를 법인 이사회로, 공동의회는 주주총회와 같은 기관으로 인정하기 때문입니다.

제3부

가정교회

전도는 목사나 선교사들과 같은 전문사역자들의 사명이지
평신도들의 삶의 목적은 아니라고 보통 생각합니다.
이것도 역시 잘못입니다. 성경은 어디에서도
평신도와 성직자를 전혀 구별하지 않고 있습니다.
이 땅에서의 우리의 최대 목표는
복음을 전하여 영혼을 구원하는 일입니다.

01
새 담임목사님이 오셔도 가정교회 할 건가요?

 가을이 되었습니다. 늦은 장마와 태풍에 재난을 당하고 있는 사람들이 있어서 마음이 아픕니다만 그래도 다가오는 계절은 어김이 없습니다. 이 가을은 영적인 계절입니다. 하늘도 맑아지고 산·내·들이 더욱 아름다워지는 계절입니다. 그리고 이 가을은 신앙생활에 있어서 갱신이 이루어지는 계절이기도 합니다. 그러니 기도와 말씀 그리고 모임에 더욱 열심을 내시기 바랍니다.

 가정교회를 시작한지 벌써 5년째가 되었습니다. 많은 어려움이 있었지만 그래도 이제는 어느 정도 자리를 잡아가고 있어 기쁩니다. 많은 목장에서 교회다운 교회로서의 모습들이 나타나고 있습니다. 영적인 가족으로서의 코이노니아와 교회의 존재 목적인 영혼 구원하여 제자 삼는 가정교회의 사역에 열매들이 맺히고 있어 신기함과 대견스러움을 느낍니다.

 벌써 3~40년이 지났습니다만 나의 선친께서 고향에서 농사를 짓고 있을 때였습니다. 가끔 고향을 방문하여 3~4년 전에 심은 과일나무들로부터 처음으로 몇 개의 열매들이 달린 것을 보노라면 정말 신기하고 대견스러웠습니다. 아직은 반 이상의 나무들이 잎만 무성한 상태이지만 그 중에 몇몇 나무들은 첫 열매들이 맺혀 있어 보는 이들의 마음에 큰 기쁨과 기대를 갖게 만들었던 것입니다. 아마 하나님께서도 우리 가정교회들을 보시며 이런 기대와 기쁨을 가지실 것이란 생각이 듭니다.

그러나 아직도 가정교회에 잘 적응하지 못하고 있는 교우들이 없진 않습니다. 주일예배에는 참석하지만 목장에 나가는 것은 부담스럽게 여기는 분들도 있습니다. 그래서 어떤 분은 "새 담임목사님이 오셔도 가정교회를 계속 할 건가요?"라고 물었다고 합니다. 그분이 대답을 바라고 한 질문은 아니었다고 생각하지만, 나로서는 가정교회 운동을 강조할 수 있는 좋은 기회라고 여겨져 몇 마디 대답을 드립니다.

가정교회 운동은 목회 프로그램이 아닙니다. 편의상 가정교회라고 부르지만, 본래의 뜻은 성경이 보여주는 바로 그 교회를 의미합니다. 우리 교회의 비전은 교회를 교회되게 하자는 것입니다. 성경이 계시하는 교회상을 찾아 그런 교회를 세우자는 것입니다. 이런 면에서 가정교회는 우리가 현재까지 발견한 교회상으로서는 신약 초대교회에 가장 가깝다고 여기고 있습니다. 신약의 초대교회는 가정교회 중심이었습니다.

그리고 가정교회에는 그 정체성을 지켜나가기 위해 결코 양보할 수 없는 몇 가지 원리가 있습니다.

첫째, 목원들이 모일 때마다 애찬을 나누는 일입니다. 목원들의 공동식사는 우리가 한 가족임을 확인하고 고백하는 예식과 같습니다. 이 식사를 포기하는 날 가정교회는 그 기반이 무너지고 전통적으로 해오던 구역모임으로 전락하고 말 것입니다.

둘째, 가정교회는 성경공부 모임이 아니라는 것입니다. 가정교회는 책상 중심의 모임이 아니고 식탁 중심의 모임입니다. 그리고 모임의 내용은 감사의 나눔입니다. 신앙은 관계이고, 관계가 좋은 것이 신앙이 좋은 것입니다. 바로 관계를 정진시키는 첫 걸음은 감사입니다. 하나님의 은혜를 알고 감사하는 것이 바로 믿음이고 예배인 것입니다. 우리는 불평 모드에 길들여 있는 자신을 감사 모드의 사람으로 바꾸어야 합니다.

셋째, 가정교회의 최종 목표는 대(大)사명을 성취하는 것입니다. 가정의 중요한 기능 중 하나는 자녀를 낳고 기르는 것입니다. 하나님께서는 손자를 기다리는 조부모들처럼 가정교회들에서 새로운 생명들이 태어나고 자라나기를 기다리십니다. 하나님의 기업은 사람입니다. 그러므로 영혼을 구원하여 제자 삼는 일은 하나님의 기업에 가장 직접적으로 봉사하는 귀한 일입니다.

02
교인의 고객화와
교회의 무력화

01

빌 벡햄(bill beckham) 박사는 그의 저서 『제2의 종교개혁』에서 교회가 소그룹교회의 한 날개를 잃음으로써 무력한 교회가 되었고, 성도들은 단순한 고객들로 전락해 버렸다고 안타까워하고 있습니다.

"처음부터 사탄은 그가 교회를 파멸시킬 수 없다는 것을 알았다. 예수님은 지옥의 문이 그의 교회를 이기지 못하도록 보장하셨다. 예수님의 약속은 성취되었다. 박해와 경제적인 어려움, 정치적인 변화, 거짓 가르침, 이방종교 등 이것들 중 어느 것도 1세기의 교회 확장을 막지는 못했다. 3세기까지 로마 제국에만 약 6백만 명의 그리스도인들이 살았다.

사탄이 성육신하신 그리스도를 파멸시키지 못했듯이, 지상에 있는 그리스도의 영적인 몸, 즉 교회를 파멸시킬 수 없다. 사탄이 교회를 파괴시키지 못한다면, 과연 무엇을 할 수 있겠는가? 그는 교회를 무력화시킬 방도를 찾았다. 사탄은 이보다 더 천재적인 계획을 고안할 수 없었을 것이다.

우선 그는 교회에 정치적 지지와 사회적 존경을 주었다. 그런 후에 교회의 소그룹 구조를 공격함으로써 교회를 무력화시키기 시작했다. 그래서 교회는 새 지체를 양육하고, 영적인 능력을 적용하며, 서로를 세우고, 필요한 지도자를 훈련시키며, 세상에 복음을 전하고, 살아계신 그리스도의 임재를 만나며 성령의 은사를 통하여 세워지는 능력에 커다란 제한을 받게 되었다.

이것은 한쪽 날개만 가진 새가 되는 결과를 가져왔다. 여전히 새처럼 보이고 새처럼 소리를 내지만 새로서의 본래 기능은 할 수 없을 것이다. 더 이상 날지 못한다! 날개가 하나뿐인 땅에 매인 종교제도가 되었다. 본래 구조가 갖고 있던 균형과 힘이 무력화되어 교회에 대하여 갖고 있던 하나님의 일차적인 목적인 교육과 전도는 왜곡되고 말았다. 그리고 교인들은 관객들로 변모되고 말았다.

20세기의 교인들의 대부분은 생산자가 아닌 고객들이다. 그들은 소비적인 그리스도인들이다. 그들이 왜 그렇게 되었나? 그것은 그들을 생산자로 만들어주거나 생산적으로 활용하는 생명력 있는 환경이 교회에는 없기 때문이다.

교인들이 전통교회와 맺은 계약은 교회로부터 소중하게 여김을 받고, 후원을 받으며, 언제나 재미있고 유익한 어떤 것을 제공받아야 한다는 것이다. 대신에 교인들은 교회를 존중하고, 그런 체제를 지지하기 위해 헌금을 할 것이다. 이런 고객으로서의 그리스도인들은 교회 회원의 80% 정도를 차지하는데, 이들은 생산적인 나머지 20%의 사람들에 의해 돌봄과 섬김을 받는다.

이것은 고객으로서의 교인들이 교회를 그 사역에서 무력화시키는 요소가 되고 있음을 의미한다. 그들은 교회에서 중요한 소비자로, 생산적인 그리스도인들에게 그 필요를 채워달라고 요구한다. 그들의 요구가 채워지지 않으면 그들을 만족시켜 줄 수 있는 다른 교회를 찾아 나설 것이다. 결국 고객으로서의 그리스도인들은 20%의 성숙한 그리스도인들을 무력화시키고 마는데, 이는 생산적인 그리스도인들이 그들의 시간과 정력을 고객과 같이 돼 버린 교인들의 요구를 채워주고 그들을 돌보는 데에 사용해야 하기 때문이다."

02

그러면 어떻게 무력화된 현대교회를 이런 건강하고 역동적인 교회로 회복시킬 수 있을까요?

첫째는 성도들의 믿음과 생각이 변화되는 것입니다. 빌 벡햄에 의하면 교인의 80%가 생산자나 주인이 아닌 소비자나 고객으로 전락해버렸다고 합니다. 특히 소수의 교회 사역자들이 교인들을 그렇게 만들고 있다고 말합니다. 나는 그의 판단이 정확하다고 생각합니다. 교회의 지도자들이 교회 밖의 사람들에 대해서는 점점 무관심해지고, 교회 안에 들어온 사람들 곧 이미 그리스도를 구주로 믿고 영접한 사람들을 위한 서비스에 모든 힘을 다 쏟고 있는 것이 오늘날 교회들의 현실입니다.

이러다보니 교인들은 자신이 바로 몸 된 교회의 지체이며 따라서 공동체를 위한 봉사자라는 사실을 잊어버리게 되었습니다. 더 심각한 것은 자신이 받은 구원의 은혜에 대한 감사도 잃어버리고, 나아가 자신이 받아 누리고 있는 이 구원의 복음을 전할 사명이 있다는 사실도 망각하게 된 것입니다. 그리고 이렇게 고객이 되어버린 교인들은 질 높고 품위 있는 서비스를 기대하게 됩니다. 그 서비스는 마음을 기쁘게 하는 좋은 설교, 따뜻한 교회의 분위기, 아름다운 예배 음악, 목회자들의 세심한 관심과 친절한 태도, 간절한 축복기도… 등입니다. 이런 일에 만족감이 없으면 고객은 그런 교회를 찾아 떠돌게 됩니다.

이제 우리의 생각을 바꾸어야 합니다. '하나님께는 복 받고 사람들에게는 섬김을 받으려는 마음'을 '하나님께는 감사하고 사람들에게는 섬기려는 마음'으로 바꾸어야 합니다. 은혜를 받으려고만 할 것이 아니라 받은 은혜를 간증하고 나누어야 하고, 특별히 구원의 복음을 전하여 영혼을 구원하는 일을 위해 자신을 내놓아야 합니다. 그렇지 않으면 우리는 만년 소비자나 고객으로 남게 되고, 교회의 에너지는 이런 고객들을 섬기는 일로 고갈되고 말 것입니다.

둘째로 건강하고 역동적인 교회로 회복되기 위해서는 교회의 구조가 바로 세워져야 합니다. 이것에 대해 빌 벡햄은 교회의 구조를 바로 세우는 것은 "예수님이 계획하시고 실행하셨던 소그룹 구조를 가진 교회를 세우는 것"이라고 했습니다. 소그룹 구조를 가진 교회가 바로 가정교회입니다.

　가정교회는 우리가 모두 하나님의 한 가족이요, 몸 된 교회의 지체들임을 구체적으로 고백하고 경험하는 곳입니다. 성도들은 더 이상 외인도 손님도 아니며 하나님의 권속입니다. 우리는 그리스도의 피로 거듭나 하나님의 자녀가 됨으로써 영원한 형제자매가 되었습니다. 이를 확인하고, 사랑을 증진시키며, 삶을 나누는 자리가 바로 가정교회입니다.

　그리고 교회에는 사명이 있습니다. 그것은 바로 복음을 전하여 영혼을 구원하는 것입니다. 곧 복음으로 새 생명을 낳는 일입니다. 가정에 새 생명이 태어나면 얼마나 큰 기쁨이 있고 활기가 넘치게 되는지 모릅니다. 교회가 교회로서의 역동성을 가지려면 전도를 통해 새 가족들이 들어와야 합니다. 회중이 다 모이는 연합교회는 예배와 양육에 좋은 구조이지만, 가정교회는 전도에 아주 좋은 구조입니다.

　가정교회는 열린 구조로서 바깥사람들이 거부감을 크게 느끼지 않는 구조입니다. 또 삶의 현장에 가까워서 가장 효과적인 전도 방법인 관계 전도가 이루어질 수 있는 구조입니다. 이 전도의 사명을 수행해 나가는 데에도 역시 소그룹 구조를 가진 가정교회가 가장 적합한 구조입니다. 이러한 이유로 우리는 지금 가정교회 세우기에 전심전력하고 있는 것입니다.

03
가정교회가 과연 완전한 성경적인 모델인가?

"가정교회가 과연 완전한 성경적인 교회의 모델인가?"라는 질문은 가정교회 운동을 시작하고 있는 교회에 속한 교인들이 갖는 의문입니다. 그리고 교인들 중에는 "혹시라도 담임목사가 자신의 목회적 한계를 극복해보려는 의도나 혹은 교회 성장을 위한 수단으로 이런 '프로그램'을 도입하려는 것은 아닌가?"라는 의혹을 갖는 사람들도 있습니다. 그러나 만약 목회자가 이런 의도로 가정교회로의 전환을 시도한다면 그 시도는 실패할 것이 거의 확실합니다.

가정교회 운동은 예수님이 세우신 교회, 성령님이 이끄시는 교회, 하나님이 기뻐하시는 교회를 찾아 세우려는 운동입니다. 물론 가정교회만이 그와 같은 교회라고 생각지는 않습니다. 최영기 목사님이 "가정교회보다 더 성경적인 교회 상을 발견한다면 나는 기꺼이 그것을 따를 것입니다"라고 말했듯이, 나도 마찬가지 생각입니다. 나의 기대와 소원은 오직 성경이 우리에게 계시하고 있는 바로 그런 교회를 찾아 세우는 것입니다.

나는 1989~90년도에 잠실중앙교회에서 교회 미래상 정립을 위한 컨센서스를 진행하면서 다음과 같이 우리 교회의 목표를 정리했습니다.

"하나님께서 지상에 세우신 교회의 영광과 이상을 실현하고, 하나님께서 교회를 통하여 이루시고자 하시는 일 곧 교회가 위임받은 사명을 완수하려는 것이다."

그렇습니다. 내가 가정교회로의 전환에 올인하는 것은 이 가정교회가 지금까지 발견한 교회상 중에 그래도 성경이 보여주는 교회상에 가장 가까운 교회라고 믿기 때문입니다.

이미 지난 번 글에서 언급한 대로 내가 90년대 초반에 발견한 교회상이 지금 우리가 시작한 가정교회였습니다. 그때는 "소그룹(셀)교회"라고 불렸습니다. 물론 소그룹교회만으로 온전한 교회라고 말할 수 없고, 대그룹으로서의 교회(주일에 전 회중이 모이는 교회)만으로도 온전한 교회라고 할 수 없습니다. 주일 교회와 평일 교회—우리 교회 같으면 향상교회와 목장교회—라는 양 날개를 가진 교회가 온전한 교회라고 할 수 있을 것입니다. 양 날개가 모두 건강한 교회가 좋은 교회입니다.

건강한 양 날개를 가진 교회의 특징은 선교 지향적이라는 것입니다. 곧 복음을 전하여 생명을 구원하고, 구원받은 사람을 제자로 삼는 것을 목표로 삼는 교회입니다. 가정교회는 이를 간단히 요약하여 "영혼 구원하여 제자 삼는 교회"라고 말합니다. 지상(地上) 교회의 최대 목적은 영혼을 구원하여 제자 삼는 일입니다. 이것은 그리스도께서 이미 정해 주신 사명이며 교회의 존재 목적입니다.

우리가 지금까지 이것을 몰랐던 것은 아닙니다. 다 알고 있고 자주 말해 왔던 일입니다. 그러나 우리는 말만 그렇게 해 왔습니다. 말과 실제가 달랐던 것입니다. 말은 그렇게 하면서 우리는 주변 일에 너무나 많은 시선과 에너지를 빼앗겼습니다. 그러면서 차츰 목표가 희미해지고 교회 사역이 초점이 흐려졌습니다. 영혼 구원하는 일에서 점점 멀어졌습니다.

또한 우리는 복음을 전하여 영혼을 구원하는 것이 교회의 사명이요 목적이라고 생각하지만, 그것이 우리 기독인들 모두의 삶의 목적이요 사명이라는 사실에 대해서는 확신을 갖지 못하고 있습니다. 전도는 목사나 선교사들과 같은 전문 사역자들의 사명이지 평신도들의 삶의 목적은 아니라고 생각합니다. 그러나 이것도 역시 잘못입니다. 성경은 이 부분에 대해 평신도와 성직자를 전혀 구별하지 않고 있습니다. 이 땅에서 우리의 최대 목표는 복음을 전하여 영혼을 구원하는 일입니다.

04
가정교회의 역사

01

사도행전을 읽어보면 초대교회의 원형을 어느 정도 볼 수 있습니다. 오순절 성령강림 이후 사도들은 담대하게 복음을 전파했고, 이를 믿고 구원받는 사람들이 날마다 더해졌습니다. 그들은 함께 성전에서, 혹은 각 집에서 모여 떡을 떼고 삶을 나누면서 하나님을 찬미하였습니다.

이후 박해가 일어났으나 복음전도의 강력한 불길은 약해지지 않았습니다. 가정에서 쫓겨나고, 자신의 소유를 빼앗기고, 감옥에 갇히고, 때론 순교까지 하면서도 영혼 구원하여 제자 삼는 위대한 사역은 장작불처럼 타오르며 도처에서 강력하게 진행되었습니다. 예루살렘에서 축출되거나 피난한 성도들은 유대와 사마리아와 이방나라들로 흩어졌는데 그들은 불붙는 신앙인들이었기에 가는 곳마다 불을 일으켜 복음 전도는 요원의 불길처럼 번져나갔습니다.

처음에는 교인들이 대부분 집에서 모였습니다. 정기적으로 함께 모일 수 있는 장소가 없었고 그럴 수 있는 상황도 아니었습니다. 먼저 믿은 가정에서 이웃들을 초청하여 말씀을 전하고 예배를 드렸습니다. 그래서 신약성경에는 "○○의 집에 있는 교회"란 말이 자주 등장합니다. 집을 개방하여 교회를 시작하였고 거기서 예배와 목회가 이루어졌습니다. 그게 바로 가정교회였습니다.

가정교회가 그때만 있었던 것은 물론 아닙니다. 선교지에서는 지금도 거의 다 가정교회로 시작하고 운영됩니다. 우리나라도 초기에는 먼저 믿은 성도의 집에서 모였습니다. 중국에서는 공산 치하에서도 가정교회로 존재하며, 영혼 구원하여 제자 삼는 일을 계속하였습니다. 그래서 개방이 되었을 때, 다 없어졌으리라고 생각했던 교회가 엄청나게 성장해 있었던 것이 드러나 자타가 모두 놀랐습니다.

그러나 유의해야 할 것은 가정교회가 잠정적인 초기 교회의 형태가 아니라는 것입니다. 가정교회는 선교 초기의 환경적 요인 때문에 일시적으로 존재했던 교회가 아니라 교회가 가진 본질적인 형태입니다. 삼위일체 하나님께서는 천지창조 시에 당신의 형상을 따라 사람을 만드시고 가정을 만드셨습니다. 당신께서 완전한 공동체로 존재하시는 분이시므로 사람을 만드실 때에 개체로 만드시기만 한 것이 아니라 함께 살아가는 공동체로 만드신 것입니다.

가정은 사회를 구성하는 기본단위입니다. 그리고 교회는 그리스도의 몸(공동체)입니다. 이 몸의 기본단위는 가정교회입니다. 예수님은 열두 제자들로 이루어진 교회를 시작하셨습니다. 열두 제자들과 함께 그들의 집이나 어느 집의 다락방에서 모임을 가지셨습니다. 그것이 가정교회의 시작이었습니다. 그리고 예수님은 큰 무리에게도 전도하시고 그들을 가르치시며 섬기셨지만 그의 사역의 초점은 열두 제자들로 이루어진 가정교회에 있었습니다.

거듭 말하지만 가정교회는 특수한 상황에서 시작된 일시적인 교회형태가 아닙니다. 가정교회는 교회의 중심에 있고 교회의 한 축입니다. 교회에는 예배와 교육의 기능이 강한 주일교회로서의 한 축이 있고, 삶의 나눔과 전도의 기증이 강한 가정교회로서의 축이 있습니다. 이 둘은 함께 있어야 하고, 그래야 건강하고 온전한 교회가 될 수 있습니다.

02

　교회의 중심임과 동시에 하나의 축인 가정교회는 교인들이 많아지고 교회가 국가조직의 형태를 지니게 되면서 차츰 소홀히 여겨지다가 급기야는 그 존재의 의미마저 잃어버리게 되었습니다. 역사적으로 가정교회가 쇠퇴된 시기는 로마의 콘스탄틴 대제가 기독교를 공인하고 중세의 로마카토릭교회가 시작되면서부터였습니다.

　오순절 성령강림 이후 300년대까지를 우리는 초대교회라고 부릅니다. 이때까지는 교회가 교회다운 모습을 잃지 않았습니다. 물론 신앙고백과 신학이 정립되고 체계화되는 과정에서 혼란과 갈등이 있었습니다. 이단들이 일어나 복음을 혼잡케 하고 교회를 분열시키기도 했습니다. 그리고 외적으로는 극심한 핍박이 끊이질 않았습니다. 산업을 빼앗기고 가족과 마을 공동체에서 쫓겨났으며, 감옥에 갇히고 때론 죽임을 당했습니다.

　그럼에도 불구하고 복음전도의 영적인 동력은 약해지지 않았습니다. 교회는 핍박을 받을수록 도리어 강해졌습니다. 당시 전도자들은 증인(martyr)이라 불렸는데 이 말은 나중에 순교자란 말이 되었습니다. 그들이 예수 그리스도께서 주신 대사명—영혼 구원하여 제자 삼는 일—에 생명을 걸고 충성했기 때문입니다. 그래서 나중에 로마의 콘스탄틴 대제가 기독교를 공인하고 기독인들이 숨었던 자리에서 나왔을 때 로마 시민의 절반이 기독교인이 되어있었더라는 말(과장된 말이었겠지만)이 나올 정도였다고 합니다. 지하에 용암이 흐르듯 교회의 강한 생명력이 흐르고 있었던 것입니다.

　극심한 핍박 가운데서도 이런 생명력이 어떻게 유지되고 강해졌던 것일까요? 몇 가지 대답이 있겠지만 그중에 가장 확실한 대답은 가정교회였습니다. 지하 교회들은 대부분 소그룹으로 모이는 가정교회였습니다. 따로 특별한 지도자도 시설도 없었지만, 가정교회는 참으로 강한 공동체였습니다. 가정교회는 단순히 예배드리고 흩어지는 교회가 아니라 삶을 공유하는 공동체입니다. 특히 박해 시에는 생사를 함께 하는 운명공동체였습니다. 그러기에 강했습니다.

가정교회가 강하다는 것은 중국에서도 검증되었습니다. 중국이 공산화되면서 기독교는 로마제국에서 당하던 것과 비슷한 박해를 당했습니다. 교회지도자들은 숙청되고 교회당은 폐쇄되었습니다. 그리고 약 50년의 세월이 흘렀습니다. 기독교는 거의 없어진 것처럼 보였습니다. 그러나 중국이 개방되어 어느 정도 종교의 자유가 주어지자 공산화되기 전의 교인수보다 훨씬 더 많은 교인들이 나타나 세상을 놀라게 했습니다. 그 동안 지하에서 복음이 계속 전파되어 교회가 성장해왔던 것입니다.

　이런 강력한 생명력을 가졌던 가정교회가 쇠퇴하기 시작한 것은 콘스탄틴 대제가 기독교를 공인하고 기독교가 로마 국교가 되면서부터입니다. 그때부터 신자와 불신자의 구별이 없어지기 시작했습니다. 로마 시민은 모두 자동으로 기독교인이 되었습니다. 교회는 사제중심, 건물 중심으로 바뀌었습니다. 사제는 권력자가 되었고, 전도를 하거나 제자 삼는 사역은 필요 없게 되었습니다.

　따라서 복음도 자연히 변질되기 시작했습니다. 구원은 회개하고 그리스도의 속량을 믿는 믿음으로 받는 은혜가 아니라 사제로부터 영세를 받는 것으로 이루어졌습니다. 교인들 간의 차이는 도덕 수준이었고, 금욕과 고행 등으로 얻어지는 영광이었습니다. 그래서 인간의 노력과 공로가 복음을 대체하거나 복음의 능력을 제한시켰습니다.

03

　중세 기독교는 세상이 보기엔 영광스럽고 권세가 있고 거룩하였으나, 하나님이 보시기엔 허약하고 세속적이었습니다. 교회의 직제가 국가와 같았습니다. 교황이 있고 그 아래 계급을 따라 직분이 주어졌습니다. 한때는 교황이 로마 제국의 황제보다 더 큰 권세를 가진 때도 있었습니다. 시간이 지나 교회는 사제와 평신도의 두 그룹으로 이원화되었습니다. 미사는 사제들이 거행하고 평신도들은 관객으로 전락했으며, 목양사역도 당연히 사제의 몫이었습니다. 이것은 종교개혁이 일어나기까지 약 1,200년 동안 계속되었습니다.

그러다가 16세기 초에 종교개혁이 일어났습니다. 종교개혁의 모토는 "오직 성경, 오직 은혜, 오직 하나님의 영광"이었습니다. 개혁은 우선 복음의 영광과 능력을 회복하는 일이 급선무였고, 그래서 주로 교리적이고 신학적인 부문에 집중되었습니다. 평신도들이 읽을 수 없었던 라틴어 성경이 일상적인 용어로 번역되었고 사제독점주의도 깨졌습니다.

그러나 종교개혁자들도 전도와 선교에 큰 관심을 두지 못하는 한계가 있었습니다. 우선 급한 것이 왜곡된 복음을 되찾는 일과 도덕적인 개혁이었기 때문입니다. 비성경적이거나 왜곡된 교리들부터 고치려다 보니, 그리고 거대한 권력이 되어버린 로마천주교를 대항하여 싸우다 보니 영혼 구원하여 제자 삼는 일에는 여력이 없었습니다.

중세 로마천주교가 "하나의 정통교회와 하나의 신조"를 내세우며 가정교회와 평신도들의 사역을 없애버린 후 소그룹교회는 거의 사라졌습니다. 그러다가 종교개혁시대를 전후해서 미약하게나마 소그룹교회 운동이 간간히 일어났습니다. 로마천주교의 개혁을 주장하던 사람들이 탄압을 받으면서 가정교회 형식으로 모일 수밖에 없었고, 그 후 경건주의자들에 의해 "경건모임" 등으로 나타나기도 했습니다. 종교개혁자 루터가 예배에 대해 언급하면서 복음전도를 위한 예배는 공적인 예배와는 달리 가정에서 따로 드려야 한다고 주장하기는 했지만 가정교회로 발전시키지는 못했습니다. 아마 이런 작은 모임들은 자칫 당시 재세례파나 이단들에 의해 주도권을 빼앗길 수 있다는 우려 때문이었던 것으로 생각됩니다. 그래서 교회사가들은 "루터와 칼빈은 기독교의 내용은 개혁했지만 형태는 개혁하지 않았다"고 평가합니다.

소그룹교회라고 부를 수 있는 셀은 존 웨슬리가 시작한 학습반이었습니다. 이는 새 신자들을 양육하기 위한 소그룹이었습니다. 이에 대해 하워드 스나이드 박사는 "학습반은 사실상 가정교회였다. 매주 주중에 한 시간 정도 가지는 이런 모임에서 각 사람은 자신의 영적인 진보를 보고하고 특별한 필요나 문제들에 대해 의견을 나누었다. 그리고 대부분의 회심은 바로 여기서 일어났다."고 평가했습니다. 그 후 이것이 속회로 발전되었습니다.

그리고 웨슬리는 속회의 지도자를 세울 때 가난하고 교육을 받지 못했거나 훈련이 부족한 평신도라도 영적인 은사와 섬김의 열정을 가진 사람이면 세울 수 있도록 하였습니다. 당시로서는 매우 획기적인 일이었습니다. 이에 대해 볼프강 짐존 박사는 "루터가 소원은 했지만 시도해 보지 못한 것, 곧 보통 사람들이 하나님에 의해 특별하게 되고 가정교회의 구조 안에서 엄청난 일을 일으킬 수 있는 능력을 가지게 된다는 것을 증명해보였다"고 말했습니다. 그리고 이런 일은 현재 우리 교회에서도 일어나고 있는 일입니다.

04

종교개혁을 전후해서 소그룹교회운동이 일어났고, 그 후 이 운동은 200년 동안 작은 물줄기처럼 계속되어 왔습니다. 그런데 소그룹의 중요성을 새롭게 발견하고, 교회 안에서 소그룹(혹은 셀) 운동이 본격적으로 일어난 것은 1960년대였습니다. 이때는 일반 기업체들에서 소그룹을 도입하기 시작한 때입니다. 그들은 수직적 상하 구조보다 수평적인 네트워크 구조가 생산성을 더 높인다는 것을 알게 되었고, 팀워크를 중시했습니다. 교회들에도 교인들의 목회적 케어와 전도 그리고 양육을 위해 소그룹이 만들어졌습니다. 우리나라에서는 여의도순복음교회가 구역예배를 통해 성장과 부흥을 이룬 대표적인 케이스입니다.

1970년대에 영국에서는 신약교회 회복운동(Restoration Movement)이 일어났습니다. 이를 가정교회운동(House-Church Movement)이라고도 했습니다. 그들은 교회의 예배와 생활은 신약성경의 원리를 따라 회복시켜야 한다고 주장했습니다. 그리고 그들은 처음에 가정을 모임장소로 삼았으므로 가정교회운동이란 이름을 얻게 되었습니다. 그렇지만 그 가정교회는 전통교회 즉 성공회로부터 자유한다는 의미에서 붙여진 이름일 뿐 가정이라는 창조질서의 원리를 따라 이루어지는, 현재 우리가 알고 있는 가정교회는 아니었습니다. 왜냐하면 그들이 교회를 시작할 때에, 곧 교인의 숫자가 적을 때에는 가정에서 모였지만 수가 많아지면서 더 넓은 장소로 옮겨

갔고 거기서 회중 중심의 예배와 생활이 이루어졌기 때문입니다.

지금 우리가 비전으로 삼고 있는 가정교회는 약 200년 동안 신약성경을 근거로 시도되고 발전되어온 교회 내 소그룹운동의 결정판이라고 할 수 있습니다. 가정교회는 성경에서 계시하고 있는 교회상을 발견하여 성경이 보여주는 원리를 따라 조직하고 운영하는 교회라고 할 수 있습니다. 물론 나는 현 가정교회가 신약에서 발견할 수 있는 완전한 교회의 형태라고 생각하진 않습니다. 새롭게 발견하여 더 발전된 형태가 나올 수 있을지도 모르기 때문입니다. 그러나 현재로서는 성경이 보여주는 교회상과 가장 가까운 교회라고 확신합니다.

그런데 가정교회를 셀(구역과 같은 소그룹)과 동일시하는 사람들이 있습니다만, 셀과 가정교회는 분명히 다릅니다. 무엇보다 가정교회는 하나님께서 창조하신 가정의 본질과 그 질서를 존중하는 교회입니다. 그리고 이런 영적인 가정을 회복하는 것을 목표로 삼습니다. 가정과 교회는 본질적으로 같습니다. 둘 다 언약의 공동체라는 것, 서로를 위탁하는 사랑과 은혜의 관계라는 것, 질서를 위해 남편을 가장(家長)으로 세웠다는 것, 자녀를 출산하고 양육한다는 것 등입니다.

따라서 가정교회는 셀이나 구역처럼 교회의 부속기관이 아니라 그 자체가 교회이고 또한 교회의 한 축입니다. 교회는 두 날개를 가지고 있습니다. 가정교회가 있고, 가정교회들이 모여 이루는 연합교회가 있습니다. 이 둘이 따로 떨어져 있는 경우도 있으나 같이 있어야 온전하고 강한 교회가 됩니다.

셀이나 구역은 그 성격이 가정교회와는 다릅니다. 이것들도 성도들의 모임이므로 영적인 공동체라고 할 순 있지만 교회로서의 속성이 약합니다. 조직할 때도 지역이나 연령, 성별, 직업, 모인 사람들의 공통적인 필요 등을 따라 이루어집니다. 그리고 셀이나 구역은 주로 성경공부나 친교 등을 목적으로 하지만 가정교회는 교회가 해야 할 모든 사역을 포괄적으로 수행하며 교회의 존재목적인 영혼 구원하여 제자 삼는 대사명의 수행에 초점을 맞춥니다.

제4부

가정교회 2

가정교회운동은
"가정을 교회처럼, 교회를 가정처럼"이라는
구호를 내걸고 있습니다.

우리 교회는 좋은 변화가 일어나고 있습니다.
위기에 있던 가정이 화목해지고, 불신 남편이 신앙을 갖게 되고,
문을 닫고 지내던 가정들이 문을 열고 있습니다.

01
가정교회의 5대 원칙

　가정교회의 기초가 되는 5대 원칙이 있습니다. 이것들은 성경말씀을 근거로 해서 20년 가까이 가정교회를 해온 교회들에 의해 검증된 원칙들입니다. 원칙에는 예외가 있는 법이지만, 그래도 불가피하다고 해서 자주 원칙을 깨거나 예외를 인정하다보면 그것이 일종의 타락이 되어 목장이 무너질 수가 있습니다. 혹시 원칙이 깨진 목장들이 있으면 회복을 위해 목표를 두고 꾸준히 노력하시기를 바랍니다.

첫째, 평일에 모입니다
　교회에는 두 날개가 있습니다. 하나는 회중이 함께 모여 하나님의 위대하심과 그 영광을 찬양하고, 말씀의 선포와 그 말씀에 순종으로 응답하는 예배 중심의 큰 공동체입니다. 다른 하나는 소그룹으로 모여 그리스도의 피로 한 가족이 된 것을 실제적으로 고백하고 그 사랑을 실천하며, 거기에 임재하시는 하나님을 체험하는 작은 가정 공동체입니다. 전자는 주일에 모여 예배하고 후자는 평일에 모여 삶을 나눕니다. 주일에는 일상을 떠난 거룩함이 강조되고, 평일은 일상과 함께 하는 삶의 공유가 강조됩니다. 따라서 가정교회는 평일에 모이는 것이 원칙입니다.

둘째, 남녀가 함께 모입니다

이것은 창조의 질서이기도 합니다. 하나님은 남자와 여자를 지으셨고 서로 연합하여 가정을 이루게 하셨습니다. 교회는 범죄로 인하여 깨진 공동체를 회복시키는 영적인 가정입니다. 가정은 남녀노소의 구별이 없습니다. 그러므로 목장은 남녀를 구별하지 않고 함께 모이는 것이 원칙입니다. 주로 남편이 믿지 않는 경우 아내들만 따로 모이는 경우가 있으나 이런 예외가 오래 가는 것은 좋지 않습니다. 배우자 전도를 위해서라도 함께 모이는 것이 좋습니다.

셋째, 불신자와 함께 모입니다

교회의 대사명은 영혼 구원하여 제자 삼는 것입니다. 목장은 교회이므로 전도가 가장 중요한 사명입니다. 또 가정교회는 전도하기에 가장 좋은 구조와 분위기를 가지고 있습니다. 그러므로 전도를 위해 목원들은 반드시 자신의 전도대상자(VIP)를 정하고 그를 위해 항상 기도하며 기회가 있는 대로 그들을 동반해서 목장에 참석하도록 노력해야 합니다. 목장에서는 일 년에 1~2회 정도 특별한 이벤트를 준비해서 불신 이웃들을 초청하여 교제의 시간을 갖습니다.

넷째, 식탁교제를 나눕니다

목장모임이 계속되면 식탁교제가 부담이 되는 경우가 있습니다. 식사준비 때문에 목원들을 자기 집으로 초대하는 것을 꺼리는 목원들도 생깁니다. 그러나 가정교회에서의 식탁교제는 모임의 대체할 수 없는 필수 요소입니다. 식탁교제는 우리가 한 가족인 것을 실제로 고백하고 실천하는 성찬식의 확장이라고 할 수 있습니다. 초대교회 성도들은 집에 모여 기쁜 마음으로 식사를 같이 하였습니다. 우리가 서로 형제자매라는 고백이 말만으로 끝나서는 안 됩니다.

다섯째, 목장모임의 중심내용은 삶의 나눔입니다

가르치고 가르침을 받는 일은 주로 연합목장(교회)에서 이루어집니다. 목장은 가르침을 받은 말씀을 적용하고 순종하며, 그런 가운데서 받은 은혜와 체험한 것들을 서로 나누는 곳입니다. 때로 이 삶의 나눔이 시시하게 여겨질지 모르나 이것이 우리로 하여금 모든 외식을 벗어나 진실한 믿음에 이르게 하고 삶의 변화를 일으킵니다.

02
목자장이
목자들을 부르십니다!

　오늘은 우리교회 설립 8주년 기념 주일입니다. 하나님의 은혜를 감사드립니다. 우리는 부족하였으나 하나님께서는 크신 은혜로 우리를 부요하게 하셨습니다.

　우리는 2000년 10월 15일에 마북동 구예배당에서 예배를 시작하였습니다. 8년은 짧은 세월인데 나에게는 아주 긴 역사가 지난 것처럼 느껴집니다. 그동안 우리는 교회를 이전하고 교회당을 건축하는 등의 일로 너무 많은 시간과 에너지를 소모하였습니다. 하나님께서 주신 은혜를 그의 나라를 위하여 좀 더 집중적으로 사용하지 못한 것 같아 죄송스런 마음입니다. 이제 우리는 외적이고 물리적인 일들을 어느 정도 마무리했으니 지금부터는 좀 더 신령하고 본래적인 일에 마음을 집중해야겠습니다.

　오늘이 8주년이지만 나는 오히려 올해를 향상가정교회의 원년으로 생각하고 싶습니다. 보이는 건물이나 참석 인원 수로써의 교회가 아닌 진정한 교회를 설립하는 해로 말입니다. 가정교회(목장) 설립운동은 건강한 양 날개를 가진 교회, 영혼을 구원하여 제자 삼는 교회의 설립을 시작하는 운동입니다. 이 운동에 모두 기쁘게, 그리고 열심히 참석해주시기 바랍니다.

가정교회에서 가장 중요한 직분은 목자입니다. 목자는 목장을 인도할 가정교회의 지도자입니다. 우리 교회에는 적어도 200쌍(부부 400명)의 목자가 필요합니다. 그래서 이번 주간부터 목자로 헌신할 분들을 모집합니다.

예수님은 지상사역을 하실 때 "모든 도시와 마을에 두루 다니사 그들을 회당에서 가르치시며 천국 복음을 전파하시고 모든 병과 모든 약한 것을 고치셨다"라고 하셨습니다. 그리고 "무리를 보시고 불쌍히 여기시니 이는 그들이 목자 없는 양과 같이 고생하며 기진함이라"고 하셨습니다. 그러면서 제자들에게 이르시기를 "추수할 것은 많되 일꾼이 적으니 그러므로 추수하는 주인에게 청하여 추수할 일꾼들을 보내어 주소서 하라"고 기도를 부탁하셨습니다. 나는 요즘 예수님이 부탁하신 기도를 열심히 하고 있습니다. 많은 일꾼이 필요한 이 때 예수님께서 일꾼을 부르시고 있는 이때에 수많은 성도들이 응답하고 일어설 수 있기를 기도합니다.

목자는 집사나 장로와 같은 직분이 아닙니다. 목자를 하다가 그만 두면 그 이름도 없어집니다. 목자는 그야말로 사명입니다. 작은 목사로서의 사명을 수행하는 것입니다. 그런데 목자는 목자장이신 우리 예수님의 뒤를 가장 가까이 따라가며 그분이 하신 일을 하는 사람입니다. 이보다 더 귀한 사역이 없습니다.

우리는 목자에게 특별한 자격을 요구하지 않습니다. 예수님께서 제자들을 부르실 때처럼 자신의 일터에서 성실히 살고 있는 분들, 하나님을 사랑하고 형제를 사랑하는 마음을 가진 분들이면 누구나 가능합니다. 우리는 잘 가르치는 사람을 찾는 것이 아니라 형제자매들을 위해 기쁘게 봉사할 분들을 찾고 있습니다. 봉사할 마음만 가지면 누구나 목자를 할 수 있기 때문입니다. 물론 1~2년 후부터는 교회가 실시하는 교육과정을 어느 정도 이수한 분들을 목자로 세울 것입니다. 그러나 올해는 가정교회 설립 원년임으로 특별한 자격을 요구하지 않습니다. 우리교회에 등록한지 6개월 이상 되고, 세례를 받은 지 2년 이상이면 누구든지 됩니다.

그러나 원칙적으로는 부부를 목자로 받습니다. 두 분 중 한분은 목자가 되고 다른 한분은 부목자가 됩니다. 가장인 남편이 목자가 되는 것이 일반적이나 두 분이 합의하면 아내가 목자를, 남편이 부목자를 맡을 수도 있습니다. 물론 신앙적인 싱글들(혼자 믿는 여성도나 남편이 세례를 받지 않은 경우)은 혼자라도 목자로 지원할 수 있습니다. 주님께서 당신의 몸 된 교회의 일꾼을 찾으실 때, 모두 다 기쁨으로 응답하시기를 바랍니다.

03
목장에 기쁨과 활력을 불어넣는 VIP

나는 고등학교 시절에 모파상의 『여자의 일생』을 읽었습니다. 지금까지도 생생하게 남아있는 한 장면이 있는데 그것은 평생 불행하게 살아온 주인공 잔느가 손자를 품에 안고 기뻐하는 장면입니다. 잔느는 풍족한 환경에서 아름답게 자랐지만 결혼 이후 그녀의 생애는 너무나 불행했습니다. 그녀의 남편은 바람둥이였고 애만 먹이다가 사고로 죽습니다. 잔느는 대신 아들에게 모든 희망을 걸지만 남편 복이 없는 사람에게 아들 복도 없었습니다. 그녀의 인생은 이제 더 이상 어떤 위로도 희망도 없이 끝나는 것 같았습니다. 그런데 소설은 거기서 끝나지 않고 그녀에게 새로운 희망과 기쁨인 손자를 안겨주는 것으로 끝이 납니다.

딸이 시집을 간 후 나는 매주 한 번 이상 빠지지 않고 기도하는 것이 있는데, 그것은 딸의 가정에 자녀 주시기를 구하는 기도입니다. 새 생명은 어디서나 큰 기쁨과 희망을 줍니다. 아기는 부모의 마음에, 모든 가족들에게, 그리고 사랑하는 사람들이 모인 공동체 속에 생명력을 불어넣고 활기를 줍니다.

사실 아기를 낳고 기르는 일은 보통 힘든 일이 아닙니다. 임신부는 열 달 동안 아기를 태중에 가지고 고생합니다. 그리고 해산의 고통은 모든 고통의 최고 기준으로 언급됩니다. 아기를 기르는 양육의 수고와 비용은 어디다 비교하기도 어려울 정도입니다. 그러나 너무 쉽게 손익 계산을 끝내면 안됩니다. 새 아기가 그 가정에 주는 기쁨과 활력, 영적 에너지의 양은 계산기의 한계를 넘어섭니다.

교회의 사역 초점은 영혼 구원에 있습니다. 곧 전도하여 새 생명을 얻고 양육하는 것이 신자에게 주어진 지고의 사명이며, 또한 교회의 존재목적입니다. 그러나 이는 단순히 사명과 책임이라는 무거운 짐이 아닙니다. 가정에서와 마찬가지로 새 생명이 목장교회 가족들에게 가져다주는 기쁨과 희망, 그리고 영적 에너지는 역시 우리 계산의 한계를 넘어섭니다. 그래서 그들은 그야말로 우리 목장의 VIP(Very Important Person)인 것입니다.

목장에 VIP가 참석하게 되면 그 목장은 활기가 솟습니다. 기쁨이 배가 되고, 목원들이 구원의 확신을 갖게 되며, 구원받은 은혜에 대한 감사가 새롭게 일어나게 됩니다. 그리고 VIP들이 구원받고 자라는 것을 보면서 가족들은 더 큰 은혜를 사모하게 됩니다.

6월은 각 목장에서 VIP를 초청해 잔치(축제)를 갖는 달입니다. 그동안 그분들을 마음에 품고 이름을 부르며 기도해왔습니다. 그분들을 목장에 초대해서 파티를 가지며, 성도들의 따뜻한 사랑을 통해 그리스도의 사랑을 보여주고, 목장교회와 지속적인 관계를 갖도록 인도하는 것입니다. 날짜는 목장의 형편에 따라 6월 중 언제든지 정할 수 있고, 프로그램도 다양하게 준비할 수 있습니다. 기도하며 잘 준비해 보시기 바랍니다.

그리고 목장일지나 카페를 통해 준비상황을 나눌 수 있다면 서로에게 도움이 될 것입니다. 언제, 어디서, 무엇을, 어떻게 할 것인지 나누다 보면 좋은 아이디어들도 생각나게 될 것입니다. 예그리나 목장(목자 유영화)에서는 지난번에 꼬마바자회(개러지 세일)를 했는데 모두에게 매우 즐겁고 유익한 프로그램이었다고 합니다.

04
아직 목장에 참석하지 않는 분들에게 말씀드립니다

우리교회가 가정교회로의 전환을 선포하고 목장교회를 시작한지가 1년 4개월이 되었습니다. 목자와 목녀님들의 희생적인 섬김으로 각 목장들은 괄목할만한 성장이 이루어지고 있습니다. 향상교회가 가정교회로 전환했다는 것과 빠르게 상징하고 있다는 소식은 수많은 교회들의 관심과 주시의 대상이 되고 있고, 가정교회를 준비하고 있는 많은 교회들에게는 큰 격려가 되고 있습니다.

현재 목장교회에 참석하는 교인 수는 1,200~1,250명(청년목장 포함)입니다. 연합목장(주일예배) 출석수를 1,900명으로 보면 목장출석률은 65%입니다. 과거 나락방 출석률이 30%를 잘 넘지 못했던 것을 생각하면 획기적인 발전이라 할 수 있습니다. 그러나 가정교회는 출석률이 70% 이상 되어야 정착단계에 들어간 것으로 봅니다. 이런 기준으로 보면 우리는 아직 온전한 전환을 이루었다고 할 수는 없습니다.

그래서 나는 아직 목장에 참석하지 않는 교우님들에게 적극 권면합니다. 꼭 목장모임에 열심히 참석하시라고 말입니다. 지난 연말에 대부분의 교인들이 목장을 선택하였습니다. 그런데 선택하여 소속은 되었지만 이런저런 이유로 목장모임에 참석하지 못하는 분들이 상당수 있습니다. 다시 열심을 내서서 꼭 참석하시기 바랍니다. 그래서 목장교회를 통해 주시는 은혜를 받고, 믿음이 더욱 견고해지고, 신앙생활에서 치유와 소망을 경험하시기 바랍니다.

그리고 아직 예비목장에 남아있는 분들도 상당수 있습니다. 이분들은 지난 연말에 목자선택을 하지 않은 분들인데, 이제는 목장을 선택하셔서 주일교회와 목장교회에 모두 다 참석하심으로 완전한 향상가족이 되시기를 바랍니다. 우리교회는 목장에 소속되어야만 연합목장인 교회에도 소속이 됩니다. 따라서 예비목장에 계속 남아 있으면 법적으로는 교회에 등록을 하지 않고 출석만 하고 있는 분들과 같습니다. 정회원이 안 되는 것입니다. 이 점을 꼭 유의해 주십시오.

가정교회 전환 후 우리교회에 나타나는 현상 중 하나가 등록을 하지 않고 예배에만 참석하는 교인들이 늘어나고 있다는 사실입니다. 기존신자는 등록을 받지 않기로 한 교회방침 때문인 것 같습니다. 이분들에게는 우리 교회의 방침을 이해해 주시기를 바라는 양해의 말씀을 드립니다.

우리 교회가 기존신자를 받지 않기로 한 이유는 단 한 가지입니다. 교회의 존재목적인 "영혼 구원하여 제자 삼는 사명"을 달성하기 위해서입니다. 중대형교회의 가장 큰 문제점은 교인들이 영혼 구원하는 일에 관심이 적다는 것입니다. 이런 교회들은 기존신자들의 전입에 의해서 계속 성장하고 있기 때문에 자신도 모르게 전도에 관심이 없어집니다. 그래서 교인들이 교회의 존재 목적이요 신자의 최대사명인 영혼 구원하여 제자 삼는 일을 잊고 지내게 됩니다. 가정교회는 이 사명을 찾아 회복하는 것을 지상과제로 삼고 있습니다.

그러나 기존신자들이 우리교회에 등록할 길이 전혀 없는 것은 아닙니다. 두 가지 조건부로 등록이 가능합니다. 첫째 조건은 교회를 옮기는 이유가 객관적으로 분명하셔야 합니다. 이사로 인해 소속한 교회가 너무 멀어서 출석하기가 어렵다든지 특별한 사정으로 인해 옮겨야 할 경우는 소속한 교회 담임목사님에게 허락을 받고 오셔야 합니다. 둘째는 가정교회의 취지와 목적을 확실히 알고 동감해야 하고, 또 이를 위해 목장을 먼저 선택해 출석해야 합니다. 목장에 4주 이상 출석하여 본인의 마음이 정해지면 목자의 추천으로 연합교회 새신자부에 등록을 신청할 수 있습니다. 등록신청 후 4주 동안 새가족 공부를 수료하시면 정식등록을 할 수 있습니다. 물론 세례 받지 않았거나 세례를 받았어도 1~2년 이상 신앙생활을 중단하셨던 분들은 바로 등록신청을 할 수 있습니다.

현재 우리 교회 예배에 정기적으로 장기간 참석하시는 분들은 위와 같은 절차를 밟아 등록을 하시든지 아니면 가까운 지역의 작은 교회를 택하셔서 그 교회를 든든히 세우는 일에 동참하시고 헌신하시기 바랍니다.

05
나의 기쁨 나의 면류관

　지난 달 20~22일 청주 켄싱턴 리조트에서 가정교회 목회자 컨퍼런스가 있었습니다. 해마다 2회씩 개최되는 이 컨퍼런스는 우선 참석하려는 목회자들이 많아서 등록할 때부터 열기가 대단합니다. 일인당 15만원이란 적지 않은 회비를 내지만 참석하려는 목회자가 많은 것은 이 컨퍼런스를 통해 많은 은혜와 도전을 받기 때문입니다. 내가 두 번째로 참석했던 이번 컨퍼런스에 대한 소감은 감동과 감사였습니다. 심령의 부흥을 경험했습니다.

　우선 눈에 띄는 것은, 컨퍼런스에 참석하는 목사님들의 얼굴이 밝고 행복하다는 것입니다. 목회자들의 사례발표와 간증에서도 자주 듣는 말이 목회가 기쁘고 행복하다는 것입니다. 이는 특이한 현상입니다. 왜냐하면 평소에 목회자들이 모이면 기쁘고 행복하다고 말하는 분들은 별로 없기 때문입니다.

　목회자들이 믿음이 적어서 "항상 기뻐하라"는 말씀대로 살지 못한다는 것은 부끄러운 일임에 틀림없지만 경제적인 어려움이나 힘든 인간관계, 고생은 많이 하는데 사역의 결과가 없는 것에 대한 자책감, 잘 나가고(?) 있는 다른 목회자들과의 비교의식, 또 주일이 지나자마자 곧바로 다음 주일을 준비해야 하는 압박감,

항상 느끼는 자신의 능력 부족 등등의 이유로 행복하다고 말하는 게 결코 쉽지 않은 것이 현실입니다.

그런데 왜 가정교회를 하는 목회자들은 행복할까요? 목자들이 목회를 도와주기 때문에 할 일이 적어져 편해서일까요? 교회가 크게 성장해서일까요? 가정교회의 프로그램이 좋아서 목사의 입지가 강해지고 목회 능력이 업그레이드 되어서일까요?

그렇지 않습니다. 가정교회를 하더라도 목사의 일이 적어지지 않습니다. 그 반대입니다. 대부분 일이 더 많아지고 바빠집니다. 교회성장도 역시 그 반대입니다. 전통적인 교회가 가정교회를 시작하면 3년 이내로는 교회가 수적으로 마이너스 성장을 한다는 것을 알고 단단히 각오해야 합니다. 주일 회집수가 3천명에 가까워지던 분당의 어느 교회는 가정교회 전환 후 회집수가 몇 백 명이 줄었다고 합니다. 또한 프로그램이 좋아서도 아닙니다. 물론 내용적으로 좋은 건 분명하지만 가정교회는 결코 하나의 프로그램이 아닙니다. 그러기에 당장 어떤 보이는 결과를 가져오지도 않습니다.

그렇다면 어떻게 행복해 진 것일까요? 왜 행복하다고 할까요? 대답은 한 가지인 것 같습니다. 목회자가 참으로 해야 할 일을 하고 있기 때문입니다. 하나님이 기뻐하시는 일을 하기 때문입니다. 예수님이 기뻐하시는 바로 그 교회를 세운다는 사명감과 긍지가 있기 때문입니다.

나는 그런 목사님들의 간증을 들으면서 참 아름답다고 느꼈습니다. 간증하는 분들은 큰 교회 목회자들이 아닙니다. 잘 나고 능력 있는 사람들도 아닙니다. 교인 5~60명인 작은 교회를 섬기는 소박하고 순진한 목사님들이 대부분입니다. 그러나 그들에겐 열정이 있습니다. 교회 사이즈에 대해 자유함이 있습니다. 그리고 비교의식에서 해방되었습니다. 그들에겐 영혼 구원하여 제자 삼는다는 사명감과 긍지가 있습니다. 나는 한 생명은 천하보다 귀하다는 사실이 이들을 모든 육적인 눌림으로부터 놓임 받게 하고 행복하게 만드는 것을 보았습니다.

컨퍼런스에 참석하는 동안 내가 1988년에 영국 어느 학교의 기숙사에서 울며 읽었던 말씀이 떠올랐습니다.

"우리의 소망이나 기쁨이나 자랑의 면류관이 무엇이냐 그가 강림하실 때 우리 주 예수 앞에 너희가 아니냐 너희는 우리의 영광이요 기쁨이니라." (살전 2:19,20)

과연 목회자의 기쁨이 무엇인가요? 작은 개척교회에서 온갖 고생을 하면서도 그들로 하여금 행복하다고 고백하게 만드는 것은 과연 무엇인가요? 천하보다 귀한 영혼을 구원하고, 그들을 섬겨 제자 삼은 바로 그 사람들이 아닌가요?

"주님 보십시오. 이들이 나의 기쁨이요 나의 면류관입니다."

06
우리 교회가
변화되고 있습니다!

　사람이 변화된다는 것은 쉬운 일이 아닙니다. 더욱이나 공동체가 변화된다는 것은 더 힘듭니다. 우리는 2008년부터 가정교회운동을 시작했습니다. 그 동안 수없이 말해 온대로, 가정교회운동이란 신약 초대교회의 원형을 회복하자는 운동입니다. 초대교회는 대부분 가정에서 모인 가정교회였고, 복음전도로 영혼 구원하는 일에 초점이 맞춰져 있었습니다. 이런 교회를 비전으로 삼아 우리도 교회다운 교회를 세우자는 운동이 바로 가정교회 운동입니다.

　이 운동을 시작한 이래 우리는 힘든 시간들을 보내왔습니다. 교회성장은 멈추었고 교회의 체질은 쉽게 바뀌지 않았습니다. 그리고 이 운동에 적응하지 못하는 교우들도 상당수 있었습니다. 목자 목녀님들 중에는 지친 분들이 많았고 피로감이 쌓여갔습니다. 그래서 우리는 "가정교회로서의 교회 갱신은 물 건너간 것이 아닌가?"라는 위기를 느껴야 했습니다.

　그러나 우리는 이를 포기할 수 없었습니다. 왜냐하면 이 운동은 선택사항이 아니라 필수이기 때문입니다. 하나님이 세우신 교회, 성령께서 이끄시는 교회, 영혼 구원하여 제자 삼는 일에 초점이 맞춰진 교회를 세우는 일은 주님께서 재림하실 때까지 포기할 수 없는 일이기 때문입니다. 설사 실패한다고 해도 말입니다.

그런데 감사하게도 우리 교회에 새싹들이 올라오고 있습니다. 우리 교회가 기대하고 소망하는 방향으로 서서히 변화되고 있습니다. 염려했던 것보다 큰 무리 없이 뱃머리가 돌려지고 있는 것입니다.

첫번째 변화, 전도에 대한 관심이 높아지고 있습니다

관심만 높아진 것이 아니라 그 열매도 많아지고 있습니다. 작년에 예비등록자 228명 중 93명(40%)이 원입 교인(VIP)들이었습니다. 비율로 보면 예전보다 배가 훨씬 넘습니다. 작년에 세례 받은 성도는 55명(천주교에서 개종한 경우 포함)이었습니다. 예수님 영접모임에 와서 영접하거나 영접을 확인한 분들이 64명입니다. 큰 숫자는 아니지만 우리교회로서는 괄목할만한 변화요 그 결과라고 하겠습니다. 앞으로 더 많은 열매가 있으리라 기대합니다.

둘째, 리더십이 변하고 있습니다

성경적 리더십은 섬김의 리더십이고 목회적 리더십입니다. 예수님은 당신이 섬기는 자로 오셨다고 말씀하셨고, 스스로 목자라고 천명하셨습니다. 그리고 제자들에게 섬기는 자가 위대하다고 가르치셨고, "네가 나를 사랑한다면 내 양을 치라"고 거듭 말씀하셨습니다. 목회란 "양으로 하여금 생명을 얻게 하고 더 풍성히 얻게 하는 사역"입니다. 이 사역은 결코 "성직자"들만의 일이 아닙니다. 모든 성도들의 사명이요 사역입니다. 그러므로 교회에서는 이런 사역을 하는 사람들이 높임을 받고 존경을 받아야 합니다.

예전에는 교회생활의 경력이나 직책이 중요했습니다. 행정이나 교회 운영에 유능한 사람들과 연보를 많이 하는 분들이 리더십을 가졌습니다. 이런 모습도 리더십임에는 틀림없습니다. 그러나 교회 리더십의 본질은 목회적인 것입니다. 전도하고 양육하는 리더십입니다. 이웃과 성도들을 좀 더 가까이에서 구체적으로 섬기는 리더십이 참된 리더십입니다. 지금 우리 교회는 이런 리더십으로 서서히 교체되고 있습니다.

셋째, 가정들이 변화되고 있습니다

　가정교회운동은 "가정을 교회처럼, 교회를 가정처럼"이라는 구호(캐치 프레이즈)를 내걸고 있습니다. 우리 교회는 이런 면에서도 좋은 변화가 일어나고 있습니다. 위기에 있던 가정이 화목해지고, 불신 남편이 신앙을 갖게 되고, 문을 닫고 지내던 가정들이 문을 열고 있습니다. 그리고 성도의 교제를 통하여 하나님의 사랑을 받고 나누는 일이 크게 진전되고 있습니다. 참으로 감사한 일들입니다.

제5부

신 교 와 여 행

바울 사도는
동방으로 가려던 길을 돌이켜 서방으로 향하였고,
복음은 유럽에 먼저 들어가 큰 부흥을 이루게 되었습니다.

이 복음이 지구를 한 바퀴 돌아
우리나라에 이르러 부흥을 일으켰고,
이제는 동아시아와 인도를 향하고 있습니다.

01
할 일 많은 세상

01

　이번에 우리가 미얀마에 간 이유는 양곤 시 변두리 어느 마을에 세운 어린이센터 준공식에 참석하기 위해서였습니다. 미얀마는 이미 우리 교회(현지에서는 우리교회를 어떤 회사로 알고 있다) 선교부원들이 두 차례나 다녀온 곳이고, 기아대책의 원성희 선생이 활동하고 있는 나라입니다. 원 선생은 마을 주민들과 좋은 관계를 형성하고, 그들의 동의와 후원을 받아 마을 어린이들을 위한 교육센터를 마련했습니다. 우리 교회는 여기에 2천만 원을 지원하여 65평의 땅을 사고 30평 정도의 건물을 지었습니다. 우리 눈에는 아주 조그마한 건물이지만 미얀마 사람들이 볼 때는 상당히 깨끗하고 좋은 건물입니다.
　이번에 함께 갔던 우리 집사님들과 권사님들이 준공식 하루 전날에 가서 화단도 만들고, 실내 장식도 아주 근사하게 했습니다. 또 마을 어머니들에게 부탁해서 그분들이 좋아하는 음식도 충분히 준비하도록 했습니다. 준공식에는 마을을 대표하는 어르신들을 비롯하여 많은 주민들이 모였고, 옆에 있는 초등학교의 학생들은 물론

교장 선생님과 교사들도 참석했습니다. 나는 이 센터가 미래의 희망인 어린이들의 놀이터가 되고 나라의 인재들이 배출되는 교육센터가 되기를 간절히 기도했습니다.

준공식을 간단히 한 후 음식을 나누었습니다. 분위기는 4~50년 전 우리 고향 마을의 잔치 분위기와 비슷했습니다. 지나가던 사람들도 들러서 한 그릇씩 먹고 갔습니다. 학생들에게는 즉석사진을 찍어주고, 풍선아트도 만들어주고, 손이나 얼굴에 스티커도 붙여주며 즐거운 시간을 가졌습니다. 초등학교에서는 점심시간에 240명의 학생들과 교직원들을 위해 닭죽을 끓여 나누어 주었습니다. 물론 우리 교회가 제공한 특식으로, 학생들에게는 큰 잔치였을 것입니다. 교장 선생님은 고맙다고 거듭 인사를 했습니다. 이렇게 준공식은 마을의 큰 잔치였습니다.

그러나 나는 미얀마에 입국할 때 약간 긴장이 되었습니다. 그래서 북한에 갈 때처럼 비행기에서 내릴 때에 아랫배에 힘을 주었습니다. 그러나 공항에서부터 모든 게 너무 쉬웠습니다. 이미 받은 비자에 도장을 찍어주는 것으로 입국절차는 끝이었습니다. 많은 짐을 가져갔지만 '얼마든지 가져오라'는 듯 무사 통과였습니다. 거리에도 활기가 있었습니다. 차들도 많고 사람들도 많았습니다. '이 나라의 군사정부가 자신감을 가지고 있구나'라는 생각이 들었습니다.

그러나 곧 내적으로는 아주 강한 독재 정치를 하고 있다는 것을 알게 되었습니다. 90% 이상의 국민들이 아주 가난하게 살고 있고 극빈층들은 비참하게 살고 있는데도 약 5%의 권력자들과 종교지도자들, 그리고 그 아류들이 국가의 부를 다 차지하고 있다고 합니다. 빈민가를 돌아보면서 '세상에 이렇게 사는 사람들도 있구나'라는 생각 때문에 기가 막혔습니다.

미얀마에 군사 쿠데타가 일어나 군사정부의 사회주의 철권 독재가 시작된 것은 1962년입니다. 1988년도에는 민주화운동이 성공하여 그로부터 2년 후에는 자유 투표가 행해지기도 했으나, 아웅산 수치 여사가 이끄는 야당이 승리하자 선거를 무효화하고 수치 여사를 감금해버렸습니다. 군부는 심지어 민주화운동을 하는 대학들은 대부분 폐쇄해 버렸고, 폐쇄할 수 없는 일부 대학들은 캠퍼스를 학과별로 흩어버렸다고 합니다. 참으로 악랄한 정부입니다.

미얀마의 국토는 약 68㎢로 우리나라의 3.5배, 인구는 약 5,600만 명이라고 합니다. 구성 민족의 종류는 무려 135개나 되며, 버마인이 68%, 샨족이 9%, 카렌족이 7% 등인데 불확실한 통계일뿐입니다. 종교는 불교가 90%, 무슬림이 4%, 기독교가 3% 정도인데, 버마인들은 대부분이 불교이고 카렌족은 아도니람 저드슨 선교사의 영향으로 대부분이 크리스천이라고 합니다. 일인당 국민소득은 1,600불 정도 된다고 하나 빈부격차가 워낙 크기 때문에 일반 국민들의 실제 소득은 600불이 넘지 않을 것이라고 말하고 있습니다.

02

어느 기업가가 『세계는 넓고 할 일은 많다』라는 책을 썼는데, 선교적인 안목으로 세상을 다시 바라본다면 그것과는 비교할 수 없이 할 일이 많다는 것을 실감하게 될 것입니다. 바울 사도님은 꿈에 한 마케도니아 사람이 "이리로 건너와서 우리를 도우라"고 부르는 환상을 본 적이 있다지만 지금은 세상 도처에서 우리를 향하여 "건너와서 도우라"고 부르고 있습니다.

우리는 미얀마로 가는 길에 먼저 베트남 호치민에 들렸습니다. 그곳의 사이공 한인 연합교회(베트남의 대표적인 한인교회이다)에서는 정상률 목사님이 시무하고 있고, 또 사업을 하시는 우리교회 집사님들도 계시기 때문입니다. 공항에 도착하니 뜻밖에도 정 목사님과 한인연합교회 시무장로님들 모두가 환영을 나와 있었습니다. 미안하기도 하고 감사하기도 했는데 장로님들은 이구 동 성으로 "좋은 목사님을 보내주셔서 감사합니다"라고 인사했습니다. 내가 보냈다고 말할 수 있는 일은 결코 아니지만 정 목사님이 교회에서 환영받고 있다는 사실에 정말 기쁘고 감사했습니다.

그리고 그곳에서 사업을 하고 있는 이석재 집사님을 만났습니다. 이 집사님은 거기서 새로 조성되는 공단 안에 공장을 건축하고 새로운 제품을 생산할 준비를 갖추고 있었습니다. 우리는 회사를 방문하여 기도하고 공장을 돌아보며 교제를 나누었습니다. 길을 오가는 중에 주변에서 우리나라 60년대의 풍경을 많이 보았는데, 이 집사님은 "우리나라 사람들이 잘 사는 게 기적이고 베트남 사람들은 못 사는 게 기적입니다"라고 말했습니다. 정말 그렇다는 생각이 들었습니다.

우리나라는 좁고, 자원도 거의 없고, 남북 대치상태라 항상 긴장된 상황이고…. 그런데 경제대국이 되었으니 합리적으로는 설명이 불가능한, 그러기에 기적이라고 할 수밖에 없는 나라입니다. 반대로 베트남은 국토도 넓고, 자연자원이 풍부하고, 석유도 생산되고, 농사도 3모작이 가능하고…. 가난하게 살 이유가 전혀 없는데 매우 가난하게 살고 있으니 이게 또한 기적이란 것입니다. 또한 집사님께서는 베트남에서 일어나는 이 이상한(?) 기적의 원인이 부정부패라고 했습니다. 만연된 부정부패가 모든 좋은 것들을 망쳐버리고 있다는 것입니다.

이런 나라들을 방문할 때마다 나에게 절실하게 다가오는 생각은 이 땅에 복음을 속히 전해야겠다는 것입니다. 그들의 영혼을 살리는 것은 물론 경제적인 삶의 향상을 위해서도 꼭 복음이 전해져야 합니다. 복음은 우리의 죄를 사하고 영생을 얻게 하는 능력이면서, 더 나아가 전인적인 삶의 변화를 일으키는 능력입니다. 청교도들은 성경에서 기독인의 생활정신을 찾아 네 가지로 요약하였는데 곧 근면, 정직, 검소, 박애입니다. 복음을 통하여 이런 나라들에서 이와 같은 정신운동이 일어나야 합니다.

날을 정하여 그곳에 파송된 우리 교단의 선교사들을 초청하여 교제를 나누고 격려하는 시간을 가졌습니다. 복음전도가 금지된 사회주의 국가에서 사역한다는 것은 참으로 힘들고 고독한 일이지만 고난을 무릅쓰고 헌신하고 있는 분들을 보면 존경스러운 마음과 함께 우리의 안일한 삶을 돌아보게 됩니다.

우리는 편하게 살고 있고 정말 풍성하게 살고 있습니다. 그러면서도 오히려 불평이 많습니다. 만약 우리가 조금만 더 이들에게 관심을 기울이고 기도하며 복음과 긍휼 사역에 참여한다면 현지 사역자들은 큰 격려를 받게 될 것이고 우리 자신도 큰 보람과 기쁨을 가지게 될 것입니다. 사실 하나님께서 가장 관심이 많으시고 가장 좋아하실 일에 우리도 관심을 갖고 협력한다면 이보다 더 위대하고 복된 일이 또 어디 있겠습니까!

02
평양과학기술대학 이야기

01

  한국과 세계에 흩어져 있는 한국 동포들의 지원으로 세워진 평양과학기술대학이 지난 9월 16일에 평양시 락랑구역 승리동 현지에서 준공식을 거행했습니다. 이 일은 하나의 기적이고 역사적인 사건입니다. 나는 감격적인 마음으로 이 행사에 참석하고 돌아왔습니다. 본래 이 행사는 국제적인 빅뉴스 거리였고, 한국에서뿐 아니라 미국에서도 많은 손님들과 언론사 기자들이 참석도록 예정되어 있었던 큰 행사였습니다.

  그동안 여러 가지 문제로 거듭 연기되다가 이번에는 북한의 댐방류사건으로 행사가 또 연기될 뻔했습니다. 하지만 더 이상 미룰 수 없었기에 언론기관의 기자들은 수행을 못하고 이사들 20명만 참석하는 조건으로 정부로부터 방북허락을 받아 나는 이사의 자격으로 행사에 참석하게 되었습니다. 그나마 외국인들 30여명과 미국과 중국 등에서 교포 70여명이 참석하게 되어 약간이나마 잔치 기분이 났습니다.

평양과기대는 연변과기대 김진경 총장의 꿈과 기도로부터 시작되었습니다. 그 누구도 중국에 서방 사람이 들어가서 사립대학을 세울 수 있으리라는 것을 상상치 못하고 있을 때 김 총장님은 연변에 우리 동포들을 위한 대학이 필요하다는 것을 절실히 느끼고 이를 위해 꿈을 갖고 기도했습니다. 그리고 그야말로 기적으로 설립 허가를 받고 학교를 건축하기 시작했습니다.

그는 사방으로 뛰어다니며 이 기적적인 일을 설명하고 지원을 요청했지만 대부분의 사람들이 그를 이상한 사람으로 여겼습니다. 그가 공산주의자로 완전히 전향했기 때문에 허가를 받았을 거라느니, 아님 대학을 짓자마자 공산당 정부가 접수해 버릴 것인데 바보 같은 짓을 하고 다닌다느니, 혹은 과대망상증에 걸린 사람이라는 등… 처음에는 믿어주는 사람이 없었습니다. 그러나 그는 연변에 기적을 이루었고, 이어서 북한에도 같은 대학을 세워야 하고 또 그럴 수 있을 것이라는 꿈을 꾸고 기도하기 시작했습니다. 그리고 혹시라도 학교 설립 허가가 난다면, 그는 경제특구로 지정된 나진, 선봉 지역에서나 가능하리라고 생각했다고 합니다.

그런데 그는 뜻밖에 엉뚱한 일을 당했습니다. 그가 북한 동포들을 돕기 위해 열심히 북한을 오가던 중에 어느 날 갑자기 북한당국에 의해 무려 42일 동안이나 억류되는 일을 당했습니다. 그는 "조국에 자본주의 사상을 퍼뜨렸다"는 죄명으로 사형을 당할 것이란 통보까지 받았습니다. 그래서 그는 그곳에서 유서를 썼습니다. 그러나 그들은 미국 시민권을 가진 그를 죽일 수는 없었던지 그저 추방시킬 뿐이었습니다.

그런데 이것이 전화위복이 될 줄이야 누가 상상이나 했겠습니까? 얼마 후 북한 정부의 고위당국자가 연변과기대를 찾아와서 지난번에 그를 억류했던 일을 사과하고 김정일 국방위원장의 부탁이라며 평양에도 연변과기대 같은 대학을 세워달라고 요청한 것입니다. 김 총장이 요구하는 대로 다 도와줄 테니 국제적인 기술대학을 세워달라 말했다고 합니다.

김 총장은 북한의 최고지도자를 만났고, 동서남북을 잇는 교통의 요충지인 락랑구역의 땅과 대학이 설립되면 인사와 재정 등의 운영에 관한 전권을 줄 것을 요청했습니다. 김정일 위원장은 이를 확약하는 문서에 도장을 찍어 약속을 분명히 해주었습니다. 이것은 기적입니다.

평양과기대의 위치는 나 같은 사람이 보아도 정말 좋은 곳입니다. 당시 그곳에는 수도 평양을 방어하는 미사일 부대가 있었다고 합니다. 그래서 군부가 강하게 반대했지만 위원장은 처음 약속대로 허가 해주었고, 학교 공사는 속속 진행되었습니다. 내가 2006년에 처음으로 그곳을 방문했을 때까지도 아직은 군부대가 철수를 다 마치지 못하고 있었습니다.

02

평양과학기술대학의 준공은 북한 동포들을 사랑하고 통일을 염원하는 많은 사람들의 정성으로 이루어졌습니다. 건축에 들어간 420여억 원의 건축 자금은 우리 국민들의 눈물어린 헌금으로 이루어진 것입니다. 모금을 위해 뛰어다녔던 분들은 사랑과 믿음으로 드리는 '과부의 렙돈 두 닢'과 같은 헌금을 받아들고 눈물을 흘렸던 적이 한두 번이 아니었다고 말합니다.

물론 큰 교회들과 기업체들의 많은 헌금들이 없었다면 이런 큰 모금액은 불가능했을 것입니다. 그러나 기업체들이라고 해서 쉽게 헌금할 수 있었던 것은 아닙니다. 우리는 그동안 경제가 얼마나 어려웠던가를 너무나 잘 알고 있습니다. 헌금은 소유의 많고 적음에 좌우되는 것이 아닙니다. 이것은 사랑과 믿음이 없이는 쉽게 할 수 없는 일입니다. 믿음과 사랑이 기적을 만들어냅니다.

학교 건물은 세워졌지만 이것으로 끝나지 않습니다. 이제는 학교를 운영해야 합니다. 북한에서의 학교운영은 우리의 경우와 완전히 다릅니다. 북한은 사회주의 나라이기 때문에 학비를 받지 않을 뿐만 아니라 학생들의 잡비까지도 지급해야 합니다. 그래서 막대한 운영비가 들어가는데, 이 운영비는 학교를 설립한 재단에서 맡아야 합니다.

우리는 학교를 세웠으니 운영은 북측이 맡아야 할 것이 아니냐고 말할 수 있을지 모르나 북한은 그럴만한 재정능력이 없습니다. 또 설사 재정 능력이 있다고 하더라도 북한 정부가 재정을 지원하게 되면 운영의 주도권을 북한 교육성이 갖게 될 것입니다. 그럴 경우 우리가 북한에다 학교를 설립한 의미가 별로 없게 됩니다.

운영비는 매월 수억 원이 들어갈 것으로 추산됩니다. 그런데 운영비는 건축비와는 달리 일시적인 지원으로는 해결되지 않고, 정기적으로 꾸준히 지원되어야 합니다. 이런 지원이 가능한 단체는 역시 교회입니다. 교회가 아니고서는 정기적으로 꾸준히 지원할 단체가 많지 않습니다. 따라서 우리는 한국교회가 이 일을 맡아야 한다고 생각하고 있습니다.

교회가 이 일을 맡는 것에는 큰 의의가 있습니다. 그 의의는 무엇보다 먼저 동포 사랑을 실천할 수 있다는 것입니다. 학생들을 위해 학비와 식비 등을 지원함으로써 가장 직접적이고도 효과적으로 동포애를 실현할 수 있습니다. 물론 가난한 형제들을 구제하는 것도 시급한 일이지만 당장 모자라는 양식을 보내주는 것보다 스스로 일어설 수 있도록 돕는 것이 더 효과적일 것입니다.

평양과기대를 통해 우리가 기대할 수 있는 것들이 많습니다. 첫째는 고급 인력을 양성하여 공급함으로써 북한의 경제발전에 큰 기여를 할 수 있다는 것입니다. 글로벌 시대인 지금은 국제적인 마인드와 창의성 및 실용성을 가진 인재들이 필요합니다. 앞으로 평양과기대에서 가르칠 교수들은 이미 이와같은 교육철학과 정신을 가진 사람들일 것이기 때문에 북한이 자체적으로 양성할 수 없는 인재들이 이 학교를 통해 나올 것입니다.

둘째는 인적 교류를 통한 통일시대의 길을 닦는 일입니다. 남북한 뿐만아닌 국제적인 인적 교류야말로 평양과기대가 갖는 매우 중요한 의미가 될 것입니다. 물류도 통일의 길을 닦는 하나의 견인차가 되겠지만 물류보다 더 중요한 것이 인적 교류입니다. 이 대학을 통해 교수와 학생들, 학자들 상호간에, 그리고 기업체들 간에 많은 인적 왕래와 교류가 일어나게 될 것입니다. 따라서 이런 교류는 장차 통일의 큰 통로가 될 것이 틀림없습니다.

03
중국교회 중국선교

중국에는 「삼자교회」와 「가정교회」라고 불리는 두 가지 형태의 교회가 있습니다. 「삼자교회」는 중국 공산당 정부의 지도하에 있는 교회이고, 「가정교회」는 정부의 감시를 피해 비밀리에 모이기 때문에 지하교회라고 불립니다. 여기에서 삼자교회란 '중국 기독교 삼자애국운동위원회(中國基督教三自愛國運動委員會)'의 줄임말입니다.

본래 삼자(三自)란 네비우스 선교사의 선교전략 곧 자치(自治), 자립(自立, 또는 自養), 자전(自傳)에서 나온 말인데, 중국공산당은 이를 외세를 배격하고 사회주의 신(新)중국 수립을 위한 혁명 전략으로 사용했습니다. 1949년 10월 중국 공산당이 정권을 획득하고 나서 그들은 이를 전체 중국인을 통치·장악하기 위한 통일전선(統一戰線, 줄여서 統戰이라함)의 방침으로 채택하여 교회를 포함한 사회 각 영역에서 통전을 목적으로 하는 삼자애국운동위원회를 건립했습니다. 이런 상황에서 중국 기독교 삼자애국운동위원회에 가입한 교회인 「삼자교회」가 탄생하게 되었으며, 이후 소위 「지하교회」 혹은 「가정교회」라는 삼자를 거부하거나 반대하는 교회도 생겨나게 되어 현재까지 이르고 있습니다.

위에서 간략히 설명한 대로 가정교회는 중국의 공산당 정부 수립 이후 시작된 기독교 탄압 및 선교사들의 추방으로 인해 형성된 교회입니다. 정부의 지배를 거부하는 성도들은 자연히 지하로 숨어들게 되었고, 이들은 가정교회의 형태로 모임을 갖게 되었습니다. 여기에 워치만 니 같은 탁월한 지도자가 나오면서 무교회주의적인 성격의 가정교회 신학이 발전되기도 했습니다.

그런데 오늘날 중국 가정교회의 가장 큰 문제점은 리더십의 부재입니다. 각 가정교회에 설교자들이 있고 지역에 소속된 이런 가정교회들을 돌아보는 리더들이 있긴 하나, 어떠한 조직도 목회적인 권위도 없는 상황입니다. 그리고 일치된 신앙고백이나 교리가 형성되어 있지 않으며 전임으로 교회를 섬기는 목회자가 없고, 연보도 없기 때문에 목회자의 생활비를 댈 수도 없습니다. 그래서 중국 가정교회는 일시적으로 크게 부흥하다가도 이단이나 어떤 시련이 오면 하루아침에 무너지거나 휩쓸리기도 하는 허약한 교회입니다.

이런 상황에서 가장 시급한 일은 전임 목회자를 세우는 일입니다. 목회자를 세우기 위해서는 먼저 헌신자들이 나와야 하고 신학교에서 이들에게 올바른 신학을 가르쳐야 하며, 교회가 이들의 리더십을 인정하고 추대해야 합니다. 교회가 이들을 인정하고 추대한다는 것은 구체적으로 생활비를 부담하는 청빙을 말합니다.

이런 중국교회를 어떻게 도울 수 있을까요? 일반적으로는 가시적인 일, 즉 지도자들의 생활비를 지원한다거나 예배처소를 마련해 주는 것 등에는 관심이 많으나, 이는 시급한 일도 아닐 뿐 아니라 현지교회를 타락시킬 수 있는 아주 위험한 일입니다. 한국교회가 도울 수 있고 또 도와야 할 시급한 일은 지도자 세우는 일을 돕는 것입니다. 성경대로 믿고 행하는 건강한 신학 훈련을 시키는 일을 돕는 것입니다.

그런데 이런 일들 역시 주로 가정교회를 통해 비밀리에 이루어지고 있습니다. 중국 정부에게는 가정교회 자체가 경계와 감시의 대상인데 이들을 통하여, 또한 이들과 함께 이루어지는 중국 선교야말로 그들의 입장에서는 도발적인 외세 개

입임에 틀림없습니다. 그렇다고 삼자교회처럼 공산당 정부의 지도를 받는 신학교에 의존할 수는 없으니 어려움이 큽니다. 그러나 자유의 날이 오기 전까지는 이를 위해 한국교회가 인적 물적 희생을 치를 수밖에 없습니다. 왜냐하면 우리는 모든 민족에게, 특히 중국에게 빚진 자이기 때문입니다. 150여년 전 우리는 중국을 통해 복음을 받았습니다.

04
라틴 아메리카
선교전략회의에 참석하고

　선교대회에 참석할 때마다 복음전도의 시급성과 절실함에 가슴이 뜨거워집니다. 예외 없이 이번 라틴 아메리카 선교 전략회의에 참석하면서도 가슴이 벅차옴을 금할 수 없었습니다. 복음은 기독교의 최대 가치입니다. 이것은 사람의 생명을 살리는 하나님의 지혜요, 사회를 변화시키고, 나라를 변혁시키며, 결국 하나님나라를 성취하는 하나님의 능력입니다. 그러기에 이 복음을 전하는 일이야말로 정치, 경제, 문화, 모든 영역에서의 그 어느 과업들보다 더 가치 있고 더 우선하는 일입니다.

　선교사님들은 복음전도의 최일선에 있는 야전 장군들입니다. 햇볕에 그을린 그들의 구리 빛 얼굴들과 원주민들과 더불어 고생한 흔적인 투박한 모습들이 그분들의 훈장입니다. 나는 이분들을 대할 때마다 미안한 마음을 갖습니다. 모든 것 내려놓고 오직 복음사역에 헌신한 분들 앞에 서면 더욱 작아지는 자신을 발견하기 때문입니다. 비록 말씀을 들고 강단에 서지만 그래도 그분들 앞에 설 때면 항상 큰 부담을 느낍니다.

라틴 아메리카에 파송된 우리나라 선교사님들은 약 500명이라고 합니다. 이번에 참석한 분들은 선교 경력이 15년 이상 된 시니어 선교사님들인데 교회가 지원하는 재정상의 한도 때문에 40명만 참석하셨습니다. 이 정도 인원인데도 대회경비는 엄청나게 많이 들었다고 했습니다. 선교사님들의 항공비, 호텔에서의 숙식비, 기타 경비 등 6천만원 이상의 비용을 대부분 워싱턴의 열린문교회가 지원하였습니다. 또한 많은 교인들은 자발적으로 나서서 차량봉사와 식사지원 등 여러 가지 봉사를 아끼지 않았습니다. 정말 대단한 교회라는 생각이 들었습니다.

　역시 숨은 후원자도 있었습니다. 재미 기업가인 김동우 장로님은 이 대회를 위해 계속 재정지원을 해 왔다고 합니다. 특별히 몇 년 전 쿠바에서 열린 제2차 대회 때는 79명의 선교사님들의 숙식비용을 그분이 전부 담당했다고 누가 귀뜸해 주었습니다. 이번에도 모든 바쁜 일정을 뒤로 미루고 몸소 대회에 참석해 조용히 선교사님들의 발표와 말씀을 경청하고 있는 모습을 보며 감동을 받았습니다. 그는 선교를 위한 후원과 봉사를 아끼지 않는 숨은 선교사였습니다.

　우리 교회는 대회 준비를 위해 필요한 인쇄비 등의 명목으로 2천 5백 불을 지원했습니다. 또한 나의 여비를 지원하여 파송함으로써 향상교회가 대회에 가장 중요한 지원을 해 주었다는 선교사님들의 인사를 받았지만 나는 부끄러웠습니다. 나는 3일 간의 저녁집회와 열린문교회에서 주일예배 설교를 담당했는데, 성도님들의 기도 지원이 있었기에 몸이 피곤한 가운데서도 말씀사역을 잘 감당할 수 있었습니다.

　미국에 있는 한인교회들은 라틴 아메리카의 선교에 크게 헌신하고 있습니다. 인적 물적 지원을 아끼지 않는 교회들이 많습니다. 나는 선교대회에 참석할 때마다 한국은 참으로 말세에 세계 선교를 위해 부름 받은 교회라는 사실을 거듭 확인하게 됩니다. 많은 젊은이들이 자신들의 안정된 미래를 내려놓고 선교지로 떠납니다. 사업가들은 피땀 흘려 번 돈을 선교를 위해 아낌없이 연보합니다. 세계 어느 나라에서도 이런 예를 찾기 어렵습니다.

　작년에 LA에서 만난 어느 장로님은 내게 선교에 헌신한 자신의 딸에 대한 섭섭한 마음을 솔직히 털어놓았습니다. 딸이 아이비리그로 일컬어지는 대학과 대학원에서 최고의 성적으로 졸업했을 때 이젠 좋은 신랑감을 만나 결혼하고 미국 상류사회로 진출할 수 있으리라고 기대했다고 합니다. 그런데 딸이 뜻밖에 미얀마 선교사로 지원하는 바람에 장로님은 한 동안 마음을 진정시키지 못했다고 했습니다. 그러나 그러한 딸을 보면서 자신도 다시 한 번 하나님 앞에 헌신을 다짐하게 됐다고 했습니다.

어느 교회나 교회가 올인해야 할 일은 역시 복음 사역입니다. 우리도 이제 전열을 가다듬고 "한 마음으로 서서 한 뜻으로 복음의 신앙을 위하여 협력하며"(빌 1:27) "너희에게 은혜를 주신 것은 다만 그를 믿을 뿐 아니라 또한 그를 위하여 고난도 받게 하려 하신"(빌 1:29) 그분의 부르심에 즐거이 헌신해야겠습니다.

05
이슬람이 오고 있다

우리나라에 이슬람교가 전파되고 이태원에 이슬람 사원이 세워진지 벌써 40년 가까이(1976년 완공) 되었습니다. 초기에는 신자가 적었지만 최근에 이르러 이슬람 신자들이 크게 늘어나면서 정부와 기독교계가 긴장하고 있습니다. 정부로서는 국제적인 역학관계에서, 특히 미국과의 관계에서 크게 신경이 쓰이는 부분이고, 교회로서는 이슬람을 마지막 선교의 대상으로 생각하고 있는데 국내에서 오히려 역선교 상황이 일어나고 있으니 긴장하지 않을 수가 없는 것입니다.

이슬람에 대한 우리나라 사람들의 일반적인 정시는 별로 호의적이지 않습니다. 이슬람이라고 하면 대부분 테러를 연상하면서 일단 경계심을 갖습니다. 그러나 이슬람을 이해하고 바로 알아야 한다는 생각으로 차츰 호의적인 분위기가 확산되고 있습니다. 특히 반미 감정을 가진 좌파들은 우리 정부가 미국의 눈치를 보느라 이슬람에 대해 어정쩡한 외교적 태도를 취한다며 비판하고, 더욱이 한국 기독교는 근본주의적인 태도로 이슬람을 향해 공격적인 선교를 한다며 비난하고 있습니다.

그러나 우리는 먼저 알아야 합니다. 호의적인 사람도 비난하는 사람도 이슬람을 제대로 아는 것이 먼저 필요합니다. 어떤 사람들은 이슬람을 무조건 테러집단으로 매도합니다. 반대로 호의적인 사람들은 이슬람을 '관용의 종교'라고 말합니다. 지하드(聖戰)는 폭력전쟁을 말하는 것이 아니라 영적인 전쟁을 뜻하는 말이라고 주장합니다. 그러나 그들도 여전히 무슬림들에 의해 세계 여러 곳에서 행해지고 있는 테러들, 특히 이슬람 국가 내에서 종파 간에 행해지고 있는 자살 테러 등은 왜 계속되고 있는지를 설명하지 못합니다.

지난달에 출판사 글마당에서 『이슬람과 유대인, 그 끝나지 않은 전쟁』이란 책이 간행되었습니다. 저자는 마크 A. 가브리엘입니다. 그는 이슬람의 최고 명문대학인 알 아즈하르대학교(이집트 카이로 소재)에서 이슬람의 역사와 문화를 연구하여 박사학위를 받은 사람입니다. 그는 이슬람학의 교수로, 그리고 이맘(우리 식으로 말하면 목사)으로 활동했던 사람입니다. 그런데 놀랍게도 그는 복음을 받아 기독교 신앙으로 회심하였고, 현재 무슬림 세계에 복음을 전하는 말투스(순교적인 전도자)로 활동하고 있습니다.

그의 저서는 쉽고 명쾌하게 이슬람의 실체를 소개해 주고 있습니다. 특히 이슬람에 대해 '관용의 종교'니 '테러의 종교'니 하는 평가 곧 극단적으로 상반된 말이 나오는 이유를 쉽게 설명해 줍니다. 한 마디로 헤지라 이전의 초기 이슬람과 그 후의 이슬람은 완전히 다르다는 것입니다. 그리고 관용하는 자들에겐 관용으로, 저항하는 자들과 이교도들에겐 지하드로 나타나는 종교가 이슬람이라고 합니다. 위 책을 사서 꼭 한 번 읽어보십시오. 이 시대에 우리가 반드시 알아야 할 사람들이 바로 이슬람의 무슬림들입니다.

06
마지막 선교지
인도

01

돌아오는 금요일 오전에 우리 16명의 일행은 인도를 향해 출발합니다. 내가 인도에 있는 박선길 자매로부터 한 번 다녀가라는 요청을 받은 것은 10년도 더 넘었습니다. 그 이후 계속 일정을 잡지 못하고 미루고 미루다 이번에서야 어려운 결정을 하고 방문하게 되었습니다. 인도에서 싱글로 외롭게 살면서 사역하고 있는 자매인지라 현지에서 만나 손이라도 붙잡고 기도할 수 있다면 큰 위로와 힘이 될 것이라 믿으며 떠납니다. 인도에서 외국인 여성이 혼자 살기는 참 어렵습니다. 자매는 몸도 마음도 크게 지쳐있을 것입니다.

대부분 알고 있겠지만, 인도는 고대 인더스문명의 발생지입니다. 선사시대로 일컬어지는 B.C. 3000년 전부터 하라파와 모헨조다로 두 지역을 중심으로 도시문명이 고도로 발달했고, 그 문명은 B.C. 3000~1500년경까지 크게 번영했습니다. 그 후 이 문명을 일으킨 드라비다족은 아리아인들에 의해 남쪽으로 내쫓겼고, 아리아인들은 6세기경에 국가를 세우고 힌두교를 확립하여 힌두교 시대를 열었습니다.

　그러나 8세기부터 이슬람 인들이 인도에 침입하여 12세기 말에는 이슬람의 시대를 열었는데, 이슬람 시대는 그 최후 제국인 무갈 제국이 쇠퇴하면서 끝나게 됩니다. 그리고 이때로부터 영국이 동인도회사를 설립하여 인도를 지배하기 시작했고, 2차 대전 후에 인도는 마침내 공화국으로 독립했습니다.

　인도는 지극히 종교적이고 신비스러운 나라일 뿐만 아니라 문명사적으로도 정말 대단한 나라입니다. 관광객들의 마지막 여행지로 알려진 나라이기도 합니다. 그런데 워낙 넓은 나라라 한두 번의 방문으로는 어림잡기가 어려운 나라이지요. 국토는 한반도의 15배로 세계에서 일곱 번째로 큰 나라이며, 인구는 12억으로 세계에서 두 번째로 큰 나라입니다. 언어는 국가가 지정한 것만 해도 18개 언어라고 합니다. 이곳은 힌두교와 불교의 발상지이며 동양종교의 메카입니다. 지금 인도의 종교 분포는 힌두교 82.8%, 이슬람교 11.7%, 기독교 2.3%, 시크교 2%, 불교 0.8%라고 합니다.

　인도에 최초로 복음을 전한 사람은 예수님의 열두 사도 중 한 분인 도마로 알려져 있습니다. 의심이 많았던 도마는 처음에는 예수님의 부활을 믿지 않았으나 부활하신 예수님을 만나고 난 후에는 누구보다도 더 열렬한 복음 전도자가 되어 인도까지 와서 복음을 전하다가 순교했다고 합니다. 그의 무덤이 있는 곳으로 추정된 남인도의 도시 첸나이에는 도마의 무덤 성당인 산토메 성당이 있습니다.

　도마의 전도 이후 인도에 교회가 존재했다는 사료가 발견되기도 했고, 중국에 복음이 전해지는 통로였다는 사실은 알려져 있지만 이 나라에 기독교가 본격적으로 전해진 것은 영국이 인도를 지배하면서부터라고 할 수 있습니다. 인도는 종교의 나라이지만 선교적인 입장에서 보면 인도에는 기독교인구가 2% 남짓에 불과하고, 거기다 미전도종족이 무려 2천이나 될 정도로 많은 나라라서 종말론적인 전도 대상 국가이기도 합니다.

　교회에서 성도들이 선교 대상 국가들을 여행할 때 일반적으로 '비전여행'이란 말을 씁니다. 비전이란 환상이란 말인데 선교여행팀들이 이 말을 자주 사용하는 이유는 사도행전 16장에 기록된 바울 사도님이 보았던 환상에 기인한 것입니다.

바울 사도님이 2차 선교여행 중에 드로아에 머물 때 밤에 마게도냐 사람들이 '건너와서 우리를 도와달라'며 손짓하는 환상을 보았습니다. 그래서 바울 사도님의 일행은 동방으로 가려던 길을 돌이켜 서방으로 향하게 되었고, 복음은 유럽에 먼저 들어가 큰 부흥을 이루게 되었습니다. 이 복음이 지구를 한 바퀴 돌아 우리나라에 이르러 부흥을 일으켰고, 이제는 동아시아와 인도를 향하고 있습니다.

02

이번 여행은 고행이었습니다. 고생이 많은 정도가 아니라 아주 힘들고 위험했습니다. 여행 시간의 대부분은 버스로 이동하는 시간이었습니다. 새벽 5시에 일어나 6시쯤 식사를 하고, 이후 2~3시간 정도 관광을 한 후 보통 7~8 시간 이상을 달려 다른 도시로 이동했습니다. 우리나라 같으면 2~3시간도 안 걸릴 거리인데 도로가 2차선인데다 무질서한 교통 때문에 터무니없이 많은 시간이 걸렸던 것입니다.

바라나시에서 카주라호까지는 약 450km인데 무려 18시간이나 걸렸습니다. 아침식사는 새벽 6시에 했는데 점심은 저녁 9시에 먹었습니다. 도착은 다음날 5시가 돼서야 했습니다. 도중에 어느 산을 넘는데 트럭 한 대가 고장이 나서 길을 막았고, 차들이 서로 역주행을 하면서 엉키는 바람에 3~4km도 안 되는 거리를 무려 4시간이나 걸려 통과해야 했습니다. 그런데 놀라운 것은 어느 운전기사도 화를 내거나 열 받는 기사들이 없었습니다. 그냥 그러려니 하며 한없이 기다리고 있었습니다. 차라리 누군가가 열을 내고 고함이라도 질러댔으면 길이 금세 뚫렸을 것인데 말입니다. 참 좋은(?) 동네 사람들이었습니다.

그러나 이런 고행에도 불구하고 역시 그만한 고생의 가치는 있었습니다. 방문한 도시들마다 한 두 곳의 유적들만 보았는데도 그것들이 보통이 아니었습니다. 뭐라고 감탄을 해야 할지 그저 '아~' 하고 입만 벌릴 뿐이었습니다. 인도로 떠날 때는 세계 최고의 건축미를 자랑한다는 타지마할 묘 정도만 생각하고 갔는데, 어느 유적하나 예사로운 것들이 없었습니다. 유네스코 문화유산으로 지정되었다는 성이나 건축물들 외에도 많은 유적들이 있었는데, 그 옛날 대관절 무슨 기술로 이런 건축물들을 세울 수 있었는지 마음이 혼란스러울 뿐이었습니다.

나는 오래 전에 런던의 대영박물관을 방문했을 때에도 문화 역사는 앞으로 흐르는 것이 아니라 뒤로 흐르는 것 같다는 생각을 많이 했습니다. 가시적인 건축물들과 예술품들과 과학, 철학, 문학 등 옛 사람들의 문화가 우리보다 앞서 있는 경우가 아주 많습니다. 인도가 그런 나라입니다. 유적지를 돌아보며 고대 인도 문명이 얼마나 찬란했던가를 알 수 있었던 반면에 그 당시 그들이 가졌을 과학기술은 불가사의로 느껴졌습니다. 우리 입장에서 보면 아무런 기구나 기계도 없이 거의 맨손으로 어떻게 그런 거대하면서도 정교한 건축들이 가능했을까요?

선교적 관점에서 보면 인도는 그야말로 마지막 선교지임에 틀림없습니다. 인도는 역사적으로 최고(最古)의 철학과 종교를 가진 나라입니다. 힌두교의 근원인 우파니샤드 철학은 세계 최고의 철학으로 제로(0, Nirvana, 寂滅)를 발견한 철학입니다. 그리고 인도에서 네 종교가 발생했습니다. 바로 힌두교와 자이나교, 그리고 불교와 시크교입니다. 자이나교와 불교는 힌두교에서 나왔다고 할 수 있고, 시크교는 힌두교와 이슬람교가 혼합된 종교로서 15세기에 생긴 종교입니다.

하여간 인도는 종교의 나라입니다. 자신들이 어느 종교보다 더 오래되고, 더 고상하고, 더 깊은 종교를 가졌다고 자부하고 있는 나라입니다. 그들의 입장에서 볼 때 기독교나 이슬람교는 외래 종교이고, 국가권력과 함께 인도를 정복하여 만행을 저지르고 착취한 종교들입니다. 이슬람 세력인 무굴제국은 약 300년 동안 인도를 정복하여 다스렸고, 기독교 세력인 영국은 동인도회사를 설립하고 약 250년간 인도를 지배했습니다.

인도인들에게 과연 복음이 복음으로 전해질 수 있을까요? 대부분의 인도인들은 기독교에 대해서 강한 거부감을 가지고 있다고 합니다. 우리는 이를 충분히 이해할 수 있습니다. 그러기에 인도 선교는 오직 복음의 원천적인 능력과 성령님의 권세에 의지할 수밖에 없습니다.

07
미국의 힘

　이번에 미국을 방문한 목적은 막내딸 보배를 만나기 위함이었습니다. 보배가 미국에 간지 벌써 10년이나 되었고 작년에 있었던 졸업식에도 참석하지 못했고, 시집 갈 나이는 넘었고, 미국에 거주하려면 필요한 신분문제도 있고, 얼굴을 본 지도 5년이나 되었고, 오래 떨어져 살다보니 부모와의 관계에서도 문제가 생기고…. 이 모든 것을 일거에 다 해소할만한 힘이 우리에겐 없었지만 그래도 만남은 좋았습니다. 그 무엇보다 보배기 힘든 객지생활 가운데서도 신앙생활은 착실히 하고 있어서 너무 감사했습니다.

　보배는 고생을 아주 많이 했습니다. 우리가 볼 땐 스스로 사서 한 고생이지만 유학 초기 3~4년 외에는 학비도 제대로 보내준 적이 없어서 자기 딴에는 엄청 고생을 많이 했고, 그러다보니 도움은 주지 않으면서 자꾸 귀국하라는 소리만 하는 부모가 미워졌을지도 모릅니다. 또 그래서 그런지 보배는 부모가 있는 우리나라보다 미국에 더 살고 싶어 합니다. 헤어질 땐 언제 또 만날지 알 수 없다는 생각에 발걸음이 떨어지지 않았습니다.

이번 미국 방문의 두 번째 이유는 보스톤에 있는 김영환, 노연희 집사님 부부(매사추세츠주립의과대학 교수)의 초청 때문이었습니다. 이분들은 잠실중앙교회에 다니다가 분립할 때 우리 교회로 와서 2년 쯤 지난 후 미국으로 이주하신 분들입니다. 몇 년 전부터 한 번 다녀가시라는 요청이 있었지만 짬을 내지 못하다가 이번에서야 가서 만나 좋은 시간을 보냈습니다. 처음에 나를 오라 할 때는 나의 건강을 걱정해서였으나 내가 "걱정 없다"고 거절했더니, 그렇다면 관광으로라도 한 번 오라고 해서 가게 되었습니다.

김 집사님 내외는 우리 부부를 위해 특별 휴가를 내서 우리가 보스톤에 도착할 때부터 떠날 때까지 계속 가이드를 했습니다. 그리고 김 집사님 내외가 교수들이어서 그랬는지 모르지만 그분들은 주로 대학들을 돌아보는 것을 중심으로 우리를 관광시켜 주었습니다. 그래서 이번에 나는 그 동안 말로만 듣던 유명한 대학들—하버드(Harvard), MIT, 보스톤(Boston), 매사추세츠(Massachusetts)주립대, 웰슬리(Wellsley), 앰허스트(Amherst) 등—의 교정을 거닐며 미국의 건국 정신을 아주 강하게 느낄 수 있었습니다. 그리고 보스톤에 있는 이런 대학들을 돌아보며 미국의 힘이 어디에서 나오는지를 다시 한 번 확인할 수 있었습니다.

미국은 세계 최대 강국입니다. 이것 자체가 그들의 명예라고 할 순 없지만, 긍정적으로든 부정적으로든 온 세계에 가장 큰 영향력을 행사하고 있는 나라임에는 틀림없습니다. 이 힘이 어디에서 나오는 것일까요? 비옥하고 넓은 국토가 그 바탕이 되었음에는 틀림없습니다. 이 세상에서는 경제적인 힘이 일단 문화 발전의 원동력이 되니까요. 그러나 경제적인 발전도 물리적인 환경이 자동적으로 가져다주는 것은 아님을 우리는 잘 알고 있습니다.

미국의 발전의 원동력에 대해서 많은 사람들이 일치하게 동의하는 것은 청교도 정신입니다. 청교도들은 경건한 신앙인들입니다. 그들은 가정을 가장 중시했고, 교회를 세우고 교회 옆에 학교를 세웠습니다. 미국의 유명한 대학들은 거의 다 청교도들이 세운 학교들입니다. 그들은 돈이 모이면 긴 안목을 가지고 학교를 설립했고, 거기서 인재들을 길러냈습니다. 각 대학들의 교정에는 학교설립과 함께 세워진 교회당들이 기념비들처럼 세워져 있었습니다.

하버드대학은 하버드 씨가 설립한 학교입니다. 다른 학교들도 대부분 재력가들의 기부금으로 설립되었습니다. 지금도 이 대학들은 대부분 출신 동문들의 기부금으로 발전하고 있다고 합니다. 이와같이 미국의 교육기관들은 미국과 세계를 움직이는 동력발전소였습니다.

제6부

이웃

우리는 '이웃'이란 그저
'가까이에 살고 있는 사람' 정도로
단순하게 생각합니다만,

예수님은
'환난당한 사람', '도움이 필요한 사람'이라고
적극적으로 정의하셨습니다.

01
탈북청소년대안학교 '여명'

탈북청소년을 위한 여명학교가 서울특별시 교육청으로부터 대안학교로서 학력인가를 받았습니다. 그리고 지난 20일(2010년 4월) 학력인가(2010년 3월 22일 서울시 인가)를 자축하는 행사에 교육과학기술부 장관이 참석하여 관계자들을 격려하고 학생들과 대화를 나누면서 탈북청소년들에 대한 정부의 깊은 관심을 보여주었습니다. 행사 며칠 전에는 대통령이 직접 참석한다는 통보가 와서 행사계획을 완전히 새로 짜는 등 분주했으나 당일에는 결국 장관만 왔습니다.

여명학교는 90년대 초부터 북한 동포들을 돕는 일에 앞장섰던 목사님들의 주선과 교회들의 후원으로 시작되었습니다. 남서울은혜교회, 일산은혜교회, 높은뜻숭의교회, 그리고 우리 향상교회 등 약 20개 교회가 연합하여 2004년도에 "여명학교"란 이름으로 설립되었습니다. 그해 1월에 모여 이사회를 조직하였고, 교장에 우기섭 선생님과 함께 10여 명의 교사들을 선발했습니다. 그리고 교회들로부터 3억 원의 헌금을 받아 학교로 사용할 홀(100평)을 임대했고, 30명의 학생을 모집하여 마침내 그해 9월 14일에 개교하였습니다.

교육이념은 회복, 이해, 사랑입니다. 회복이란 인간본연의 존엄한 가치를 찾는 것이며, 이해란 다양성의 인정과 상호존중의 의미이고, 사랑은 자아정체성을 회복하고 타인과 대등하게 사회적 관계를 맺는 태도의 핵심이며 방향성입니다. 교훈은 "하나님을 경외하고, 사람을 사랑하며, 민족을 하나로"입니다.

탈북동포들이 남한에 와서 겪는 가장 큰 어려움은 사회적응입니다. 50년 이상 완전히 다른 이념과 정치체제, 그리고 특이한 문화 속에서 태어나고 살다가 왔기 때문에 외국에 온 것 이상으로 문화적 쇼크가 크고 적응이 힘듭니다. 그중에서도 가장 힘든 사람들이 바로 청소년들입니다. 이들은 탈북과정에서 극한 어려움을 겪어야 했고, 또 대부분 교육받을 시기를 놓쳐버려서 일반 학교에서 공부하기가 쉽지 않습니다. 그래서 당분간은 고향(?) 사람들끼리 교제하고 공부하면서 사회적응훈련을 받는 것이 필요합니다. 여명학교는 이런 필요를 채우고, 탈북동포의 자녀들을 위한 맞춤교육기관으로 설립되었습니다.

현재 재학생 수는 45명이며, 교사는 13명입니다. 이제서야 학력인가가 났기 때문에 앞으로 학생들의 지원이 대폭 늘어날 것으로 보여 정원을 중등과정 30명, 고등과정 40명으로 늘릴 계획입니다. 그리고 교회의 후원과 정부로부터의 지원을 받아, 부지도 마련하고 교사(敎舍)도 건축해서 명실상부한 대안학교로서의 면모를 갖출 예정입니다. 처음에는 100평도 채 안 되는 홀을 얻어 시작했는데, 현재는 남산 기슭에 있는 연건평 200평쯤 되는 단독건물을 학교로 사용하고 있습니다. 이 건물의 임대비는 몇 년 동안 높은뜻숭의교회가 부담해왔는데, 그 교회가 네 곳으로 나누어지면서 이를 부담하지 못하게 되었습니다. 하지만 지금은 산본 산울교회의 모 권사님이 전세금 3억 원을 무이자로 대납해주셔서 같은 건물을 계속 사용하고 있습니다.

그동안 학교운영비는 이사 교회들에서 부담해왔습니다. 우리 교회도 매년 일정액을 계속 부담하고 있습니다. 또 각 교회들이 당번을 맡아 학생들에게 점심을 제공하고 있습니다. 우리교회는 처음부터 긴급구호부에서 매달 당번이 돌아올 때마다 학교에 가서 점심봉사를 하고 있습니다. 이런 봉사를 통해 어머니 같은 사랑으로 상처받고 각박해진 청소년들의 마음을 따뜻하게 감싸주고 있습니다. 수년 동안 남모르게 계속 봉사해 오신 분들께 깊은 감사를 드립니다.

02
지금은 교회가 나서야할 때입니다

　우리가 항상 나라와 민족을 위해 기도해왔지만 지금은 더욱 열심히 기도해야 할 때입니다. 6.25 발발 60주년이 되었건만 평화는 더 멀어지고 분쟁의 소리는 점점 높아지고 있습니다. 김정일 정권의 처사는 그들의 입장에서 생각하려해도 도무지 이해가 되질 않습니다. 지난 두 대통령 시절에 남한 정부가 그들을 도우려고 얼마나 노력했습니까? 그런데 포용정책으로 화해와 협력을 모색했던 DJ 정부 때도 그들은 대포동 미사일을 쏘아 올리더니, 노무현 정부 때는 핵실험과 서해교전으로 남한이 내민 손을 뿌리치며 판을 깬 자들입니다.

　MB 정부가 들어서자마자 금강산 관광객을 사살하는 어처구니없는 일을 저지르더니, 이번엔 천안함 공격으로 46명의 장병들을 전사시키는 한 만행을 저질렀습니다. 그 결과로 남북교류는 단절되었고 우리 정부와 유엔 안보리에서는 북한에 대한 새로운 제재를 준비하고 있는 상황입니다. 북한의 2차 핵실험 및 남한의 정권 교체 이후 북한에 대한 국제적인 지원은 격감되었습니다. 2007년에는 3,488억원(유상원조 포함)이었던 지원금이 2008년에는 438억원으로 줄었고, 작년 경우는 200억원도 채 넘지 못했습니다.

이렇게 되면 북한 정권도 당장 어려움을 당하겠지만, 더 심각한 고통을 당하는 사람들은 북한 주민들입니다. 오직 체제유지에만 올인하고 있는 북한 정권의 서투른 경제정책과 화폐개혁 등으로 빈곤이 가중된 상황에서 외부지원마저 끊어지면 1990년대 중반에 200만 명이나 굶어죽었던 참혹한 사태가 또다시 일어나지 않으리라는 보장이 없습니다.

이런 때는 한국교회가 일어나야 합니다. 기도해야 하고, 북한 동포들을 경제적으로 도와야 합니다. 정부로서는 원칙을 따라 대응할 수밖에 없겠지만, 교회는 인도적인 차원에서 좀 더 적극적으로 접근해야 합니다. 교회가 북한 주민들 모두에게 어떤 혜택을 준다는 것은 전혀 불가능한 일이지만, 그래도 어린이들과 극난한 어려움을 당하고 있는 사람들에게라도 도움을 줄 수 있어야 합니다. 그들은 강도 만난 사마리아 사람과 같은 자들이 아닙니까? 다행히 인도적인 지원창구는 아직도 열려 있습니다.

언젠가 서울의 어느 무허가 비닐 천막촌에 화재가 났을 때 나는 거기 살던 주민들을 돕기 위해 구청장을 만난 일이 있습니다. 그런데 그 자리에서 구청장은 교회들에게 도움을 청한다고 간곡히 부탁했습니다. "당국으로서는 저들을 도울 수가 없습니다. 정부가 나서면 앞으로 무허가 집단촌을 단속할 길이 없어집니다. 그렇다고 지금 화재로 거처를 잃어버린 사람들을 내버려 둘 수도 없습니다. 그들은 지금 밥을 해 먹을 장소도 없고 잘 때 덮을 이불도 없습니다. 교회가 그들을 좀 도와주십시오." 나는 그 구청장의 마음을 백분 이해할 수 있었습니다.

지금 남북의 상황이 이와 비슷합니다. 정부로서는 북한을 도울 수가 없습니다. 그런데 주민들은 식량부족으로 굶주리고 있고, 어린이들은 영양부족으로 발육부진에다 질병에 쉽게 노출되어 생명에 위협을 당하고 있습니다. 이런 때에 교회가 저들을 도와야 합니다.

우리가 사랑을 기울이면 이를 통해 북한 주민들의 마음을 얻을 수 있을 것입니다. 그리고 남북화해의 새로운 물꼬를 틀 수 있을지도 모릅니다. 북한이 '고난의 행군' 시기를 지날 때 미력하나마 한국교회가 저들을 돕기 시작했고, 이것이 민간

단체들로 확산되어 남북교류가 활발해졌습니다. 지금은 다시 그런 역할이 필요해진 때라고 생각합니다. 제1·2차 세계대전 때에도 구호를 위한 십자가의 깃발은 휘날렸습니다.

03
우리의 이웃
일본의 재난을 보며

　일본을 휩쓴 지진과 해일, 그리고 그 후유증으로 계속되고 있는 재난은 차마 뭐라고 표현할 말이 없습니다. 뉴스의 화면을 볼 때마다 가슴이 저리고 떨립니다. 사람들이 차로, 혹은 맨몸으로 밀려오는 해일을 피해 달리다가 순식간에 거대한 물속에 작은 동물처럼 휩쓸려버리는 광경을 보면서 마치 나 자신이 그렇게 된 것처럼 인간의 초라함을 한없이 느꼈습니다. 자동차와 집들이 떠밀려 쓰레기처럼 쌓이고 흩어진 모습, 도시와 마을이 통째로 수장되거나 해일에 쓸려간 화면을 보며 "하나님, 불쌍히 여겨주옵소서"라는 말밖에 나오지 않았습니다.

　거기다 원전이 폭발하면서 방사선 피폭에 대한 두려움은 지진 이상으로 공포를 느끼게 하고 있습니다. 이에 대해 일본뿐 아니라 모든 나라 사람들이 두려움을 느끼고 있습니다. "제발 원전만은 더 이상 폭발 없이 수습되게 해주십시오." 나는 기도하고 또 기도합니다.

일본을 위해 중보합시다

　하나님께서 긍휼을 베풀어 주시도록, 백성들이 절망에 빠지지 않도록, 정부와 국민들이 한 마음이 되어 재난을 수습하고 복구할 수 있도록 기도합시다. 그리고 그들이 스스로 낮추고 겸비하여 하나님의 얼굴을 찾도록 기도합시다. 지금은 뭐라고 말로 표현할 수 없는 엄청난 재난이지만 길게 내다보아 일본이 하나님께로 돌아와 복을 받는 계기가 되도록 기도합시다.

우리의 마음을 모아 일본을 도웁시다

이 일에 먼저 한국교회가 앞장서야 합니다. 한국교회희망봉사단 등 모든 기독교 단체들이 일본을 위해 모금하기로 결정했습니다. 성도들이 크게 힘을 내어 저들을 돕고 위로하는 일에 앞장서야겠습니다. 한국교회는 일본에 대해 아직도 뭔가 지워지지 않는 앙금이 남아있습니다. 일제로부터 당한 핍박과 신사참배 강요는 한국교회에 큰 상처를 남겼습니다. 그러나 이번에 이 모든 앙금을 다 풀어버리고, 이제는 일본을 축복하는 한국교회가 되어야 합니다. 그래야 서로 복을 받습니다. 원수가 주리면 먹이고 목마르거든 마시게 하라고 하지 않으셨습니까!

우리가 정신을 차리고 깨어 신앙생활을 잘 합시다

모세는 "우리의 모든 날이 주의 분노 중에 지나가며 우리의 평생이 순식간에 다하였나이다. … 우리에게 우리 날 계수함을 가르치사 지혜로운 마음을 얻게 하소서"라고 기도했습니다. 이와같이 우리도 깨어 기도합시다. 우리는 언제 우리에게 종말이 이를지 알 수 없습니다. "그러므로 깨어 있으라. 어느 날에 너희 주가 임할는지 너희가 알지 못함이니라"고 하신 예수님의 말씀을 항상 기억하며 삽시다.

지구촌의 모든 사람들이 밀레니엄 2000을 축하하며 새로운 세기를 시작했지만 그 후 10년 동안에 일어났던 미증유의 재난들은 인류에게 장밋빛 희망이 아닌 종말적 위기를 보여주고 있습니다. 지구촌의 모든 사람들이 깨어 일어나야 합니다. 이 세상이 영주할 곳이 아님을 알고, 머리를 들고 새 하늘과 새 땅이 임하기를 고대하며 기다려야 합니다.

한편 우리는 엄청난 재난 속에서도 침착한 일본 국민들을 보고 있습니다. 누군가를 향한 원망도, 정부를 향한 항의도, 생존 때문에 쉽게 벌어질 수 있는 혼란도 없는 것을 보며 정말 존경스러운 마음을 금할 수가 없습니다. 예수 믿는 우리 한국교회 성도들이 배워야 할 모습입니다. 위기의 때에 질서를 지키는 것이 진정한 이웃 사랑의 저력입니다. 다시 한 번 "하나님, 일본을 불쌍히 여겨주옵소서"라고 기도합니다.

04
지극히 작은 자 하나에게 한 것이 바로 내게 한 것이니라

　예수님은 사람들에게 "네 마음을 다하며 목숨을 다하며 힘을 다하며 뜻을 다하여 주 너의 하나님을 사랑하고 또한 네 이웃을 네 자신 같이 사랑하라"고 가르치셨습니다. 이 말씀을 들은 한 율법교사가 질문했습니다. "내 이웃이 누구입니까?" 이 질문에 예수님은 강도를 만나 죽게 된 사람을 도운 선한 사마리아 사람의 이야기를 가지고 대답하셨습니다. 우리는 이웃이란 그저 "가까이에 살고 있는 사람" 정도로 단순하게 생각합니다만, 예수님은 "환난당한 사람", "도움이 필요한 사람"이라고 적극적으로 정의하셨습니다.

　이런 의미에서 오늘날 우리의 이웃은 누구일까요? 여러 대답이 있겠지만 적어도 우리나라 상황에서는 북한 동포들이 바로 우리의 이웃이라고 누구나 주저 없이 대답할 수 있을 것입니다. 북한 동포들이야말로 우리와 가장 가까이 살고 있는 우리 형제들입니다. 그리고 우리의 도움이 절실히 필요한 "환난당한 사람들"입니다.

　더욱이 이미 우리 남한에는 2만 명이 넘는 탈북주민(자유이주민)들이 있습니다. 나는 이 숫자가 급격하게 불어나리라고 생각합니다. 이분들은 사선을 넘어 천신만고 끝에 자유로운 대한민국에 들어왔지만, 이곳에 적응하며 산다는 것은 그들에게 결코 쉽지 않습니다. 문화적인 차이가 크고 외로울 뿐 아니라 당장 생계를 꾸려가는 일도 매우 어렵기 때문입니다. 그러다보니 같은 동포들인데도 불구하고 그분들은 외국인이나 이방인처럼 느끼며 살아갑니다.

그러므로 한국교회는 탈북주민들에게 쉼터가 되어야 합니다. 우리 성도들은 먼저 이분들을 따뜻한 형제애로 맞이해야 합니다. 무엇보다 마음의 따뜻함과 배려가 중요합니다. 그리고 그분들이 이곳 생활에 적응할 수 있도록, 또 적응하기 전까지 현실적으로 필요한 것들을 공급하며 도와야 합니다. 이것이 이웃사랑의 실천이고, 또 앞으로 오게 될 통일한국을 위한 준비와 훈련이 될 것입니다.

예수님은 세상에서 무시당하고 고통 받으며 소외된 자들을 작은 자들이라고 말씀하셨습니다. 그리고 이 지극히 작은 자 하나에게 한 것이 바로 당신에게 한 것이고, 그들에게 하지 아니한 것은 바로 당신에게 하지 아니한 것이라고 말씀하셨습니다. 주리고 목마른 자들, 나그네들, 헐벗고 병든 자들, 감옥에 갇힌 자들… 이런 자들에게 사랑을 베푼 것은 곧 예수님께 한 것이고, 이런 자들을 돌아보지 아니한 것은 바로 예수님께 하지 아니한 것이라는 말씀입니다.

이는 우리가 아주 놀라며 받아야 할 말씀입니다. 왜냐하면 예수님께서 세상에서 귀찮아하거나 하찮게 여김을 받는 사람들을 당신 자신과 동일시하고 있기 때문입니다. 다시 말해, 이 말씀은 우리가 이런 사람들을 대할 때 예수님을 대하듯 하라는 말씀입니다. 거기다 더구나 이들에 대한 봉사 여부가 마지막 심판의 때에 중요한 자료가 될 것이라고까지 말씀하고 있습니다. 물론 우리의 구원은 우리의 선한 행위나 노력으로 받는 것이 아니라 하나님의 은혜로 믿음으로 받는 것입니다. 그러나 예수님을 구주로 믿는 사람은 예수님이 부탁하신 자들을 결코 소홀히 하지 않을 것입니다.

오후에는 자유이주민을 위한 리버티 킹덤 영가단의 공연이 있습니다. 영가단 단원들은 모두 흑인들입니다. 그 조상들은 세상으로부터 소외되고 억압받았던 분들이었습니다. 그리고 그들이 부르는 흑인영가에는 그들이 고난 중에 하나님의 위로와 구원을 기다리는 간절함이 깊이 배어 있습니다. 오늘의 음악회가 우리 주위의 작은 자들을 생각하고 돌아보는 따뜻한 자리가 되기를 바랍니다.

05
우리 주위에는
이런 사람들도 있습니다

아래 편지는 한국에 시집온 베트남 새색시가 쓴 편지입니다. 열아홉 꽃다운 나이에 그 꿈을 펼쳐도 보기 전에 목숨을 잃었습니다. 그녀가 죽기 전에 쓴 편지입니다. 참으로 가슴 아픈 편지입니다.

「당신과 저는 매우 슬픕니다. 제가 한국에 온 지 얼마 되지 않아 아직은 한국 사람들의 삶에 대해서 알 수 없고 이해할 수 없는 것은 당연합니다. 한국에서도 부인이 기뻐 보이지 않으면 남편이 그 이유를 물어보고 책임을 져야 되는 것이 아닌가요? 그런데 남편은 왜 오히려 아내에게 화를 내는지, 당신은 아세요? 남편이 어려운 일을 의논해 주고 서로의 마음을 알아주는 것이 아내를 제일 아껴주는 것이라고 생각해요. (중략) 저는 당신의 일이 힘들고 지친다는 것을 이해하기에, 저도 한 여자로서, 아내로서 나중에 더 좋은 가정과 삶을 위해 최선을 다하고 있어요.

당신은 아세요? 저는 당신과 많은 이야기를 나누고 싶은데, 당신은 왜 제가 한국말을 공부하러 못 가게 하는지 이해할 수가 없어요. 당신을 잘 시중들기 위해 당신이 무엇을 먹는지, 무엇을 마시는지 알고 싶어요. 저는 당신이 일을 나가서 무슨 일이 있었는지, 어떤 것을 먹었는지, 건강은 어떤지 또는 잠은 잘 잤는지 물어보고 싶어요. 제가 당신을 기뻐할 수 있게 만들 수 있도록 당신이 저에게 많은 것들을 가르쳐 주기를 바랐지만, 당신은 오히려 제가 당신을 고민하게 만들었다고 하네요.

저는 한국에 와서 당신과 저의 따뜻하고 행복한 삶, 행복한 대화, 삶 속에 어려운 일들을 만났을 때에 서로 믿고 의지하는 것을 희망해 왔지만, 당신은 사소한 일에도 만족하지 못하고 화를 견딜 수 없어하고, 그럴 때마다 이혼을 말하고…. 당신처럼 행동하면 어느 누가 서로 편하게 속마음을 말할 수 있겠어요.

당신은 가정을 만든다는 것이 얼마나 큰일이고 한 여성의 삶에 얼마나 큰일인지 모르고 있어요. 좋으면 결혼하고 안 좋으면 이혼을 말하고 그러는 게 아니에요. 당신이 그렇게 하는 것은 한 사람의 진실된 남편으로서 부족하다고 생각해요. 물론 제가 당신보다 나이가 많이 어리지만, 결혼에 대한 감정과 생각에 대해서는 이해하고 있어요.

한 사람이 가정을 이루었을 때 누구든지 완벽하지 않다는 것은 알고 있어요. 물론 부부가 서로 이해하지 못하고 서로의 상처가 너무 많아 결국 이혼하는 사람들도 있어요. 한 사람의 감정을 존경하고 이해하는 사람에게는 마음을 닫아버리게 하는 상황들과 원망하게 하는 상황들이 무관심하게 지나가게 돼요. (중략) 제가 한국에 왔을 때에 더 이상 바라는 것이 없었고, 단지 당신이 저를 이해해 주는 것만을 바랐을 뿐이에요.

제가 베트남에 돌아가게 되어도 당신을 원망하지 않을 거예요. 저는 당신이 저 말고 당신을 잘 이해해주고 사랑해 주는 여자를 만날 기회가 오기를 바래요. 당신이 잘 살고 당신이 꿈꾸는 아름다운 일들이 이루어지길 바래요. 저는 베트남에 돌아가 저를 잘 길러주신 부모님을 위해 다시 일을 시작하려고 합니다. 저의 희망은 이제 이것뿐이에요. 당신과 전 서로 다른 나라 사람이어서 제가 한국에 왔을 때 대화를 할 사람이 당신뿐이었는데… 누가 이렇게 될 것이라 생각할 수 있었겠어요. 정말로 하느님이 저에게 장난을 치시는 것 같아요. 정말 더 이상 무엇을 적고 말할 것이 있겠어요…」

06
가족, 이웃, 그리고 고향

　명절이 되면 민족의 대이동이 일어납니다. 올 추석에도 2천 수백만 명이 고향을 찾거나 가족을 만나기 위해 이동을 했다고 합니다. 해마다 그 넓고 긴 4차선 고속도로가 차로 꽉 막히는 광경은 참으로 가관입니다.
　나는 명절이면 교회를 지킨다는 핑계(?)로 아무데도 안 가고 있지만, 진짜 이유는 교통체증이 겁나서입니다. 차에 갇힌 채 길에서 몇 시간씩을 보내야 한다는 것이 생각만 해도 허리가 아프고 소변이 마렵습니다. 그런데 대부분의 사람들은 아랑곳하지 않고, 부모형제들을 만나고 고향 친구늘을 만난다는 마음 하나로 수천 리를 엉금엉금 달려갑니다.
　가족이란 참 대단한 힘을 가진 관계입니다. 만난다고 항상 좋은 것만도 아닌데, 떨어져 있더라도 서로를 잡아끄는 것이 가족이고 가족의 정(情)입니다. 있는 듯 없는 듯 실체는 잘 보이지 않지만 그것의 힘은 보통이 아닙니다. 사방에서 사람들을 끌어내다 길을 메우고 수천리를 달리게 만드는 그 힘 말입니다.
　물론 정이란 가족이라는 혈연에서만 나오는 것은 아닙니다. 가족과 더불어 있는 이웃들, 가족과 이웃을 품고 있는 고향산천-그 들과 시내와 나무들, 이 모든 것들이 정을 만들고 붙잡고 있습니다. 이웃과 고향산천은 확장된 가족이 아닌가 싶습니다.

지나다보니 "고향에 오신 여러분들을 환영합니다"라는 현수막이 보입니다. '그렇지! 용인이 나의 고향은 아니지만 수많은 내 이웃들의 고향이지.' 이런 생각을 하니 주변이 챙겨집니다. '고향 온 사람들이 기분 나쁜 것들을 보면 안 되는데…' 용인이 너무 많이 변해서 고향맛이 안 날 수도 있을 것입니다.

이런 마음으로 주위를 살펴보니 정나미가 떨어지는 현수막들이 눈에 띕니다. "주민들 다 죽인다 ㅇㅇㅇ은 무조건 떠나라", "ㅇㅇㅇ 아파트 건축을 결사반대한다." 왜 그만한 일에 모두들 결사(決死)인지 모르겠습니다. 언젠가 나는 서울 가는 길에서 "차라리 우리부터 먼저 화장(火葬)해라"라는 무서운 현수막도 보았습니다. 마을 근처에 화장장이 들어오는 것을 반대하는 주민들이 내건 현수막이었습니다.

용인으로 처음 이사 와서 어느 마을에 살 때 이야기입니다. 지금은 모두 다 하나의 마을이 되었지만 당시만 해도 우리가 살던 마을 주변에는 아파트 건축공사가 한창이었습니다. 그때 마을 사람들은 매일 모여 마을 옆의 아파트 건축을 결사저지한다며 데모를 했습니다. 나는 아내에게, 건축저지를 위한 진정서에 도장도 찍어주지 말고 데모에도 나가지 말라고 했습니다. 그랬더니 데모에 안 나가면 벌금으로 일당을 내야 한다고 했습니다.

하지만 공사 중인 그 아파트는 이웃들의 결사반대에도 불구하고 날마다 조금씩 올라갔습니다. 그리고 어느 날은 돈이 나왔으니 돈을 받으러 오라고 했습니다. 아파트를 짓는 회사에서 각 세대 당 몇 십만 원씩의 보상이 나왔다고 했습니다. (데모에 안 나간 우리는 물론 보상을 받을 자격이 없었습니다.) 그후 데모는 조용해졌고, 다행히 결사(決死)한 대로 죽은 사람은 아무도 없었습니다.

이웃이 삭막해지고 있습니다. 개발이권에 묶여 마음이 각박해지고, 정은 메마르고, 고향은 사라져 갑니다. 명절 동안만이라도 사납고 무서운 현수막은 좀 내릴 순 없을까요? 그리고 모두 고향 찾는 마음으로 함께 따뜻하게 살순 없을까요?

제7부

가정과 자녀

사무엘의 아들들까지도 그 아버지와는 달리
뇌물을 받고 재판을 굽게 하는 타락한 사사가 된 것을 보며
일말의 위안(?)을 느끼면서도 동시에 충격을 받습니다.

'자식문제로는 큰 소리 칠 애비가 없다'는
말이 있는데 정말 그런 것 같습니다.

01
하나님의 기업

시편 127편 3절에 "자식은 여호와의 주신 기업이요 태의 열매는 그의 상급이니라"라는 말씀이 있습니다. 여기서 "주신"이란 말은 번역자가 넣은 말일뿐 원문은 "자식은 여호와의 기업"입니다(개역개정판에는 "주신"이란 말이 없음). 사람들의 기업은 회사나 가게나 부동산이나 기타 등등의 재산들이지만 하나님의 기업은 사람입니다. 하나님은 경건한 사람들과 그 자녀들을 그의 기업으로 삼으셨습니다.

누구나 그렇지만 하나님께서도 당신의 기업이 크고 풍성하기를 원하십니다. 그리고 이것은 그의 기업된 우리들의 복이요 상급입니다. 하나님은 우리 한 사람 한 사람이 잘되기를 원하십니다. 우리가 잘 되는 것은 바로 하나님의 기업이 잘되는 것이기 때문에 이것이 그의 기쁨이 됩니다. 그래서 우리는 무엇보다도 자신의 성숙에 항상 마음을 두어야 합니다. 사역보다도 더 중요하고 우선적인 것은 내가 하나님의 사람으로 온전해지는 것입니다. 바로 신앙과 인격이 성장하는 것입니다.

그리고 또 우리가 하나님의 기업을 풍성하게 하기 위한 아주 중요하고 직접적인 일이 있는데, 이는 자식을 낳고 기르는 일입니다. 자녀를 많이 낳고 잘 기르는 일이야말로 하나님의 기업을 위한 참으로 귀한 사역이요 헌신입니다.

그러나 요즘은 사람들이 자식을 낳는 일에 매우 소극적입니다. 낳기도 힘들고 기르기도 힘들다며 모두 자식 많이 낳기를 회피합니다. 이는 세속 정부가 조장한 일이기도 하고, 사람들이 쾌락주의로 흐른 결과이기도 합니다. 과거 우리나라 정부는 인구조절을 해 보겠다고 가족계획을 강요하고 피임법을 가르쳤습니다. 심지어 불법적인 임신중절까지도 눈감아 주었습니다.

그 결과 노인인구는 크게 증가한 반면 생산인구는 크게 감소한 인구위기를 가져왔습니다. 학자들은 앞으로 2~30년 내에 무서운 경제위기, 국가공동체의 생존위기가 닥쳐올 것이라고 경고하고 있습니다.

하나님은 인간을 만드신 후 "생육하고 번성하여 땅에 충만하라"고 복을 주셨습니다. 또 "젊은 자의 자식은 장사의 수중에 화살 같으니 이것이 그 전통에 가득한 자는 복되도다"라고 하였습니다. 사람이 생육하고 번성하는 것은 하나님의 기업이 번성하는 것이요, 그것은 사람에게 복입니다. 그런데 사람들은 이런 하나님의 복을 복으로 생각하지 않고, 말씀에 순종하지 않으므로 복을 차버린 격이 되었습니다.

나는 자녀출산에서 하나님의 말씀에 순종하고 복을 받으려면 셋 이상은 낳아야 한다고 주장합니다. 번성하라고 명하셨고 다산이 복이라고 말씀하셨으므로, 적어도 셋 이상은 낳아야 최소한도의 순종이 되지 않겠습니까? 그리고 자녀를 셋 이상 낳으면 세 가지 좋은 일이 있는데 첫째는 산모의 건강에 좋고, 둘째는 아이들에게 좋고, 셋째는 이웃을 위해 좋다고 합니다.

첫째로 여자가 아이를 셋 이상 낳으면 몸에 있던 병이 없어지고 몸이 야물어진다고 합니다. 아이를 생산한 사람이 자궁암에도 덜 걸리고, 모유를 먹인 어머니가 유방암에도 덜 걸린다는 것은 우리가 이미 아는 일입니다. 사람이 임신을 하면 몸의 모든 기능들이 작동하게 되기 때문에, 금식의 경우와 같이 임신 중에는 몸이 약해지는 것 같으나 산후조리만 잘하면 몸이 전체적으로 건강해진다는 것입니다. 이렇게 세 번쯤 출산을 하고 나면 몸이 아주 단단해진다고 합니다.

둘째는 아이들에게 좋다는 것인데, 형제가 셋 이상이라야 인격적으로 원만하게 잘 자랄 수 있고 사회성이 있어서 평생 살아갈 때 어디서나 적응을 잘하고 인간관계도 좋아서 잘 살 수 있습니다.

셋째로 이웃에 좋다는 말은 사람이 많아야 사회가 든든히 서고 나라가 강성할 수 있기 때문입니다. 아이를 많이 낳는 것은 사회에 봉사하는 일이 됩니다. 그리고 우리 믿는 자들에게는 더욱 그렇습니다. 사람은 하나님의 기업이기 때문에 자녀를 많이 생산하면 하나님의 나라를 왕성하게 하는데 기여할 수 있기 때문입니다.

02
자녀의 신앙교육

요즘 사무엘상의 말씀을 묵상하면서 자녀교육에 대한 생각을 다시 한 번 하게 됩니다. 먼저 엘리 제사장과 그 아들들의 종말을 보면서 큰 두려움을 갖습니다. 한편 사무엘의 아들들까지도 그 아버지와는 달리 뇌물을 받고 재판을 굽게 하는 타락한 사사가 된 것을 보면 일말의 위안(?)을 느끼면서도 동시에 충격을 받습니다. '자식문제로는 큰 소리 칠 애비가 없다'는 말이 있는데 정말 그런 것 같습니다.

그러나 그렇다고 해서 우리가 자녀양육의 결과에 대해 면책되는 것은 아닙니다. 부모는 자녀를 주님의 교양과 훈계로 잘 양육해야 할 책임이 있습니다. 특별히 쉐마(신 6:4-9)는 신앙교육에서 부모의 무한한 책임을 강조하고 있습니다.

엘리 제사장의 경우 그 자신은 신앙과 인격에 큰 문제가 없는 것 같아 보입니다. 그는 중후하고 관대한 믿음의 사람으로 보입니다. 그러나 그는 자녀들의 망나니 같은 행동을 막지 않았고, 하나님께 드리는 지극히 거룩한 제사를 멸시하는 행동을 하고 있음에도 불구하고 이를 단호히 금하지 않았습니다. 그저 점잖게 타이르는 듯한 모습을 봅니다.

그는 지나치게 관대했습니다. 아마 자녀들을 어릴 때부터 "오냐 오냐"하고 길렀던 것으로 보입니다. 그는 자녀를 사랑했지만 하나님을 경외하는 일을 가르치지 못했습니다. 성경은 그가 자식을 하나님보다 더 중히 여겼다고 기록하고 있습니다. 그리고 이는 곧 하나님을 멸시한 것이라고 말하고 있습니다.

우리 가운데에도 엘리 같은 아버지들이 많은 것은 아닐까라는 생각이 듭니다. 만약 믿음이 있는 사람이라면 누가 감히 하나님보다 자식이 더 중하다고 생각할 사람이 있겠습니까? 그러나 실제적으로는 가정에서 자식이 우상이 되어 있는 경우가 허다합니다. 특히 교육문제에 이르면 부모들은 자식을 위해 모든 것을 포기할 정도입니다.

자식을 위해서라면 돈은 물론 자신의 삶까지도 기꺼이 포기하는 것이 우리의 현실입니다. 자녀 때문에 부부가 별거하고 있는 경우가 얼마나 많습니까? 일시적으로는 그럴 수 있지만 수년 동안 아예 이혼한 사람들처럼 별거까지 하며 자식에게 모든 것을 다 쏟아 넣고 있습니다. 그런데 신앙교육에 대해서는 어떻습니까? 얼마나 기도하며 얼마나 정성을 기울이고 있습니까?

자녀들이 공부 잘하고 세상에서 출세하는 일을 위해서라면 모든 것을 다 쏟아 놓으면서도 정작 신앙문제에 대해서는 얼마나 느슨하고 관대한지요. 신앙생활 잘하고 구원받기를 원하는 것은 물론이겠지요. 그러나 이 문제를 얼마나 중요하게 생각하며, 또 이 문제로 얼마나 자녀와 치열하게 대화하며 권면해 보았는지요. 학교에서 무슨 일이 생기면 생사를 걸고 덤비는 부모들이 신앙문제는 얼마나 예사롭게 여깁니까?

신앙교육—인성교육을 포함해서—은 어릴 때 제대로 해야 합니다. 아직 죄의 오염이 적고 그 영이 맑을 때 말씀을 가르치고, 하나님을 경외하는 사람이 되도록 인도해야 합니다. 어릴 때 제대로 교육을 받지 못하고 자라면 신앙생활은 그을린 데다 세상의 때가 너무 많이 묻어서 나중에는 신앙이 들어가기가 매우 어렵습니다. 그리고 성인이 되면 부모라도 어찌 할 수가 없습니다.

기억할 것은 일반 교육은 이 세상에서의 문제지만 신앙 교육은 영원한 운명과 관련된 문제라는 사실입니다. 이것이야말로 부모가 생을 걸어야 할 문제입니다. 자녀들의 구원과 하나님 앞에서의 성공을 위해 모든 것을 투자해야 합니다. 또한 잘 살펴보면, 신앙교육을 잘 받은 자녀들이 세상에서도 성공한다는 것을 알 수 있습니다. 부모들이 진실한 믿음을 갖고 신앙교육에 헌신하시기를 간절히 권면해 마지않습니다.

03
쉐마교육

01

　어느 중2 남학생의 하루. 아침 7시가 되면 일어나라는 엄마와의 전쟁이 시작됩니다. 벌떡 일어나야 하지만 어제 저녁에 워낙 늦게 잤기 때문에 몸이 말을 듣지 않습니다. 몇 차례나 뒤척이다가 8시가 다 되었다는 엄마의 말에 겨우 일어나 밥을 먹는 둥 마는 둥 하고 학교에 갑니다.

　8시 30분 정도에 학교에 도착하였기에 1교시까지는 30분 정도 여유가 있습니다. 친구들과 떠들다 보면 숙제를 못해온 것이 생각나고 준비물도 못 챙겨온 것이 생각나 허둥댑니다. 그리고 곧 1교시가 시작됩니다. 내용이 어렵지는 않으나 계속 졸립니다. 2~4교시가 계속되면 졸리는 것은 덜하나 집중이 잘 되지 않습니다.

　점심시간은 가장 신나는 시간입니다. 난장판 같은 교실에서 밥을 먹고 나가서 공을 차거나 친구들과 장난치고 떠들다 보면 금세 오후 수업이 시작됩니다. 못해온 숙제가 있으면 점심시간에도 숙제를 하느라 정신이 없습니다. 역시 계속 졸리고 피곤합니다. 6교시를 마치고 종례까지 하면 오후 3시30분, 친구들과 공을 차다가 가는 경우도 있지만, 보통은 집으로 바로 갑니다. 우유를 한 잔 마시고 만화를 보거나 컴퓨터 게임을 하다가 학원 숙제가 생각나서 또 다시 허둥거립니다. 겨우 숙제를 해서 학원에 갑니다.

보통 저녁 7시부터 10시까지 수업을 합니다. 시험기간에는 12시가 넘도록 자습을 시킵니다. 보통의 경우 집에 돌아오면 10시30분. 컴퓨터를 켜고 친구와 메일을 주고받습니다. 숙제를 확인하고 정보를 주고받는 것이 대부분입니다. 그리고 숙제를 하거나 잠시 게임을 하다보면 보통 12시가 넘습니다. 조금 더 노닥거리면 새벽 한 시나 두 시가 되는 것은 일도 아닙니다.

그런데도 성적은 오르지 않습니다. "다른 친구들은 도대체 어떻게 공부를 할까? 내가 언제까지 이렇게 버티며 살 수 있을까? 대학입시까지는 아직도 까마득한 세월이 남았는데…" 라는 생각을 하며 잠이 듭니다.

위 이야기는 지난 주간에 대구에서 열린 고신교단 교육대회에서 어느 중학교 교사가 발표한 내용 중 일부입니다. 우리 학생들이 이렇게 힘들게 살고 있습니다. 중학교 때부터 대학입시에 눌려 몸도 마음도 지쳐가고 있습니다.

이런 지옥에서 해방되고 싶어 많은 학생들이 조기유학을 떠납니다. 그런데 유학 간다고 문제가 해결될까요? 입시지옥에서는 당장 해방되는 것 같지만 더 심각한 문제들이 일어나고 있습니다. 가장 중요한 가정교육―지적 교육 이외의 거의 모든 교육―은 부모로부터 이루어지는 것인데, 많은 아이들이 부모를 떠나게 되면서 이것이 포기됩니다. 상당수의 어머니들은 이런 위험을 방지하려고 유학에 동행합니다. 부부가 분리되고 기러기 아빠들이 계속 늘어납니다. 아이들은 편모슬하에서 자라게 되고, 아버지의 역할은 그저 학비를 벌어 대는 아이들의 종에 불과하게 됩니다.

이런 가정이 정상일 수 없습니다. 가정이 깨어지는 경우들도 적지 않습니다. 또 정상이 아닌 가정에서 좋은 자녀들이 양육되는 것은 결코 쉬운 일이 아닙니다. 내가 미국이나 호주를 방문할 때면, 유학을 보낸 지 수년 후 이상하게 자라버린 아이들을 붙들고 피눈물 흘리는 부모들이 있다는 말을 종종 듣습니다. 그럴 때면 나의 가슴도 무너져 내립니다. 그렇지만 어쩔 수 없으니 대부분의 부모들이 "우리

아이는 절대로 그렇지 않을꺼야"라고 기적을 바라며 자위합니다.

이런 문제를 어떻게 해결해야 할까요? 길이 보이지 않습니다. 정권이 바뀌고 장관이 바뀌고 법이 바뀌어도 별 소용이 없습니다. 한 때 서울의 교통문제와 우리나라 입시문제는 하나님도 해결할 수 없다는 말이 유행했습니다. 그런데 정말 누가 하나님께 물어나 봤을까요? 우리 크리스천 부모들이라도 과연 "하나님, 우리가 어찌해야 할까요?"라고 물어 봤을까요?

02

쉐마는 신명기 6:4~9의 본문을 일컫는 말입니다. 우리 성경에서 "이스라엘아 들어라"로 시작되는 이 말씀이 원문에는 "쉐마 이스라엘 שְׁמַע יִשְׂרָאֵל"(히브리어는 한자처럼 오른쪽에서 시작한다)로 쉐마가 먼저 나옵니다. 그래서 사람들은 이 본문을 쉐마라는 별칭으로 부릅니다. 쉐마의 핵심구절은 4~5절입니다. "이스라엘아 들으라 우리 하나님 여호와는 오직 유일한 여호와이시니 너는 마음을 다하고 뜻을 다하고 힘을 다하여 네 하나님 여호와를 사랑하라."

그리고 6~9절은 이 말씀을 부지런히 가르치라는 권면입니다. 집에 있을 때에든지 여행 중에 있든지, 잠자리에 누웠을 때에든지 일어날 때에든지, 때를 얻든지 못 얻든지 항상 이 말씀을 가르치라고 했습니다. 그리고 이 말씀을 손목에 매고, 미간에 붙이고, 문설주와 대문에도 써 붙이라고 했습니다.

쉐마는 먼저 우리 삶의 근본이 무엇인지를 가르칩니다. '유일하신 하나님이 계신다. 그 하나님을 믿을 뿐 아니라 마음과 뜻과 힘을 다해—전인격적으로—사랑하는 것, 이것이 모든 삶의 근본이다'라는 것입니다. 이것이 인생의 근본이고 바로 교육의 출발점입니다. 지식과 지혜의 근본도 이와 같습니다. 잠언 1:7 "여호와를 경외하는 것이 지식의 근본이거늘 미련한 자는 지혜와 훈계를 멸시하느니라" 여호와 하나님을 경외하는 것이 지식의 근본입니다. 그런데 사람들이 "미련해서" 즉 믿음이 없어서 하나님을 경외하지 않음으로써 참된 지혜와 지식을 얻지 못한다는 말씀입니다.

그리고 하나님을 경외하는 일은 지식의 근본이지만 또한 모든 관계의 근본이 됩니다. 삶이란 바로 관계의 역동성이기 때문에 관계의 기초가 바로 놓이는 것이 얼마나 중요한 일인지 모릅니다. 여기에 질서가 서게 되고, 소모적인 삶이 아닌 창조적인 삶이 세워지게 됩니다. 하나님을 두려워하고 공경하는 사람들은 권위를 존중합니다. 자녀들은 부모를 공경하고 웃어른들을 공경할 줄 알게 됩니다. 따라서 부모와 자녀의 관계, 선생과 학생의 관계, 부부관계에 질서가 생기고, 인간관계가 올바르게 이루어지게 됨으로써 생활에 활기가 생기고, 창조적이고 생산적인 사람이 되는 것입니다. 그래서 쉐마교육이란 근본이 바르게 된 사람으로 자라도록 양육하는 것입니다.

신약시대의 쉐마는 복음입니다. 복음을 요약하면 "예수님은 그리스도시요 살아계신 하나님의 아들이시다. 그를 믿고 영접하는 자는 하나님의 자녀가 되는 권세를 얻는다"는 것입니다. 복음은 하나님의 은혜이며 놀라운 복입니다. 복음은 "모든 믿는 자에게 구원을 주시는 하나님의 능력"입니다. 우리는 복음으로 말미암아 죄 사함을 받고, 거듭나서 하나님의 자녀가 됩니다. 이것이야말로 우리의 영원한 자랑이요 특권입니다.

쉐마는 우리에게 하나님을 경외하는 자로 살아가도록 가르치고 복음은 우리를 하나님의 자녀로 살아가도록 가르칩니다. 따라서 우리는 자녀들이 하나님의 자녀답게 모든 착함과 진실함과 거룩함으로 살고, 더 나아가 세상의 빛으로 소금으로 살아가도록 긍지와 사명을 일깨워주어야 합니다. 성도는 왕 같은 제사장입니다. 세상으로부터 도피하거나 끌려가는 사람들이 아니라 세상을 사랑과 공의로 다스리고 이끄는 사람들입니다.

성경에서는 하나님을 경외하며 그 말씀대로 순종하며 사는 자들은 축복을 받아 꼬리가 되지 않고 머리가 될 것이라고 하였습니다.

"여호와께서 너를 머리가 되고 꼬리가 되지 않게 하시며 위에만 있고 아래에 있지 않게 하시리니" (신 28:13a)

04
자식 농사에 성공한
귀농

귀농하여 전남 화순에 살고 있는 김진환 심경아 부부의 이야기를 할까 합니다. 지난 주간에 그들로부터 기쁜 소식이 날아들었습니다. 아들 태수가 대학에 합격했다는 소식입니다. 연세대와 카이스트 두 곳에 원서를 냈는데 두 곳 모두 합격했다고 합니다. 태수는 두 대학 중 어디로 갈까 고민(?)하다가 학비가 들지 않는 카이스트에 가기로 결정했답니다. 카이스트 학생들은 전원 국비장학생입니다. 식비와 기숙사비까지도 무료입니다.

김 집사 부부는 가까운 수원의 좋은 직장(삼성 메디슨)에 다니다 사표를 낸 후 남매를 데리고 시골로 내려갔습니다. 2008년 3월 1일입니다. 아들 태수가 초등학교를 졸업하고 중학교에 들어갈 때였습니다. 보통 사람들은 시골에 있다가도 아이들이 중학교에 갈 때가 되면 도시로 나옵니다. 자녀교육이 우선이기 때문입니다. 그런데 이분들은 거꾸로 했습니다.

그들은 땅을 사서 거기다 우물을 파고 손수 임시주택과 양계장을 지었습니다. 그리고 순수한 자연농법으로 닭을 길렀습니다. 그리고 완전 무공해의 최상급 계란을 생산하기 시작했습니다. 그리고 몇 해 전부터 우리 교인들이 이 유정란을 먹기 시작했는데 주문량이 점점 불어나고 있다고 합니다. 현재는 알을 낳는 닭이 일만오천 마리인데 단골 고객만으로도 일천 명이 넘는 바람에 생산물량이 따르지 못해 안타까운 실정이라고 합니다.

내가 지금 김 집사님의 양계 이야기를 하려는 것은 아닙니다. 그가 시골로 내려간 목적은 전원생활이나 양계가 아니었습니다. 중요한 것은 인간다운 삶을 살고 싶다는 것이었고, 자녀들도 자연 속에서 제대로 자라게 하고 싶다는 것이었습니다. 공부가 다가 아니라 좋은 사람으로 자라는 것이 우선이었습니다. 그리고 출산한 자녀는 아들 태수와 딸 지수 둘이지만 작년에는 셋째로 현수를 입양했습니다. 그들은 앞으로 아이들을 계속 더 입양할 계획이라고 합니다. 그는 가능한 많은 자녀들을 입양해서 하나님의 사람들로 잘 기르겠다는 포부를 가지고 있습니다.

늦둥이 현수의 출현은 중고등학교에 다니던 태수와 지수에게 판타지 그 자체입니다. 예쁘고 놀랍고 신기한 생명, 이 어린 생명체에서 발산되는 생기는 형과 누나에게는 물론 온 가족들에게 삶의 기쁨과 의욕과 힘을 공급하고 있습니다. 두 아이들은 학교에 갔다 오면 동생 현수와 노는 것이 최고의 즐거움이요 휴식입니다. 스마트폰이나 컴퓨터 게임 등에는 아무런 관심이 없습니다. 그 아이들에겐 동생하고 노는 것보다 더 좋은 레크레이션은 없습니다.

두 아이의 공부는 완전 자율학습입니다. 학원에 가는 등의 사교육은 생각조차도 하지 않습니다. 학교에 갔다 오면 스스로 알아서 공부합니다. 아빠는 엄마에게 아이들의 스케줄을 관리하려 하지 말고 안아주는 일만 열심히 하라고 당부한답니다.

돈을 쓰는 일도 아이들 스스로 훈련하게 한다고 했습니다. 학년에 따라 약간의 차이를 두어 잡비를 주고 알아서 쓰도록 한다고 합니다. 한 가지 약속은 대학에 갈 때부터는 부모의 도움 없이 공부할 수 있도록 미리부터 준비해야 한다는 것입니다. 그래서 태수와 지수는 잡비를 아껴 쓰고 남는 것은 저축합니다. 시골에서는 돈 쓸 일도 별로 없으니 저축이 많아질 것이 당연합니다. 그런데 태수가 이번에 카이스트에 들어가게 되었으니 학비를 스스로 마련해야 하는 그로서는 땡 잡은 셈입니다. 그 동안 모은 잡비는 어디다 쓸 것인지 궁금합니다. 2012년 해는 저물어 아쉬운데 김진환 심경아 집사 내외가 부럽습니다.

05
장애 자녀를 가진
부모들의 고생을 누가 알리요

지난 주일은 장애우주일이었습니다. 장애우들을 돌아보고 그들의 아픔을 함께 나누며 돕자는 취지의 기념 주일입니다. 지난 주일 우리 교회에서는 정신지체 장애를 가진 세 청년이 세례를 받았습니다. 이들이 예수님을 알고 믿고 세례를 받았다고 하는 것은 참으로 감사한 일입니다. 나는 세례문답을 하면서 "예수님을 믿니? 예수님 좋아? 예수님께 감사해?"라고 물었는데 다들 "예"라고 밝게 대답했습니다. 부모님들과 사랑부 선생님들이 많이 수고한 결과였습니다.

주일이 지나고 나는 [2013년 샘터상 당선작]으로 선정되이 샘디 5월호에 게재된 우리 교회 유준경 집사님의 생활수기 《맑은 소리, 기쁜 소리》를 읽었습니다. 읽으면서 몇 번이나 눈물을 닦아야 했습니다. 머리에도 가슴에도 뭔가 가득차서 먹먹했습니다.

세상에는 정말 어려운 사람들이 많습니다. 예수님이 말씀하셨던 "지극히 작은 자들"입니다. 예수님은 이들을 자신과 동일시하셨습니다. 예수님은 그들을 이해하셨고 사랑하셨고 섬기셨습니다. 그리고 천국에 가시면서 그들을 우리에게 부탁하셨습니다. 그리고 이 일을 당신이 다시 오실 때를 깨어 기다리며 준비하는 성도들의 종말론적인 신앙의 삶으로 규정하셨습니다. 그런데 우리는 지극히 작은 자들을 돌아보고 섬기는 일에 관심이라도 있었는지…? 유준경 집사님의 글을 꼭 읽어보길 바라며, 여기에 몇 문단만 옮겨 적습니다. 집사님의 글은 당선작답게 작품성도 뛰어납니다.

『 … 그럴 때 우리 부부가 결심한 것은 '화내지 말자'였다. 화란 놈이 낼 때마다 점점 사나워지고 커지는 속성이 있음을 깨달았기 때문이다. 대신 꾹꾹 참아가며 준구가 거하게 벌여놓은 사고현장을 수습했다. 처음에는 힘들었지만 그 후에는 오히려 마음 다스리기가 훨씬 수월해졌다. 그리고 별명을 붙였다. 대변으로 사고치는 행위를 '똥쇼(show)', 줄여서 '쇼'라고 불렀다. 말 그대로 준구가 '보여준다'는 의미였다.

바닥에서 딩굴기를 좋아하는 준구의 방에 패드를 깔았다. 면 패드는 총 세 장이었는데 패드가 마르기도 전에 일이 벌어지면 몽땅 세탁하느라 바닥에 깔아놓을 패드가 없는 지경에 이르기도 했다. 매일 일곱 벌 정도의 속옷을 들통 안에 쌓고 삶았다. 준구가 대변을 만진 손으로 장남감과 디지털 피아노 등에 흔적을 만들면 물티슈와 이쑤시개가 요즘말로 '짱'이다. 얼마나 열심히 닦았는지 요즘 장남감보다 그때의 장남감이 더 깨끗할 정도다.

그래도 그 정도면 양반이었다. 하루는 저녁을 먹은 뒤 아이들을 씻기고 깨끗한 내복으로 갈아입혔다. 나도 씻고 '이제 좀 쉬려나?' 하는 마음으로 나왔다. 그런데 준구가 새 내복과 방 안에 쇼를 거하게 해놨을 땐 이성이 잠시 이탈할 뻔했다. 동굴 속에서 울리는 호랑이 울음소리 같은 것이 가슴 밑바닥에서 치밀어 올라와 으르렁거리면서 준구를 혼냈다. 왜 혼나는지 모르는 준구가 서럽게 우는 소리를 들으며 뒷수습을 하는데 현실을 인정하기 싫었다. 꿈이었으면…, SF영화처럼 다른 곳으로 이동하고 싶었다. 이런 일은 종종 있었다.

나는 항상 잠자는 시간이 불규칙하기에 오후에 십 분이라도 낮잠을 자며 기운을 차리곤 했다. 아기 적 준구는 아무 것도 잡지 못했는데 처음으로 잡은 것이 내 머리카락이었다. 온 힘이 손끝에 몰렸는지 아이가 땀이 밴 손으로 머리채를 움켜쥘 땐 내가 왜 아이에게 머리를 들이밀었나 후회가 밀려왔다. 그러나 몇 년 동안 반복하다

보니 견딜만했다. 그날도 그런 날이었다. 준구가 머리카락을 만지는데 잠결임에도 '아차'싶었다. 꼬랑꼬랑한 냄새, 끈적임, 준구의 환호성…, 바로 그 '쇼'였다. 벌떡 일어난 나는 머리에 똥을 이고 준구부터 씻긴 뒤 현장을 수습한 다음에야 머리를 감았다…. 』

06
가정은 인류가 수호해야 할
마지막 보루입니다

　우리는 해체주의가 만연된 시대에 살고 있습니다. 객관적인 진리가 부정되고 역사와 전통, 시민의 가치와 미덕이 해체되는 시대에 살고 있습니다. 다시 말하면 지금까지 인간의 삶의 기반을 이루어왔던 도덕적 가치가 무너지고 있습니다. 그리고 무엇보다 이 모든 것들의 근본이 되고 인류사회의 기본단위인 가정이 무너지고 있습니다. 그러나 우리가 끝까지 지켜야 할 마지막 보루는 바로 가정입니다. 어떤 경우에도 가정은 해체될 수가 없으며, 그 소중함을 잊어도 안 됩니다. 가정은 인간의 존재와 행복의 영원한 요람이기 때문입니다.

　가정은 하나님의 창조질서에 속합니다. 가정은 사람들이 살다가 만들어낸 제도가 아니라 하나님께서 태초에 창조하신 기관입니다. 하나님은 여섯째 날에 당신의 형상을 따라 사람을 만드시되 남자와 여자를 만드셨고, 둘을 이끌어 오셔서 한 몸을 이루어 살게 하심으로 가정을 창조하셨습니다. 하나님의 위대하신 창조는 가정을 만드신 것으로 완성되었습니다.

　가정에는 삼위일체 하나님의 형상이 나타나 있습니다. 사람은 독처하도록 만들어진 존재가 아니라 더불어 함께 살도록 만들어진 존재입니다. 그리고 가정은 교회의 원형입니다. 바울 사도는 "남자가 부모를 떠나 그의 아내와 합하여 둘이 한 몸을 이룰지로다"(창 2:24)라는 말씀을 인용한 후 이어서 "이 비밀이 크도다 나는 그리스도와 교회에 대하여 말하노라"라고 하였습니다.

　가정은 일부일처로 이루어집니다. 그리고 자녀를 낳아 기릅니다. 하나님께서는 가정을 통해 생명을 창조하시는 일을 계속하십니다. 하나님은 사람들이 가정을 통해 생명을 얻고 더 풍성히 얻도록 하셨습니다. 가정을 통해 사람들을 번성하게 하시고 땅을 정복하고 관리하며 복을 누리게 하셨습니다. 그리고 가정에 질서를 주셨습니다. 부모에게 권위를 주시고, 남편을 가장으로 세우셨습니다. 우리는 이런 질서를 창조질서라고 부릅니다.

　창조질서는 생명과 직접 관계되어 있습니다. 곧 창조질서를 깨면 생명이 쇠하여지고 결국에는 멸망합니다. 동성애와 동성결혼은 창조질서에 대한 정면 도전입니다. 인간이 타락하면서 육체도 영혼도 병들고 왜곡되었습니다. 그래서 거기서 온갖 불의와 추악과 퇴폐가 나옵니다. 그 중 하나가 동성애입니다. 이는 동서고금을 막론하고 어느 시대가 종말론적인 타락에 이르렀을 때 두드러지게 나타났던 죄악입니다. 그러나 그 동안은 이것이 숨은 죄악이었습니다. 그런데 현대에 이르러 하나님을 부인하는 대담하고 철면피한 사람들이 나타나면서 동성애를 자신들의 존엄한(?) 인권으로까지 주장하기에 이르렀습니다.

　이것은 창조질서에 대한 정면 도전이며 파괴입니다. 그들은 자신들의 인권을 말하나 실제로는 자신들이 어디서 왔는지 존재의 근원자체를 부정하는 주장이며 행위입니다. 남녀로 이루어진 정상적인 가정 없이 인류가 어떻게 존재하며 번성할 수 있습니까? 창조질서를 파괴하고 살아남을 자는 없습니다. 가정은 창조질서를 따라 거룩하게 보존되어야 합니다.

　하나님께서 우리에게 계명을 주신 것은 우리를 행복하게 하기 위함입니다. 우리가 하나님의 명령과 규례를 지키면 복을 받고 평안함과 형통함을 누리게 됩니다. 하나님은 부부관계에 순종과 사랑의 계명을 주셨습니다. 아내는 남편에게 순종하되 주께 하듯 하라 하셨고, 남편에게는 아내를 사랑하되 그리스도가 교회를 사랑함과 같이 하라고 하셨습니다.

  부모와 자녀의 관계에도 계명을 주셨습니다. 자녀는 부모를 공경해야 하고, 부모는 자녀를 주의 교양과 훈계로 양육하여 믿음을 계대해야 합니다. 잘 자란 자녀는 부모의 면류관입니다. 그리고 자녀가 부모를 공경하는 것은 마땅한 도리이며, 이런 자녀들은 잘 되고 장수하는 복을 받습니다.

07
부부 모꼬지가 뭐꼬?

　부부모꼬지는 부부 생활을 지원하고 가정을 건강하게 세우기 위한 1박2일의 워크숍 과정입니다. 이 모꼬지는 부부생활에 활력을 제공하고, 성도들이 아름다운 교제를 나누며, 나아가 향상가족들이 영성 훈련을 하는 장입니다. 여기에는 20쌍의 부부와 20명 이상의 봉사자들과의 아름다운 만남이 있습니다. 이 모꼬지에 참석하시면 서로 사랑하고 행복을 가꾸는 일에 큰 도움이 되실 겁니다.

　부부모꼬지란 말을 처음 썼을 때 교우들은 한결같이 "부부모꼬지가 뭐꼬?"라는 질문을 했습니다. "모꼬지"는 거의 잊혀진 순수 우리말 중 하나인데 간혹 대학생들이 사용하고 있는 것을 보았습니다. 동아리가 목적을 함께 하는 사람들의 패거리라면 모꼬지는 패거리 개념이 없는 파티와 같은 모임입니다. 사전에서는 "놀이나 잔치 등의 일로 여러 사람이 모이는 일"이라고 설명합니다.

　나는 한 동안 대부분의 사람들이 사용하는 부부세미나라는 타이틀을 썼습니다. 그런데 세미나란 말이 공부한다는 의미가 강해서 부담이 됐습니다. 우리 부부가 부부생활세미나를 인도할만한 전문가도 아니고, 또 짧은 기간에 부부생활을 깊이 있게 다룰 수 있는 형편도 못되기 때문입니다. 그러던 중 어디서 책을 읽다가 모꼬지란 말을 발견하고, 이 말이 우리 모임의 성격과 잘 맞는 것 같아서 부부모꼬지라 이름하였습니다.

부부모꼬지는 부부가 다른 부부들과 함께 아름다운 자연 속에서 잠시라도 따뜻하고 즐거운 교제를 나누는 모임입니다. 일종의 허니문 여행인데, 짧고 어설픈 허니문이라고나 할까요. 물론 공부 시간도 있습니다. 가정을 만드신 하나님의 기본설계를 확인하고, 남녀의 차이와 부부의 상호 역할도 확인하며 서로의 마음 문을 여는 시간들을 갖습니다. 거기다 선배 봉사자들의 사랑의 섬김이 있어 가슴 찡한 감동이 있는 모임입니다.

내가 부부세미나에 처음으로 참석한 것은 1986년이었습니다. 작고하신 김인수 장로님 부부가 인도하시던 세미나였습니다. 이 세미나에 가자고 조르는 아내의 성화에 나는 "나 같은 훌륭한 남편이 무슨 세미나를 받을 필요가 있다고…"라는 마음이었지만, 사실 아내를 위해 해준 것이 너무 없었으므로 소원하나 들어주는 마음으로 선심 쓰듯 따라갔습니다.

그런데 가서 창피하게도 바보 같은 남편들 틈에 앉아 함께 많이 울었습니다. 양심에 가책이 많았기 때문이지요. 그리고 그 자리에서 나는 이런 가정목회는 담임목사가 직접 해야 할 일이라고 생각했습니다. 그 후 우리 부부는 연속으로 두 번 더 세미나에 참석한 후 이 사역을 시작했습니다. 벌써 20년이나 지났네요.

하지만 강사 노릇하기가 쉽지 않습니다. 우리 부부의 삶이 확실히 모범이 되어야 하는데 나은 것도 전혀 없으면서 선생 노릇을 해야 하니 괴로울 때가 많습니다. 거기다 가끔씩은 아내가 반란을 일으킵니다. "이번 모꼬지에는 난 안가요. 당신 혼자 가세요. 강사라는 사람이 저래 가지고 무슨…." 그래서 부부모꼬지 예정일이 다가오면 나는 눈치를 살피며 조심조심합니다. 홀아비 강사가 되지 않기 위해서 말입니다.

08
늦은 결혼

　1996년도이면 지금부터 15년 전입니다. 나는 그때 캐나다 밴쿠버에 머무르고 있었습니다. 어느 날 브리티시 컬럼비아(British Columbia)대학교 도서관에 들려 몇 가지 자료들을 찾아보는 중에 우연히 결혼에 관한 통계자료를 보았습니다. 보고 깜짝 놀랐는데, 그것은 캐나다 청년들의 결혼 평균연령이 매우 높다는 것 때문이었습니다. 당시 우리나라 청년들의 결혼연령은 대개 27~8세였는데, 그쪽은 33세 이상이었습니다. 지금은 우리도 15년 전의 캐나다처럼 다들 30세가 훨씬 넘어서야 결혼을 합니다.

　결혼이 늦어지는 이유도 몇 가지 언급되어 있었습니다. 첫째는 경제문제였습니다. 대학을 졸업하고 직장에 들어가서 가정을 꾸리기에 필요한 돈을 모아 결혼을 하려니 20대에는 불가능하다는 것입니다. 또 소비성향이 크게 늘어나면서 경제적 요구도 점점 커지고 있어 빠른 결혼이 부담스럽게 되었습니다.

　둘째는 성개방 문화가 확산된 결과라고 했습니다. 결혼 밖에서도 성적인 쾌락을 즐기는 것이 가능해졌기 때문에 굳이 결혼이라는 제도에 매여 부담스러운 생활을 하고 싶지 않다는 것입니다. 그래서 결혼은 하지 않고 동거하는 일이 점점 늘어나고 있다는 것입니다.

  셋째는 여성들의 사회적인 지위가 향상되면서 그들도 사회적인 활동을 통해 보람과 기쁨을 느끼며 자유롭게 살고 싶어 한다는 것입니다. 많은 여성들이 가사와 육아를 하찮은 일로 여기고, 이를 위한 수고를 속박처럼 여긴다는 것입니다. 아이를 가지려고 하는 사람들도 후손을 얻는다거나 아님 생명을 최고의 가치로 여기는 종교적인 가치관 때문이 아니라 이기적인 행복추구의 한 방편으로 그리한다는 것입니다.

  이와같이 결혼이 늦어지는 이유는 현재 우리나라 청년들이 가진 생각이나 형편과 거의 같은 것 같습니다. 강력한 세속문화의 흐름에 하나님이 내신 창조질서와 하나님의 법에 대한 신앙이 휩쓸려가고 있는 결과입니다. 하나님은 한 남자와 한 여자가 한 몸을 이루어 서로 사랑하며 행복하게 살도록 지으셨고, 또 번성하라고 축복하셨습니다. 그러나 타락 후 사람들은 이런 말씀과는 반대로 행하고 있습니다. 가정이 해체되고 있으며, 자녀출산은 축복이 아니라 큰 부담처럼 여겨지고 있습니다.

  특히 요즘 젊은이들은 늦은 결혼으로 하나님이 내신 자연법을 거스르고 있습니다. 결혼적령기가 언제냐 하는 문제는 신체적 사회적 조건에 따라 약간은 다를 수 있겠지만, 인류역사를 보면 대개 20대 초반 전후가 적령기임을 알 수 있습니다. 신체적으로 20~25세 때가 건강이 가장 좋고 왕성한 때라고 합니다.

  그래서 이 나이 때에 임신이 잘 되고, 또 비교적 젊은 부부일수록 출생하는 아이들의 건강도 더 좋다고 합니다. 나이가 들면 임신이 잘 안되고, 임신이 되더라도 나이든 임신부일수록 더 힘들고, 역시 태아의 건강도 그만큼 영향을 받을 수밖에 없습니다. 따라서 무엇보다 늦은 결혼이 저출산의 결정적인 원인이 되고 있음을 알 수 있습니다.

  미혼 청년들에게 몇 가지 권고를 하고 싶습니다. 첫째는 인생을 계획할 때 세상의 풍조나 자기의 생각을 따르지 말고 하나님의 뜻을 따르십시오. "주의 뜻이면 우리가 살기도 하고 이것이나 저것을 하리라 할 것이거늘"⁽약 4:15b⁾ 둘째는 인생을 살아가는데 있어서 경제문제를 첫 번째로 내세우지 말라는 것입니다. 세상은 돈에 의해 좌우되지만 기독인은 경제문제에 좌우되어서는 안 됩니다. 셋째는 하나님나라의 기준을 가지고 하나님나라를 위해 결혼하십시오. 넷째로 하나님의 최대가치는 생명이라는 것을 잊지 마십시오. 자녀를 낳아 기르는 일이 가장 큰 축복이고 사명임을 잊지 마시라는 것입니다.

09
결혼은 반드시
주 안에서 이루어져야 합니다

　가을은 결혼시즌입니다. 요즘 주말은 결혼식으로 거리가 복잡합니다. 우리교회도 거의 매주 결혼하는 청년들이 있습니다. 결혼은 당사자가 아니더라도 누구에게나 기쁨과 아름다움을 선사하는 행사이고, 인생에 큰 축복이 임하는 대사입니다.
　그러나 때로는 결혼 때문에 집안에 분란이 나고 고통이 생기기도 합니다. 이것도 당사자와 부모 사이에 합의가 이루어지지 못할 때에 일어납니다. 이런 경우 옛날에는 부모의 의사가 더 중요하게 여겨졌지만 현대에 와서는 당사자의 의사가 더 존중되고 있습니다. 법률로 정한 결혼최소연령도 점점 낮아지고 있습니다. 현재 우리나라 법률로는 18세 이상이면 부모의 허락 없이도 결혼할 수 있습니다. 그러나 어느 나라 어느 사회에서나 성년이 된 경우에도 부모의 동의를 얻는 것을 원만한 결혼합의로 받아들이고 있습니다.

　교회 안에서의 결혼, 곧 기독교인의 결혼은 당사자의 합의와 부모의 동의, 그리고 교회의 승인이라는 세 가지 절차를 밟습니다. 교회의 승인이란 결혼 당사자들이 성경의 가르침에 합당한 자격을 가진 사람인가를 확인하는 절차이고, 여기에 합당할 때에는 교회의 축복과 목사의 주례로 결혼식을 올리게 됩니다.

합당한 자격이란 당사자들이 그리스도를 구주로 영접한 크리스천이냐 하는 것이 첫 번째 자격(이는 세례 여부를 말하며, 특별한 경우는 학습서약도 인정함)입니다. 그러나 인류 사회는 매우 복잡하고 다양해서 이 한 가지만으로 자격여부를 결정하지는 못합니다. 아프리카나 중동지역에서 가정은 일부일처로 이루어져야 한다는 것이 중요한 기준으로 강조되고 있으며, 유럽 등지에서는 동성결혼도 이루어지고 있으므로 유럽 교회에서는 "결혼은 남자와 여자로 이루어진다"는 창조질서를 다시 확인하고 있습니다.

한국교회에는 비교적 단순하게 신앙 여부만을 주로 확인하고 있는데, 이 조건 외에도 재혼의 경우에는 이혼의 성경적 합법성 여부를 먼저 확인해야 하고, 나아가 실정법상의 문제는 없는지도 살피게 됩니다. 결혼에 대한 교회의 관리는 천주교가 아주 엄격하게 하고 있는데, 잘 하는 일이라고 생각됩니다. 그들은 결혼식을 세례나 성찬과 같이 성례로 여기고 있기 때문에 아주 철저하게 관리하며, 교회의 승인과 사제의 주례로 올린 결혼(혼배미사)이 아닐 때에는 결혼으로 인정하지도 않습니다.

오늘날 개신교회들에서는 결혼에 대한 목회적 지도와 관리가 너무 느슨해져 있습니다. 청년들에게서는 불신자와의 결혼을 예사로 생각하는 경향이 높아지고 있습니다. 기독인 부모들까지도 "어쩔 수 없는 사정"이라며 변명하며 믿음의 유산을 계대한다는 의식이 약화되고 있습니다. 그러나 성경은 아주 분명하게 말하고 있습니다.

"너희는 믿지 않는 자와 멍에를 함께 메지 말라 의와 불법이 어찌 함께 하며 빛과 어둠이 어찌 사귀며"(고후 6:14)

성경의 교훈은 우리의 행복을 위한 것입니다. 실제적으로도 불신 결혼은 아주 큰 위험을 안고 있습니다. 사람들은 서로 차이가 많지만 신앙보다 더 큰 차이를 가져오는 것은 없습니다. 신앙의 차이는 가치관은 물론 인생의 목적과 목표, 그리고 생활양식과 습관의 차이 등을 가져옵니다. 그래서 일생동안 일마다 때마다 서로 부딪히고 갈등하게 만듭니다.

따라서 혹시 불신자와 사귀게 되었다면, 무엇보다 먼저 전도하여 그리스도를 영접하게 하고, 교회의 확인을 받은 뒤에 결혼하도록 해야 합니다. 특히 이 일에는 부모님들이 적극 나서야 합니다. 자녀의 인생 대사가 하나님의 축복 가운데 이루어지기를 기도하며 최선을 다하셔야 합니다. 발등에 불이 떨어지기 전에 미리미리 그리해야 합니다.

10
어버이주일을 맞으며

우리가 사는 세상은 변하는 것이 특징입니다. 사람들의 생각이 변하고, 생활양식이 변하고, 풍속이 변합니다. 그러나 변하지 않는 것이 있습니다. 예를 들면, 자연법칙은 변하지 않습니다. 지금은 봄입니다. 그러나 곧 여름이 올 것입니다. 이것은 변함이 없습니다. 물은 섭씨 0도 이하가 되면 얼고, 100도 이상이 되면 끓습니다. 이렇게 자연법칙은 변하지 않습니다.

그런데 자연법칙보다 더 확실한 것이 있는데 그것은 바로 하나님이 내신 도덕법칙입니다. 세상은 없어지고 천지는 변해도 하나님의 법도와 말씀은 영원합니다. 제 5계명은 하나님께서 인간관계에 주신 첫 번째 계명입니다. "부모를 공경하라"는 이 계명은 자연법칙처럼 당연한 법이요 변할 수 없는 법입니다. 부모공경의 계명에는 세 가지 도덕적인 보편원리가 그 근본을 이루고 있습니다.

생명과 인격의 존엄에 대한 외경입니다

부모공경도 단순히 정실이나 감정의 차원에 머물러서는 안 됩니다. 먼저 생명을 중히 여기고 인격을 존중하는 보편타당한 윤리와 믿음이 그 근간을 이루어야 합니다. 생명의 가치는 고귀합니다. 아무리 늙고 병들고, 무식하고 가난해도 그 생명과 인격의 가치는 끝까지 존중되어야 합니다. 생명은 물질이나 실용성에 따라 평가되는 상대적인 가치가 아닙니다. 이것은 절대적인 가치입니다.

이 생명과 인격의 존엄성에 대한 믿음이 인간관계의 기초이며 공동체의 제 일 법칙입니다. 우리는 이것을 가정에서 부모를 공경하면서 배우고, 확인하고, 훈련 받습니다. 곧 가정이라고 하는 가장 밀접한 공간에서, 살이 맞닿고 숨결이 직접 느껴지는 가장 가까운 관계 속에서 생명의 가치를 확인하고 생명에 대한 외경을 길러가는 것입니다.

권위에 대한 공경심입니다

권위는 우리의 삶에 질서와 조화를 가져옵니다. 그래서 권위주의는 배척되어야 마땅하지만 정당한 권위는 존중되어야 합니다. 부모의 권위, 선생의 권위, 상급자의 권위, 경찰의 권위가 인정되어야 공동체가 질서와 조화를 이루게 됩니다. 그리고 이런 질서와 조화가 있는 공동체 속에서 우리는 생명을 보존하고 생명의 풍성함을 누리게 되는 것입니다.

보은의 원리입니다

사람이 받은 은혜를 알고 감사하며 보답하는 것은 사람됨의 표지입니다. 그리고 이것은 서로를 존귀하고 기쁘게 하며 우리의 삶을 윤택하게 합니다. 우리가 길거리에서 작은 친절이라도 베풀고 상대방으로부터 감사하다는 인사를 받을 때 서로 얼마나 흐뭇하고 기쁩니까. 작은 친절에라도 보답하는 마음이 있을 때 거기에 기쁨이 있고 인간다움이 있습니다.

위 세 가지 원리는 삶의 근본이 되는 법칙입니다. 이 보편윤리가 인간의 삶의 바탕입니다. 그리고 부모공경의 이 첫 계명은 바로 이 삶의 원리들을 실천하고 경험하며, 그 결과로 오는 생명의 풍성함을 확인하고 누리게 하는 계명입니다.

제8부

감사

우리는 대부분
열 가지 감사할 일들이 있어도
겨우 한 번 정도밖에 감사하지 못하는 사람들입니다.

우리는 감사하기를 연습해야 합니다.

01
감사 모드로 전환하기

  목장모임의 지침 중에는 지난 한 주간의 삶 가운데서 감사한 일을 나누라는 지침이 있습니다. 힘들고 어려웠던 일들이 더 많았을 수도 있지만 그런 와중에도 좋았던 일들이나 그런 일들 가운데서 깨달았던 감사를 나누라고 하는 것입니다. 이 말은 마음에는 분노와 고통이 있는데 이것들은 감추어놓고 별일 없는 것처럼 가식적인 나눔을 하라는 말은 아닙니다. 힘들고 어려운 상황 가운데서도 감사했던 일들을 찾아보고 그것을 형제들과 나눔으로써 재확인해 보라는 것입니다.

  그런네 이것이 쉽지 않습니다. 여러분들이 그동안 해 보아서 아시겠지만 김사한다는 것이 쉽지 않습니다. 우리는 죄 많은 세상에 살고 있습니다. 나 자신부터 죄가 많은 데다 비슷한 많은 사람들이 함께 살고 있습니다. 이런 세상이 편할 리가 없습니다. 그리고 요즘 세상이 얼마나 바쁩니까? 밤중에 퇴근하고 이른 아침에 출근하는 직장인들이 얼마나 많은지 모릅니다. 이제는 더 이상 직장이 인생의 의미를 찾고 실현하는 곳이 아니라 살아남기 위해 체력과 싸워야 하는 격투기장의 링과 같이 되어버렸습니다. 이렇게 살다보니 짜증이 나고 불평과 원망이 절로 생깁니다. 이런 것이 습관이 되고 결국 삶의 양식으로 굳어집니다.

우리는 이것을 바꾸어야 합니다. 우리는 하나님의 은혜로 거듭난 새 사람입니다. 그러기에 우리의 생활 방식도 바뀌어야 합니다. 특히 불평 모드가 감사 모드로 바뀌어야 합니다. 바울 사도님은 우리에게 범사에 감사하라고 하였습니다. 사실 불평을 하자면 바울 사도님보다 더 해야 할 사람은 없을 것입니다. 그는 예수님을 믿은 후 많은 핍박과 위협과 고통을 당하고 죽음의 고비를 수없이 넘겨야 했습니다. 그러나 그는 범사에 감사하고 찬양하며 살았습니다. 그의 삶의 모드가 바뀌어 있었던 것입니다.

불평 모드를 감사 모드로 바꾸는 일이 저절로 되는 것은 아닙니다. 성령님의 도우심과 함께 훈련이 필요합니다. 특히 생각을 바꾸는 일과 함께 입술의 고백이 필요합니다. "감사합니다", "찬양합니다" 이런 말로 시인하는 훈련이 필요합니다. 그래서 가정교회에서는 감사한 일을 찾아 나누게 하는 것입니다. 어려운 일은 기도제목으로 내도록 하고, 감사의 제목을 찾아 형제들 앞에서 고백하고 나눔으로써 말하는 습관을 바꿀 수가 있습니다.

얼마 전에 나는 하루야마 시게오의 저서 『뇌내 혁명』을 읽었습니다. 아주 오래 전부터 세계적인 베스트셀러로 많이 읽혀진 책인데 나는 이제서야 읽었습니다. 건강관리에 크게 도움이 되는 아주 좋은 책입니다. 그리고 그가 기독인은 아닌 것 같지만, 성경적인 말을 많이 하고 있습니다. 그중 하나를 인용하면 다음과 같습니다.

"후나이 사치오 씨는 '우주 전체에 창조주의 의지가 작용하고 있다'고 말하고 있는데, 나는 그 의지가 유전자라는 형태로 우리 몸 안에 새겨져 있다고 생각한다. 창조주의 의지에 합당한 사람은 살아남고 합당하지 않은 자는 소멸하는 메커니즘이 인간의 몸 안에 장치되어 있는 것이다."

사람이 아름다운 생각과 감사하는 마음을 가지면 뇌에서 몸을 건강하게 만드는 호르몬―뇌내 모르핀―이 나온다고 합니다. 이것은 단순히 몸만 좋게 만드는 것이 아니라 정신적인 기능을 좋게 만들어 선한 일을 잘 할 수 있게 해 준다고 합니다. 성경은 범사에 감사하는 것이 하나님의 뜻이라고 했습니다. 감사하기를 반복 연습하다보면 어느 날 감사가 절로 나오게 될지도 모릅니다. 감사 모드로 전환하여 건강하고 행복하게 사십시오.

02
감사하기

내가 목장을 방문하면 평소 모임과는 순서를 조금 다르게 진행합니다. 기도 후 먼저 갖는 순서는 지난 주간에 있었던 감사제목을 나누는 일입니다. 어떤 목장들은 분위기가 매우 화기애애하고 나눔이 아주 활발합니다. 그러나 어떤 목장들은 분위기가 애매하고 나눔을 힘들어합니다.

우리는 일반적으로 감사를 잘 하지 못합니다. 예수님으로부터 고침을 받은 열 명의 나병환자 중 한 사람만 돌아와서 감사한 경우처럼, 우리는 대부분 열 가지 감사할 일들이 있어도 겨우 한 번 정도밖에 감사하지 못하는 사람들입니다. 우리는 '감사하기'를 연습해야 합니다. 아래 이야기들은 우리로 하여금 감사에 눈을 뜨게 합니다.

세계적인 대 문호 셰익스피어가 점심식사를 하기 위해 한 식당에 들어갔습니다. 그때 안에서 음식을 나르던 소년이 셰익스피어를 보면서 싱글벙글 웃었습니다. 셰익스피어가 소년에게 물었습니다.

"너는 무엇이 그렇게 좋아서 싱글벙글 하느냐?"

"이 식당에서 음식 나르게 된 것이 감사해서 그렇습니다."
"아니, 음식 나르는 것이 뭐가 그렇게 감사한가?"
소년은 더욱 밝게 웃으며 대답했습니다.
"음식을 나르므로 선생님 같은 귀한 분을 대접할 수 있게 되었지요. 이런 날이 오기를 오래 기다렸습니다."

다음은 닉 부이치치의 이야기입니다. 1982년 호주 멜번에서 목사의 맏아들로 태어났습니다. 태어날 때부터 팔 다리가 없었습니다. 부모들은 너무나 큰 충격을 받았지만 믿음과 사랑으로 길렀습니다. 그리고 지금 부이치치는 세계 여러 나라의 수많은 사람들에게 희망을 주는 희망전도사입니다. 팔은 아예 흔적도 없고 발은 닭다리처럼 작은 것이 붙어있을 뿐입니다.

그는 두 번이나 자살을 기도했고, 세 번째 시도를 하려는 순간, 부모님이 항상 해주시던 말씀이 떠올랐습니다.

"닉, 하나님은 너를 사랑하시고, 너를 위해 놀라운 계획을 가지고 계신단다."

그는 자신을 사랑하는 부모에게 상처를 남길 수 없어 마음을 고쳐먹었습니다. 지금 그는 이미 29개국을 다니며 1,500회 이상의 강연을 통해 수많은 청소년들에게 희망을 주고, 죽어가는 영혼들에게 복음을 전하고 있습니다. 그는 평소에 수영을 즐기고 요리도 하며 골프도 배우고 있습니다. 그리고 그의 입에는 항상 감사와 찬송이 있습니다.

셋째 이야기는 우리교회 교우님 이야기입니다. 박○○ 형제는 초신자입니다. 회사에서 일하던 중 감전사고로 화상을 입어 오랫동안 치료를 받고 있는 중입니다. 왼쪽 팔은 절단할 수밖에 없었고, 오른손은 손목 아래가 완전히 기능을 잃은 상태입니다. 양 발은 몇 번의 수술로 치료를 받아 고통스럽긴 하지만 걸을 수 있게 된 상태입니다.

이 형제가 어느 날 나와 같이 식사를 하면서 말했습니다. "목사님, 보세요. 오른손 엄지를 이렇게 약간 움직일 수 있습니다(1cm 정도 움직임). 그러나 이게 저에게는 천군만마와 같습니다. 이 엄지로 컴퓨터를 켜고, 바지도 내리고… 이것만으로도 너무 감사해요. 사람들은 저를 불쌍하게 보는데, 저는 잃은 것보다 가진 게 훨씬 많다는 것을 알게 되었습니다….″ 나는 그날 오찬에서 돌아와 울며 감사 일기를 새로 썼습니다.

03
감사로
마음을 따뜻하게

　추수감사절입니다. 의외로 감사하는 일을 잘 못하는 것이 사람입니다. 예부터 원한은 돌에 새기고 은혜는 물에 새긴다는 속담이 있을 정도입니다. 우리는 열 가지 감사한 일들이 있는데도 한 가지 어려움이 있으면 열 가지는 다 잊어버리고 그 한 가지 때문에 마음이 불편해집니다. 하나님에 대해서도 부모와 이웃에 대해서도 그렇습니다. 이런 마음 고치라고 하나님께서는 일찍부터 우리에게 감사절을 지키게 하셨습니다. 오늘 감사절에는 자신을 반성하며, 감사로 우리의 마음을 따뜻하게 데웁시다. 아래 이야기는 신현국 목사님의 저서 『웃음치료』에 나오는 이야기들입니다.

목숨만 살려주시면
　평소에 연보하는 일에 인색한 교인이 있었다. 그런데 언젠가 밤중에 강도들이 들어와서 칼로 위협하며 식구들을 묶어놓고 가진 보물과 돈을 다 내 놓으라고 했다. 그때 그 교인은 "목숨만 살려주신다면 있는 건 뭐든지 다 드리겠습니다"라며 가진 보석들과 돈을 있는 대로 다 내놓았다. 강도들은 "정말 이것밖에 없어?"라고 위협하다가 "아침까지는 꼼짝 말고 얌전히 있어야 해, 알았지?"라며 사람들을 묶어둔 채로 나갔다. 강도들이 나간 후에도 행여나 복수할까 무서워서 아무데도 연락을 못하고 있다가 날이 다 샌 후에야 겨우 풀려났다. 그 후 그 교인은 연보하는 태도가 완전히 달라졌다. 그는 깨달았다. 영원히 죽었던 자신과 가족들을 살려주신 주님께 감사하는 생활을 제대로 하지 못하고 살았던 것을 깊이 회개했다.

어느 정신이상자의 건축헌금

J시의 동부교회에서 부흥사경회를 했다. 그리고 집회 마지막 날에는 교회당 건축을 위해 건축헌금을 작정했다. 부흥사는 각자 자원하는 마음으로 헌금을 작정하라고 했다. 그때 이웃 교회에서 온 어떤 젊은 여자 분이 벌떡 일어서서 "저는 일천만원을 작정하겠습니다"라고 말했다. 이 말을 듣고 교인들이 모두 큰 자극을 받았다. 이웃교회 교인도 저렇게 많은 헌금을 작정하는데, 우리도 최선을 다해야 하지 않겠냐고 생각했던 것이다. 그래서 그날 저녁에 장로님들 중에는 일억 원 이상을 작정한 분들이 몇 분 있었고, 교인들도 모두 열심히 참여해서 건축헌금이 충분히 작정되었다.

그런데 밤늦게 집으로 돌아간 목사님이 그 여자 분이 출석하고 있는 이웃 교회 목사님으로부터 전화를 받았다.

"목사님, 오늘 저녁에 우리교회 ○○○ 교인이 헌금을 천만원이나 작정했다지요?"

"예, 감사하게도…"

"목사님 그 여자 말 믿지 마세요. 정신이 약간 이상하게 된 여자입니다."

그래도 동부교회 목사님은 조금도 당황하지 않고 말했다.

"목사님, 걱정 마세요. 그건 문제 될게 없습니다. 늘 헌금에 소극적이었던 우리 교회 중직자들이 그 여자 분의 작정헌금에 큰 자극을 받아서 건축헌금이 초과달성 되었습니다."

그리고 J시의 동부교회는 좋은 예배당을 잘 지을 수 있었다. 그 후 J시의 목사님들 간에 농담이 생겼단다. "이번에 우리교회에도 헌금할 일이 있는데, 그 여자 분 좀 빌릴 수 없습니까?"

04
감사는 삶의 동력을 공급하는 발전소

성경을 보면 '이것이 하나님의 뜻이다'라고 분명히 밝힌 말씀들이 더러 있습니다.

"내 아버지의 뜻은 아들을 보고 믿는 자마다 영생을 얻는 이것이니…" (요 6:40)
"하나님의 뜻은 이것이니 너희의 거룩함이라" (살전 4:3)
"범사에 감사하라. 이것이 그리스도 예수 안에서 너희를 향하신 하나님의 뜻이니라"
(살전 5:18)

우리는 하나님의 뜻을 찾는 일을 매우 어렵게 생각합니다. 또 실제로 그렇기도 합니다. 세상이 복잡한데다 우리 속에는 여러 가지 선입견과 편견, 그리고 이기심이 자리를 잡고 있기 때문입니다. 이런 형편에서 "하나님의 선하시고 기뻐하시고 온전하신 뜻"을 분별한다는 것은 결코 쉬운 일이 아닙니다.

나도 목회를 하면서 하나님의 뜻을 찾으며 밤낮 부르짖어 본 일이 한 두 번이 아닙니다. 또 이렇게 부르짖어야 할 일들이 매일 우리 앞에 가로놓이기도 합니다.

그런데 나는 근년에 와서 생각을 좀 달리하기로 작정했습니다. 하나님의 분명하신 뜻을 우선적으로 생각하고 실천하며, 그것을 중심으로 삶을 좀 단순화하자고 말입니다.

"하나님의 뜻"이라고 분명히 밝힌 말씀이 많지만 그 중에서 나는 일단 세 가지에 주목했습니다. 위에서 인용한 말씀대로, 첫째는 사람들에게 전도해서 영생을 얻게 하는 일이고, 둘째는 거룩하게 사는 일이며, 셋째는 범사에 감사하며 살자는 것입니다. 이 세 가지에 초점을 맞추고 나의 삶과 사역을 단순화하기로 한 것입니다.

오늘 나는 이것들 중의 하나인 "범사에 감사하자"는 말씀을 여러분들과 나누고 싶습니다. 물론 자주 글도 쓰고 설교도 했던 주제입니다. 그러나 나는 매일 감사일기를 쓰는 덕분에 이게 쉽게 실천되는 일이 아니라는 것을 매일 경험하고 있습니다. 바로 감사일기를 쓰면서 말입니다. 감사일기라는 것이 처음에는 쓰기가 어렵지 않았는데 세월이 흐를수록 점점 더 어려워집니다.

그래도 나는 성령님을 의지하고 열심히 노력합니다. 무엇이든 선한 일은 쉽게 되지 않는다는 것을 알고 있고, 그래서 훈련이 필요하니까요. 나는 언젠가 주 안에서 항상 기뻐하고 범사에 감사하는 날이 이를 것이라고 믿고 있습니다. 여러분들도 이를 연습해 보십시오. 이런 훈련은 범사에 유익합니다. 아래에 [새벽밭사랑이야기]에 나온 글을 옮겼습니다.

어느 산골마을의 조그마한 교회를 맡고 계시는 목사님이 콩밭에서 잡초를 뽑고 있었습니다. 하지만 잡초가 너무 많아 뽑아도 뽑아도 쉬이 줄지 않았습니다.

이걸 지켜보던 악마가 목사님을 조롱했습니다.

"목사님, 힘드시죠? 이런데도 범사에 감사할 수 있겠습니까?"

목사님은 잠시 생각에 잠기더니 회심의 미소를 띠며 악마에게 말했습니다.

"하나님 감사합니다. 이 많은 잡초가 메뚜기처럼 튀어 다니지 않고 한 자리에 있게 해주셔서 감사합니다."

세상의 어둠을 이겨내는 방법은 빨리 어둠에서 나오는 방법이 최고입니다. 감사는 그 어둠에서 나오는 가장 쉽고 확실한 방법입니다.

일본 최고의 경영인인 마쓰시타 고노스케는 말했습니다.

"감옥과 수도원의 공통점은 세상으로부터 고립되어 있다는 것이다. 차이가 있다면 불평을 하느냐, 감사를 하느냐 뿐이다."

불평은 인생감옥을 만들고, 감사는 인생감탄을 만듭니다. 어떠한 상황에서도 "그래도 감사합니다. 왜냐하면…"이라는 말을 반복하면서 행복의 내공을 기르는 하루 되세요.

05
부활절에 읽는 아름다운 이야기들

부활절을 맞는 교우님들에게 그리스도의 부활로 말미암아 우리에게 부어진 생명과 그 풍성함이 더욱 새롭고 더욱 풍성하기를 축복합니다. 그리스도의 부활은 고난과 죽음 후에 주어진 영광입니다. 주님은 우리를 살리시려고 자신의 모든 것을 주셨습니다. 자신을 희생제물로 드려 우리로 하여금 생명을 얻게 하셨습니다.

우리도 주님께 받은 은혜를 감사하는 것으로만 끝내지 말고, 나눔을 통해 하나님께 영광을 돌리고 이웃을 유익하게 할 수 있었으면 좋겠습니다. 자신이 섬겨야 할 분들이 있는지 주위를 돌아봅시다. 나눔의 아름다운 이야기들이 있어서 여기에다 옮겨 적습니다. 지면관계로 두 이야기만 옮깁니다.

1달러 11센트로 기적을 산 어린이

테스는 올해 여덟 살, 오늘따라 엄마 아빠가 심각하게 이야기를 하는 것 같습니다. 무슨 이야기일까 궁금해진 테스는 몰래 엄마 아빠의 대화를 엿들었습니다. 동생 앤드류가 병들었으나 돈이 없어 치료할 수 없다는 말이 오고 갑니다.

"앤드류는 기적이 아니면 살릴 수 없어!"

아빠의 절망적인 목소리를 들은 테스는 '기적이 있으면 되겠구나' 하고 생각했습니다. 저금통을 쏟아보니 1달러 11센트였습니다. 소녀는 그 돈을 들고 약국으로 갔습니다.

약사는 손님과 대화를 나누던 중이었습니다.

"무슨 일로 왔니?"

"동생이 너무 아파요. 기적이 아니면 살릴 수 없대요. 기적을 사러 왔어요."

"뭐 기적을! 미안하지만 약국에는 기적을 팔지 않는단다."

그 때 약사와 대화를 나누던 손님이 물었습니다.

"꼬마야, 어떤 기적이 필요하니?"

"동생이 아픈데 아빠는 돈이 없어 동생을 낫게 할 수 없대요. 그래서 제 돈으로 기적을 사러 왔어요."

"그래? 네가 가진 돈이 얼마니?"

"1달러 11센트요."

손님은 웃으며 말했습니다.

"잘 됐구나. 너희 집으로 가자."

그는 바로 세계적인 신경전문의 칼톤 암스트롱(Carlton Amstrong)이었습니다. 테스의 동생은 수술을 받고 기적같이 나았습니다. 하지만 칼톤 암스트롱은 이미 거래는 끝난 것이라며 1달러 11센트 이외의 돈은 일절 받지 않았습니다.

아홉을 잃고 한 가지 남은 것미저 주려했던 사람

개그맨 이동우 씨는 결혼하고 100일이 지난 뒤 '망막색조변성증'이라는 불치병으로 시력을 잃게 되었습니다. 안타까운 사연을 들은 천안에 사는 40대 남성이 그에게 눈을 기증하겠다고 밝혔습니다. 이동우 씨는 기쁜 마음으로 한걸음에 달려갔지만 그 남성의 눈을 기증받지 않고 돌아왔습니다.

"왜 그냥 돌아오셨나요?"

"이미 받은 거나 마찬가지입니다. 그분은 저에게 세상을 보는 눈을 주셨기 때문입니다."

눈을 기증하겠다는 그 남성은 '근육병' 환자였습니다. 사지를 못 쓰는 그는 오직 눈밖에 성한 곳이 없었습니다. 이동우 씨가 말했습니다.

"나는 하나를 잃고 아홉을 가진 사람인데 그 분은 오직 하나 남아 있는 것마저 주려고 합니다. 어떻게 그걸 받을 수 있겠습니까?"

100마리의 양을 가진 주인이 한 마리밖에 갖지 않은 가난한 농부의 양을 빼앗아 가는 세상인데, 이런 세상과는 영 다른 사람들도 있습니다. 그래서 세상이 아직 보존되고 있습니다.

06
추수감사절과 전도의 열매

    가을이 되면 많은 교회들에서 전도집회를 갖습니다. 가을은 수확하는 계절이므로 복음 전도의 열매를 수확하여 하나님께 드리자는 취지에서 그러는 것 같습니다. 나도 이 취지에 전적으로 동감합니다. 특히 추수감사절에 그동안 전도했던 분들이나 VIP(전도대상자)들을 초청해서 같이 예배드리며 이 절기를 지킬 수 있다면 하나님이 가장 기뻐하시는 감사절이 될 것이라 믿습니다.

    여러분도 잘 아시다시피 성경의 절기들은 모두 구속사적인 의미를 가지고 있습니다. 성경의 절기들은 단순히 계절과 관련된 행사나 국가적 기념일의 성격만 가진 것이 아니라 인류를 구원하시려는 하나님의 작정과 섭리에 직접 관련되어 있고, 이를 미리 알리는 예표(豫表)로서 그리고 이미 행하신 일에 대한 확인과 감사로서의 의미가 포함되어 있습니다.

    하나님께서는 이스라엘 백성을 애굽에서 구원해 내셨습니다. 그리고 광야에서 그들을 인도하셨고, 약속하신 가나안 땅을 그들에게 기업으로 주셨습니다. 이스라엘 백성들은 그 땅에서 농사를 지어 추수를 하고 하나님께 예물을 드리며 기뻐했습니다. 이것이 바로 추수감사절의 시작입니다. 그리고 여기에는 추수에 대한 감사뿐 아니라 해방과 구원과 새로운 삶에 대한 은혜를 감사하고 소망하는 내용들이 모두 들어있습니다.

신약시대에 이르러서는 이런 구속사적인 의미가 더욱 분명해졌습니다. 신약교회는 예수 그리스도로 말미암아 주어진 구원과 새로운 삶을 감사하고, 영생의 소망을 바라보고 기뻐하며 추수감사절을 지킵니다. 우리의 생업에 주신 은혜를 감사할 뿐 아니라 그리스도 안에서 받은 구원의 은혜와 신령한 은혜들, 그리고 내세에 주실 은혜까지 감사하며 이 절기를 지킵니다.

이런 감사절에 우리가 하나님께 드릴 예물로서 가장 좋은 것은 무엇일까요? 여러 가지를 드릴 수 있겠지만 가장 귀한 예물은 바로 복음 전도의 열매가 아닐까요. 내가 그리스도의 은혜로 구원받아 새 사람이 되고 영생을 누리게 되었는데, 이제는 이 복음을 전파하여 그 열매를 거두고 그 귀한 생명의 열매를 하나님께 드릴 수 있다면 얼마나 좋겠습니까?

그래서 우리는 오늘 오후에 VIP초청 특별집회를 갖습니다. 그리고 다음 주일은 추수감사절이므로 오늘 오신 분들을 예배에까지 초청하여 함께 감사절을 지키려고 합니다. 교우님들은 그동안 기도하며 전도했던 VIP들을 모시고 오늘 오후 집회에 꼭 참석하시기 바랍니다. 그리고 다음 주일 오전예배에도 함께 참석하실 수 있도록 권면하시고 준비하시기 바랍니다.

VIP들이 예배에 한 번 참석한다고 해서 신자가 되는 것은 아니겠지만 교회의 분위기를 맛보게 할 수 있고, 또한 그들이 설교를 통해 은혜를 받을 수도 있을 것입니다. 목장모임에 계속 참석하시도록 인도하고, 기회가 되면 [예수님영접모임]이나 [생명의 삶] 공부에도 참석하실 수 있도록 소개하시고 인도하시기 바랍니다. 이 두 모임은 우리교회에 등록하지 않은 사람이라도 누구나 참석할 수가 있습니다.

우리 성도가 할 수 있는 가장 고귀하고 영광스러운 사역은 영혼을 구원하는 일임을 잊지 마시기 바랍니다. 그리고 자신의 생애에서 적어도 한 사람 이상의 영혼을 구원하여 제자로 삼겠다는 목표를 가지고 기도하며 노력하시기 바랍니다. 이것은 바로 하나님의 소원을 풀어드리는 일이기 때문에 하나님께서 함께 하시고 축복하실 것입니다.

07
받기엔
너무 무거운 선물

"아 목사님, 새 차네요. 언제 바꾸셨어요?"
"목사님 차 바꾸셨네요. 진작 그랬어야 했는데…. 참 잘 됐네요."

며칠 전부터 내가 차를 탈 때마다 교인들로부터 받는 인사입니다. 나는 요즘같이 다들 살기 힘든 때에 좋은 승용차를 탄다는 것이 미안하고 부끄럽기도 하여 "네, 누가 사주셔서…"라며 얼버무리고 뺑소니처럼 도망합니다. 그리고 출근할 때마다 나는 '오늘도 저걸 타고 가야하나…'하고 고민을 하기도 합니다. 그래서 아무래도 교우님들에게 이를 알리고 변명을 해버려야 신경이 덜 쓰일 것 같다는 생각이 들어서 이 글을 씁니다.

나는 차복이 많은 사람입니다. 나에게는 차와 관련한 몇 가지 이야기들이 있습니다. 1985년에 담임목사로 취임하자 곧 승용차 이야기가 나왔습니다. 그때 나는 심방을 위해 봉고차를 사자고 제안했습니다. 그리고 3년이 지난 후 처음으로 승용차를 샀습니다. '나도 자가용을 가졌다니…' 매우 기분이 좋았습니다. 그러나 그 해가 안식년이었고, 내가 안식을 위해 영국으로 출발하는 날에야 차가 나왔습니다. 그때 집사님들이 "그래도 운전대라도 한 번 잡아보고 가세요."라고 해서 50미터쯤 차를 움직여 보고 출국했습니다.

안식년에서 돌아와 승용차를 타고 심방을 하니 너무 편리하고 좋았습니다. 특히 겨울에는 추위를 많이 타는 나인지라 심방 중에 길거리에서 버스를 기다리는 게 너무 힘들었는데, 승용차를 타고 다니니 왕자라도 된 기분이었습니다. 그리고 2년쯤 지났습니다. 어떤 집사님이 나를 찾아와 좀 더 큰 승용차를 사주시겠다고 했습니다. 자기는 큰 승용차를 타는데 목사님의 승용차가 작으니 미안해서 그렇다고 했습니다. 나는 펄쩍 뛰며 거절했습니다. '이 차가 내 사이즈에 잘 맞고 아담해서 좋은데….'

또 일 년쯤 지났을까, 이번엔 다른 집사님이 또 승용차를 사주시겠다며 찾아왔습니다. 나는 간절히 사양했습니다. 그랬더니 한 주 후에는 아예 차 값을 가지고 오셨습니다. 내가 못 받겠다고 사정을 했더니 "그럼 목사님이 알아서 어디든 쓰세요"라며 기어이 봉투를 두고 가셨습니다. 가신 후에 보니 당시로서는 가장 좋은 차를 살 수 있을만한 큰 돈이었습니다. 나는 기도하다가 그 돈을 어느 장애인학교에 헌금하기로 하고, 그 학교의 책임자와 돈을 주신 부부를 불러내어 조찬을 하며 두 분의 이름으로 그 학교에 헌금했습니다.

향상교회를 시작하고 얼마 되지 않았을 때에도 두어 분이 차를 걱정하시기에 쓰는 차가 아직 멀쩡하니 아무 문제없다고 했습니다. 그런데 얼마 지나지 않아 누가 교회 마당에다 새 차를 가져다 두었다고 사무실에서 나에게 연락이 왔습니다. 나는 누가 그랬을지 짐작은 했지만 확인할 수는 없었고, 감사하지만 당혹스러웠었습니다. 내가 지금까지 타고 다니던 차가 바로 그 차입니다.

그런데 또 다시 2~3년 전부터 차를 마당에 사다놓았던 바로 그분이 "이제 차를 바꿀 때가 됐다"라며 이번에도 자기가 차를 사겠다고 했습니다. 나는 '이제 은퇴할 때도 많이 남지 않았고, 차도 아직은 문제가 없으니 괜찮다'며 오랫동안 사양했지만 결국은 며칠 전에 성탄 선물이라며 새 차를 받아 타게 되었습니다. 성탄 선물치고는 엄청 크고 무거운 선물입니다.

차를 사주신 그 내외분에게는 이런 글을 쓰는 게 죄송하지만, 솔직히 나는 교인들에게는 미안하고 부담스럽습니다. 차를 타고 다닐 때는 아직 뒤통수가 간지럽습니다. 예수님은 서민들과 함께 가난하게 사셨고, 그들의 이웃으로 친구로 사셨는데 나는 어느덧 부자가 되었습니다. 우리 주위에는 참 힘든 분들이 많은데… 나 때문에 시험에 드는 분들이 있을까 걱정입니다. 그러면서 한 가지 덧붙이고 싶은 말이 있습니다. 그것은 나에게 차를 사주신 분들은 남몰래 많은 나눔과 사랑을 실천하는 부부이시라는 사실입니다. 어쨌든 여러 가지로 감사하고 죄송합니다.

(뒷이야기)

내가 선물을 받지 않으려한다고 그렇게 안달하시던 박승애 권사님은 내가 그 자동차를 선물 받은 지 일 년도 채 되지 않아 별세하셨습니다. 내가 선물을 받겠다고 허락한 것은 "목사님, 내가 그 때까지 살겠어요"라고 한 말 때문입니다. 2년 동안이나 못 받겠다고 사양하며 권사님을 설득하던(?) 나는 "권사님, 꼭 하시려면 제가 은퇴 한 후에 하세요. 그러면 그 때 받을게요"라고 말했을 때 대답한 말입니다. "무슨 그런 말을 … 죽기는 왜 죽어요?" 그런데 그분의 말 대로 일 년도 안 되어 천국으로 가셨습니다.

나는 권사님이 혈액암이라는 진단을 받았을 때 이상하게도 권사님께서 이 병으로는 돌아가시지 않는다는 생각이 들었습니다. 그래서 고비가 있을 때마다 나는 "권사님, 이 병으로는 안 죽어요. 낙담하지 마세요"라고 격려했습니다. 부군 한석우 장로님은 참으로 헌신적인 간호로 최선을 다했고, 현대 의학이 할 수 있는 모든 방법을 다해서 치료를 받게 하셨습니다.

하나님의 긍휼하심과 장로님의 그런 노력이 있었기에 권사님은 9년이나 투병하시면서도 비교적 건강을 유지하며 생활할 수 있었습니다. 물론 자신의 믿음과 쾌활한 성격도 치료에 큰 도움이 되었습니다. 그러나 끝내 가셨습니다. 나는 요즘 차를 탈 때마다 권사님 생각이 나고 마음이 짠해집니다.

제9부

믿음

"하나님을 사랑하는 자 곧 그 뜻대로 부르심을 입은 자들에게는 모든 것이 합력하여 선을 이루느니라." (롬 8:28)

이 말씀은 우리 성도들에게 주어진 약속이고 소망입니다.
이것이 우리가 극한 시련 중에서도 낙망하지 않는 이유입니다.

01
하나님나라와
영원에 잇대어 있는 삶

01

   하나님나라는 영원한 나라입니다. 영원한 나라라고 해서 시간 세계와 단절되어 있는 것은 아닙니다. 영원은 시간을 포함하며, 하나님나라는 시간 세계와 잇대어 있습니다. 그리고 하나님나라는 이미 임하였고, 또한 영원무궁 세계에서 완성됩니다. 하나님나라는 죽어야 가는 곳이 아닙니다. 우리는 그리스도를 주로 모시므로 하나님나라의 백성이 되었고, 이미 하나님나라에 살고 있고, 완성될 그날을 바라보며 삽니다.

   이 하나님나라는 우리 삶의 가장 우선순위며 인생의 목표이자 목적입니다. 우리는 이 나라를 소망하며 이 나라를 위해 삽니다. 그래서 지혜로운 사람 곧 믿음의 사람은 보화를 그곳에 쌓습니다. 세상은 잠시잠깐이지만 하나님나라는 영원하기 때문입니다.

   그러나 대부분의 사람들은 얼마나 어리석은지 모릅니다. 현대 교인들 중에는 대관절 하나님나라를 믿기나 하는지 의심스러울 정도로 사는 사람들도 있습니다. 이유는 세상 나라에 너무나 몰두하고 있기 때문입니다. 죽는 그날까지도 오직 세상일에만 골몰하는 어리석은 사람들이 얼마나 많은지 모릅니다. 우리는 너무나 세속적이고 현세적입니다.

우리 크리스천들은 하나님나라에 잇대어 살아야 합니다. 만약 우리의 삶이 영원무궁 세계의 삶과 단절되어 있다면 이는 참으로 안타깝고 답답한 일입니다. 한평생을 동분서주하며 열심히 살았는데, 자신의 인생이 끝나고 하나님 앞에 섰을 때 아무 것도 남은 것이 없다고 하면 어떻게 되겠습니까? 그 인생이 얼마나 안타깝고 허무할 것입니까?

> "각 사람의 공적이 나타날 터인데 그 날이 공적을 밝히리니 이는 불로 나타내고 그 불이 각 사람의 공적이 어떠한 것을 시험할 것임이라 만일 누구든지 그 위에 세운 공적이 그대로 있으면 상을 받고 누구든지 공적이 불타면 해를 받으리니 그러나 자신은 구원을 받되 불 가운데서 받은 것 같으리라." (고전 3:13-15)

이 말씀은 롯을 염두에 두고 하신 말씀이 아닌가 생각됩니다. 그는 부를 쫓아 살았으나 말년에는 아무 것도 남은 것이 없었습니다. 롯은 삼촌 아브라함을 따라 나선 사람이지만 삼촌과는 아주 대조되는 사람입니다. 둘 다 신앙인이었음에 틀림없지만 한 사람은 육적인 사람이었고, 다른 한 사람은 영적인 사람이었습니다. 이 두 사람이 바로 오늘날 두 부류의 신자들을 대표하고 있습니다.

아브라함은 믿음에서 믿음으로 나아가 믿음의 조상이 되고 만민의 복이 되었던 사람입니다. 그러나 롯은 세속적인 가치관을 벗어버리지 못하고, 계속해서 물질에 집착하고 세상적인 매력에 끌려 살다가 모든 것을 다 잃어버리고 부끄러운 구원을 받은 사람입니다.

그런데 오늘날 많은 크리스천들이 롯의 길을 따르고 있습니다. 이 땅의 삶을 위해서는 아무 것도 아끼지 않습니다. 그러면서도 주의 일을 위해서는 너무나도 인색합니다. 영원한 하나님나라가 있음을 믿으면서도 육신의 정욕과 안목의 정욕과 이생의 자랑에 매여 세상에 종노릇하는 신자들이 얼마나 많습니까?

우리는 매일 자신이 하나님나라와 잇대어 살고 있는지 점검해보아야 합니다. 무슨 일을 할 때든지 하나님나라와의 연관성을 따져보아야 합니다. 이런 점검 없이 살면 자신도 모르게 하나님나라와 단절된 삶을 살게 되고, 말년에는 깊은 허무와 후회에 빠지게 됩니다. 생각해 보십시오. 평생토록 아등바등하며 내 인생의 집을 지었는데 그 집이 다 무너져버린다면 얼마나 허무하며 한탄스러운 일이겠습니까? 우리의 삶은 반드시 영원과 연속선상에 있어야 합니다.

02

하나님나라에 잇대어 사는 삶이란 어떤 것일까요? 그리고 목숨을 위해 먹고 마시는 것보다 하나님나라와 그의 의를 먼저 구하라고 하신 예수님의 말씀은 구체적으로 무엇을 어떻게 하라는 말씀일까요?

여기서 우리는 하나님나라가 무엇인지를 알아야 합니다. 가장 간단히 하나님나라를 설명하면, 바로 하나님의 복된 다스림이 있는 곳이고, 또한 하나님의 뜻이 이루어지는 곳입니다. 예수님은 "나더러 주여 주여 하는 자마다 다 천국에 들어갈 것이 아니요 다만 하늘에 계신 내 아버지의 뜻대로 행하는 자라야 들어가리라"(마 7:21)고 말씀하셨습니다. 그러므로 하나님의 뜻을 찾아 알고 그 뜻을 따라 사는 것이 바로 하나님나라에 잇대어 사는 삶입니다.

그러면 하나님의 뜻은 무엇입니까? 하나님의 뜻은 성경에 계시되어 있습니다. 성경은 우리가 어떻게 하나님을 믿을 것인지, 그리고 어떻게 살 것인지를 말씀하고 있습니다. 십계명은 구약성경이 계시하고 있는 그 대표적인 말씀 중의 하나입니다. 하나님의 백성으로서 지녀야 할 경건과 윤리의 표준이 되는 말씀입니다.

그러나 예수님은 이보다 훨씬 더 적극적인 삶에 대해서 말씀하셨습니다. 그 중에 특히 하나님의 뜻이 압축되어 있는 말씀은 마 28:19~20의 대사명과 마 22:37~40의 대계명입니다. 대사명은 영혼 구원하여 제자 삼는 일인데, 곧 사람들로 하여금 생명을 얻게 하는 일입니다. 대계명은 사랑인데, 이는 생명을 더욱 풍성히 얻게 하는 일입니다. 그리고 이 일은 바로 그리스도께서 하시는 일입니다.

그래서 하나님나라를 구하는 우리 크리스천의 삶은 적어도 대사명과 대계명의 실천과 연관되어야 한다는 것을 알 수 있습니다. 삶의 목적과 초점이 여기에 맞추어져야 합니다. 우리는 그리스도의 제자이기에 그리스도를 닮고 그리스도께서 하시는 일을 하는 것이 우리의 목표요 소원이기 때문입니다.

그리고 하나님은 이런 일을 위해 교회를 세우셨습니다. 교회는 하나님나라와 불과분리의 관계에 있습니다. 교회를 하나님나라라고 바로 말할 수는 없지만, 그리스도와 성령님은 하나님나라를 위해 이 땅에 교회를 세우셨습니다. 교회는 인간의 구원을 위해 하나님이 허락해 주신 은혜의 방편이요 하나님나라를 세우는 수단입니다. 하나님은 교회를 통해 세상에 복을 주시고 그의 뜻을 이루십니다.

교회는 거룩하고 영광스러운 공동체입니다. 교회의 거룩과 영광은 신자들의 윤리적인 행위 때문이 아니라 바로 성부 성자 성령 삼위일체 하나님 때문입니다. 하나님께서는 교회를 세우시기 위해 그 아들의 피를 주셨고 뒤이어 성령을 보내셔서 기름을 부으셨습니다. 교회는 하나님의 백성입니다. 하나님이 부르시고 소집한 백성입니다. 교회는 그리스도의 몸이요 교회의 머리는 그리스도이십니다. 그리고 교회는 성령의 전입니다. 성령께서 임재하시고, 이끄시며, 능력으로 무장시키시는 영적인 공동체입니다.

그러므로 우리는 교회를 귀히 여기고, 교회를 위해 헌신하고, 교회와 함께 일하므로 하나님의 뜻을 이루어가야 합니다. 우리는 교회를 통해 하나님나라와 잇대어 있는 삶을 살게 됩니다. 우리의 생활원리는 하나님 중심, 성경 중심, 교회 중심입니다. 이런 원리를 따라 하루하루를 하나님나라와 영원에 잇대어 살아갑시다.

03

앞에서 나는 왜 우리가 하나님나라와 영원에 잇대어 살아야 하는가를 말하고,

덧붙여 하나님나라는 하나님의 뜻이 이루어지는 것이기 때문에 영원과 잇대어 사는 것은 하나님의 뜻을 알고 실천하는 것이라고 썼습니다. 그리고 하나님의 뜻은 성경에 계시되어 있는데, 그 대표적인 것이 대사명과 대계명입니다.

나아가 하나님께서는 교회를 세우시고 교회를 통해 그의 나라를 세워 가신다고 말했습니다. 교회가 바로 하나님나라는 아니지만 하나님나라의 수단이고, 하나님나라의 연장선상에 있습니다. 우리는 교회와 함께, 교회를 통해 하나님나라를 추구해 갑니다. 오늘은 대계명과 대사명의 실천에 대해 쓰려고 합니다. 우리가 하나님나라를 섬기며 영원에 잇대어 살아감에 있어 이 두 가지를 실천하는 것보다 더 중요한 일은 없습니다.

예수님은 사랑을 가장 큰 계명이라고 하셨습니다. "모든 율법과 선지자의 강령"이란 말씀은 사랑하는 것보다 더 중요한 일이 없다는 말씀입니다. 바울 사도님은 "모든 비밀과 모든 지식을 알고 또 산을 옮길만한 믿음이 있을지라도 사랑이 없으면 내가 아무 것도 아니요"라고 했습니다. 사랑이 빠진 것은 그것이 아무리 위대하게 보여도 아무 것도 아니라는 것입니다.

왜 그럴까요? 그것은 하나님이 사랑이시기 때문입니다. 하나님은 사랑으로 천지와 만물, 그리고 인간을 창조하셨습니다. 하나님은 사랑으로 우리를 구원하시고 영생을 주셨습니다. 그리고 우리에게 서로 사랑하라 하셨습니다. 사랑은 하나님나라의 이념입니다. 영원을 사는 생명의 가장 완전함이요 풍성함입니다. 그러기에 사랑으로 사는 것이 하나님나라와 영원에 잇대어 사는 삶 그 자체입니다.

대사명은 한 마디로 "영혼 구원하여 제자 삼는 일"입니다. 영혼 구원은 복음을 전하여 믿음으로 생명을 얻고 풍성히 얻도록 하는 일이고, 제자 삼는 일은 구원받은 사람을 하나님나라의 일꾼으로 양육하고 훈련하는 일입니다. 물론 이 사명의 동기는 사랑입니다. 사람의 영혼을 사랑하는 그 사랑 때문에 우리는 전도하고 양육하는 것입니다. 그리고 이 사명은 주로 교회와 함께 교회를 통해 수행됩니다. 특히 가정교회는 영혼 구원하여 제자 삼는 일에 가장 효과적이고 좋은 시스템입니다.

'영혼 구원하는 일'은 대개 다음과 같이 이루어집니다. 목원들은 전도대상자(VIP)를 목장으로 인도합니다. 목장에서는 이들을 사랑으로 섬기고 사랑으로 기도합니다. 연합목장의 담임목사는 [예수님영접모임]과 [생명의 삶 공부]를 통해 그분들에게 구체적으로 복음을 전하고 양육합니다. 각 목장과 연합목장이 협력하여 그분들이 믿음으로 세례를 받기까지 최선을 다해야 합니다.

'제자 삼는 일'이라고 너무 어렵게 생각할 필요는 없습니다. 제자 삼는 방법의 기본은 본을 보이는 것입니다. 자신이 하나님을 경외하고 교회를 섬기며, 영원에 잇대어 사는 모습을 보여주는 것입니다. 특히 목장에서의 제자양육은 가르침에 중점을 두지 않고 섬김에 초점을 둡니다. 사람들은 듣는 것보다 보는 것에 감동을 받습니다. 따라서 연합목장에서는 가르침을 주고, 각 목장에서는 본을 보여주는 것입니다.

물론 영혼 구원하여 제자 삼는 일은 개인 전도나 교회내의 사역으로 끝나서는 안 됩니다. 예수님은 모든 민족에게로 가라고 하셨습니다. 우리는 목장의 울타리를 넘어 지역사회로, 지역사회에서 세계로 나아가야 합니다. 하나님의 마음으로 세상을 보며, 세계선교를 위해 기도와 헌금과 헌신으로 섬기는 것입니다. 우리 인생에서 영원히 남을 것은 구원받은 생명, 그리고 사랑입니다.

02
죽어서 가는 곳을
어찌 알겠나?

덕숭산 수덕사 조실(祖室, 사찰에서 최고 어른을 일컫는 말)이었던 혜암(惠菴) 스님은 101세에 별세했습니다. 12세에 절에 들어가 약 90년 정도를 수도생활을 했다고 합니다. 그가 죽기 일 년 전 소설가 이청(李淸) 씨가 그를 만나 인터뷰를 했습니다.

- 사람은 죽으면 어디로 갑니까?

"우리 인생이 … 그것이 가장 큰 문제라. 온 곳을 모르는데 갈 곳은 어찌 아나. 다만 내기 어디서 왔는지 연구해시 큰 의심을 다파하면 저질로 길 곳을 일게 된단 말이거든."

- 스님께서는 어디로 가십니까?

"나도 그걸 몰라 연구 중이네."

- 만공(滿空) 스님은 어디로 갔습니까?

"내 갈 곳을 모르는데 만공이 어디로 갔는지 어찌 알겠나."

그리고 그는 또렷한 소리로 계송(誡頌)을 읊었다.

"生不知來處 死不知去處 雲邊脫兎向何知 落日飢鷹空自鳴"

"살아서 온 곳을 모르고 죽어서 가는 곳을 모른다.
구름 밖으로 달아난 토끼 어디로 갔는지 아는가?
저문 날 주린 매 홀로 운다"

(월간조선, 1996년 12월호)

정직한 고백입니다. 얼마든지 종교적인 수사로 적당히 말할 수 있는 데도 그는 아주 정직하게 말했습니다. 이것은 그가 90년 동안 수도한 결과라고 생각합니다. 죽음을 앞둔 100세의 수도사에게 거짓은 없었습니다. 그는 정말 갈 곳을 몰랐던 것입니다. 그러나 사람들은 "혜암과 같은 노선사의 말을 문자 그대로 이해하는 것은 말이 안 된다"라며 거기다 자기 나름대로 근사한 해석을 붙이려고 노력합니다. 그러나 이 대답에는 적당한 해설이 전혀 불가능한 문맥과 솔직함이 있습니다. 인간으로서는 인간의 갈 곳을 알 수가 없습니다. 혜암 스님의 말대로 온 곳을 모르는데 어찌 갈 곳을 알 수 있겠습니까?

성철(性徹) 스님의 이야기도 있습니다. 그는 자기가 기거하는 처소를 철조망으로 둘러막고 10년 동안 솔잎과 쌀가루를 먹으며 좌선을 했습니다. 8년 동안은 장좌불와(長坐不臥, 오래 동안 눕지 않고 하는 참선)했다고 합니다. 이 특별한 수행이 끝나는 날 기자들이 몰려들어 인터뷰를 했습니다. "한 말씀이라도 해 주십시오." 그는 "산은 산이요 물은 물이로다"라고 말했습니다. 나는 성철 스님의 이 말도 정직한 고백이라고 생각합니다. 10년 동안의 수행, 그에 더해 장좌불와라는 특별한 수행을 8년 동안이나 했습니다. 그런 그에게 기자들은 큰 깨달음과 천지개벽과 같은 변화가 있었으리라고 기대하며 물었을 것입니다. 그러나 그의 대답은 여전히 '물은 물이고 산은 산'이라는 것입니다. 어쩌면 그 자신도 이런 수행을 시작하면서 어떤 놀라운 변화를 기대했을 것입니다. 그러나 결과는 물은 물 그대로, 산은 산 그대로였다는 고백입니다. 스님들은 나의 이런 말에 분노할지 모르지만, 노선사의 말씀에 가식은 없었다는 것이 역시 나의 판단입니다.

그리고 그가 죽기 전에는 마지막으로 열반송(涅槃頌)을 남겼습니다.

"나는 한평생 무수한 사람들을 속였으니
그 죄업이 하늘에 가득차 수미산보다 더하다.
산 채로 지옥에 떨어져 그 한이 만 갈래니
한 덩이 불덩이 푸른 산에 걸려 있다."

예수님은 말씀하셨습니다.

"내가 너희를 위하여 거처를 예비하러 가노니 가서 너희를 위하여 거처를 예비하면 내가 다시 와서 너희를 내게로 영접하여 나 있는 곳에 너희도 있게 하리라…. 예수께서 이르시되 내가 곧 길이요 진리요 생명이니 나로 말미암지 않고는 아버지께로 올 자가 없느니라" (요 14:2-3, 6)

03
반전(反轉)
- 죽음과 부활 -

 나는 어릴 때 영화를 보던 중 신이 나서 박수를 쳤던 경험이 더러 있습니다. 주인공이 나쁜 사람들에게 계속 쫓기며 어려움을 당하다가 갑자기 상황이 역전되어 주인공이 나쁜 사람을 아주 보기 좋게 때려눕힐 때 나와 함께 보던 여러 친구들은 자신도 모르게 벌떡 일어나서 열렬히 박수를 쳤습니다. 그런 장면에서는 배경 음악도 승전가처럼 경쾌하고 웅장하게 울려퍼졌습니다. 이게 바로 반전입니다.
 그리고 반전이라고 하면 곧바로 기억나는 사람이 한 사람 있는데, 그는 권투선수였던 홍수환 씨입니다. 내가 대학생 시절이었던 1977년, 파나마에서 있었던 WBA 주니어 페더급 챔피언 결정전에서 일어났던 반전은 지금까지도 많은 사람들의 기억에 생생히 남아있습니다. 당시 그는 헥토르 카라스키야라고 하는 선수와 붙었는데 그 선수는 17전 17 KO승이라는 전력을 가진 무서운 선수였습니다.
 공이 울리자마자 홍수환 선수는 정신없이 얻어맞기 시작했고 1,2회에서 네 번이나 다운을 당했습니다. 이렇게 되면 본래는 TKO패가 되지만, 계약을 하면서 다운은 무한정 허용하기로 했기 때문에 그날 경기는 계속되었습니다. 또 코치가 수건을 던져 경기를 포기시킬 수도 있었는데, 홍 선수가 경기에 들어가면서 수건을 던지지 말라고 부탁했다고 합니다.

그런데 놀랍게도 3회에서 전세가 완전히 바뀌었습니다. 홍수환 선수는 죽기 아니면 까무러치기로 맹렬히 달려들어 카라스키아를 캔버스에 때려눕혔던 것입니다. 이것은 전혀 예상치 못했던 승리였습니다. 그때 그 경기를 지켜보던 사람들은 모두 일어나 펄쩍펄쩍 뛰며 박수를 쳤습니다. 그리고 홍수환 선수는 어머니와 통화를 하면서 "엄마, 나 챔피언 먹었어!"라고 외쳤는데, 이 말은 당시에 유행어가 되었습니다.

그런데 역사상 최고의 최대 반전은 무엇일까요? 그것은 예수 그리스도의 부활입니다. 그는 혹독한 고난과 비참한 죽음을 이기고 영광스럽게 부활하셨습니다.

예수님께서 십자가에 못 박히신 골고다 언덕, 그 상황은 참혹함 그 자체였습니다. 예수님은 밤새 한 잠도 못 주무시고 재판을 받으셨고, 바로 죽음과 이어질 수도 있는 채찍을 맞으며 고통을 당하셨습니다. 그가 골고다로 가실 때는 이미 지칠 대로 지쳐있어서 자기 십자가를 지고 갈 힘도 없었습니다. 그래서 군병들은 구경꾼 중에서 한 사람을 붙들어서 대신 십자가를 지고 가도록 해야 했습니다.

골고다에 이르렀고 군병들은 예수님을 십자가에 못 박았습니다. 발을 포개어 대못을 박았고, 양손에도 못을 박은 뒤에 십자가를 일으켜 세웠습니다. 몸무게가 양손에 박은 못에 집중되어 계속 찢어지며 피가 흘러내렸습니다. 태양은 뜨겁게 내리쬐고 고통으로 몸의 수분은 다 빠져나가서 혀가 입천장에 달라 붙었습니다. 사람들은 지나가며 온갖 욕설로 그를 모욕하고 멸시했습니다.

예수님은 십자가에 달린지 여섯 시간 만에 운명하셨습니다. 군인들이 그의 죽음을 확인하기 위해 창으로 그의 옆구리를 찔렀을 때에 몸에서 물과 피가 함께 쏟아졌습니다. 사람들은 그를 돌무덤에 넣고 그 입구를 막았습니다. 예수님이 다시 살아날 것이라는 말씀을 하셨기 때문에 그의 원수들은 이를 방지하기 위해 총독의 도장을 찍어 무덤을 인봉하고 경비병까지 세웠습니다. 생명에 대한 일말의 희망까지도 완전히 지워버린 죽음이요 무덤이었습니다. 그러나 예수 그리스도는 계시하고 언약하신 대로 부활하셨습니다. 사망의 권세를 깨뜨리시고 영광스러운 몸으로 다시 살아나셨습니다.

부활사건은 인류 역사 최고의 역전 드라마였습니다. 그는 살아나셔서 그 후로 이어질 모든 부활의 첫 열매가 되셨습니다. 그의 부활은 단지 자신의 삶의 역전에서 끝난 것이 아니라, 죄와 죽음이 지배하던 인류역사를 산 소망의 역사로 바꾼 지상 최대의 반전이었습니다.

04
성도가 위기에 있을 때 취할 자세

인생은 항해와 같습니다. 순풍에 돛 단 듯이 순항할 때도 있지만 갑자기 폭풍이 일어나서 순식간에 침몰할 것 같은 위기를 당하기도 합니다. 이런 때 우리 성도들은 어떤 자세로 이런 위기에 대처해야 할까요?

감사하십시오

갑자기 어려움과 위기를 당하면 누구나 현실을 부정하며 그 상황자체를 받아들이려 하지 않습니다. 그리고 하나님을 원망하고 사람들에게 불평하는 경우가 많습니다. 그러나 우리 성도들은 도리어 반대여야 합니다. 원망하지 않고 감사하는 것입니다. 무엇보다 먼저 구원의 은혜를 감사하십시오. 죄를 용서해주시고, 병을 고쳐주시고, 생명을 파멸에서 건지시고, 영원한 하나님나라를 유업으로 주신 하나님께 감사하십시오. 이보다 더 큰 은혜가 없고, 이 하나만으로도 우리가 영원히 감사하고 찬송할 복입니다. 나아가 지금까지 살아오면서 받은 은혜를 기억하고, 그 가운데서 그것들을 누리며 살아온 일들을 감사하십시오.

죄를 회개하십시오

시련과 고난이 있을 때 우리가 취해야 할 두 번째 자세는 낮아진 마음으로 자신을 돌아보는 일입니다. 근간에 현저히 잘못하고 있는 일은 없는지, 그동안 올바른 삶의 목표를 향해 정도(正道)를 걸어왔는지, 삶의 우선순위를 지키며 살고 있는지를 돌아보는 것입니다. 물론 우리가 당하는 고난이나 시련이 모두 인과응보로 온 것은 아닙니다. 만약 하나님께서 우리가 죄를 지을 때마다 징계하신다면 살아남을 자가 어디 있겠습니까? 시련에는 여러 가지 이유들이 있고, 거기에는 우리가 다 헤아릴 수 없는 하나님의 뜻이 있을 것입니다. 그러기에 어려울 때 자신을 돌아보고 삶을 점검하는 것은 당연하고 지혜로운 일입니다. 그래야 위기가 끝났을 때 믿음이 성장하고 삶이 달라질 것이기 때문입니다.

희망을 잃지 마십시오

"하나님을 사랑하는 자 곧 그 뜻대로 부르심을 입은 자들에게는 모든 것이 합력하여 선을 이루느니라" (롬 8:28)

이 말씀은 우리 성도들에게 주어진 약속이고 소망입니다. 이것이 우리가 극한 시련 중에서도 낙망하지 않는 이유입니다. 그리고 성경은 "사람이 감당할 시험 밖에는 너희가 당한 것이 없나니 오직 하나님은 미쁘사 너희가 감당하지 못할 시험 당함을 허락하지 아니하시고 시험 당할 즈음에 또한 피할 길을 내사 너희로 능히 감당하게 하시느니라"(고전 10:13)고 하였습니다.

사람들이 위기를 당하면 대부분 자신은 지금 감당할 수 없는 시험을 당하고 있다고 생각합니다. 그런데 사실 그렇게 생각되니 그게 시험인 것입니다. 이 정도야 능히 감당할 수 있다고 생각되는 시험이라면 그게 시험이라 할 수 있겠습니까? 비록 자신은 감당할 수 없지만 하나님께서 감당할 수 있게 해주시리라는 믿음으로 희망을 가지십시오.

하나님의 도우심을 구하십시오

위기의 때에는 기도하십시오. 하나님을 믿고 예수님을 믿으십시오. 그의 약속하신 바를 믿고 기도하십시오. 그리고 주님께서 은혜를 주시면 앞으로 주님 뜻대로 살겠다고 다짐하며 기도하십시오. 하나님의 선하시고 기뻐하시고 온전하신 뜻대로 살겠다고 서원하며 기도하십시오. 그리고 모든 것을 하나님의 손에 맡기고 잠잠히 기다리십시오.

05
무지애환
(無知哀歡)

실천신학대학원대학교 조성돈 교수가 『교회 다니면서 그것도 몰라?』라는 책을 썼습니다. 이 책의 제목대로, 신앙생활을 한 지 오래된 분들 중에도 의외로 뭘 모르는 분들이 많습니다. 기본적인 교리도, 예수님에 대해서도, 그리고 기도할 줄도 잘 모릅니다.

여러분, 성경을 읽으십시오. 너무 두꺼운 책이라 엄두가 안 나면 먼저 복음서(마태, 마가, 누가, 요한복음)를 읽으세요. 복음서는 예수님의 생애와 교훈들을 기록하고 있기 때문에 가장 중요한 성경입니다. 그리고 기도해 보세요. 기도는 하나님과 대화하는 것입니다. 한 번 직접 대화를 터보세요. 그리고 자주 만나 기도를 드려보세요. 말씀묵상과 기도는 신앙생활의 기본입니다.

아래 이야기는 기독인들 사이에 떠도는 유머입니다. 그야말로 무지애환입니다.

불교와 기독교는 무엇이 다른가?

요즘 교인들은 교리를 잘 모릅니다. 그래서 다른 종교들과 어떤 차이가 있는지도 물론 잘 모릅니다. 어느 집사가 직장에서 신앙문제로 이야기하다가 상사로부터 질문을 받았습니다.

"어이, 이 과장 종교란 다 같은 거 아냐! 당신 교회 오래 다녔으니까 한 번 말해봐. 대관절 불교와 기독교의 다른 점이 뭐야?"

갑작스런 질문을 받고 이 집사는 당황했습니다. 다른 게 많은 것 같은데 딱 잡히는 것이 없었습니다. 그런데 언뜻 스님들의 머리와 그림에 나오는 예수님의 장발이 생각났습니다. 그리고 엉겹결에 말했습니다.

"일단 헤어스타일에 차이가 있는 게 아닐까요?"

하나님, 아침 드셨습니까?

어느 교회의 한 집사님이 기도당번이 되었습니다. 공중기도를 하는 것이 처음이라 나름대로 열심히 준비를 했지만 막상 기도하려고 앞에 서니 아무 생각도 나지 않았습니다. 한참이나 머뭇거리다가 말했습니다.

"하나님 아버지, 하나님은 진지를 드시는지 안 드시는지 잘 모르겠습니다만, 좌우간 아침은 잘 드셨습니까? 저희는 하나님 아버지 덕분에 아침밥 많이 먹고 나왔습니다.…"

그는 기도가 어떻게 됐는지도 모르고 하여간 생각나는 대로 정신없이 몇 마디하고 내려왔습니다. 예배 후 교인들이 수군거렸습니다.

"기도가 좀 이상한 것 같아…"

"이상하긴, 하나님께도 인사부터 하는 게 옳은 것 같지 않나?"

"그렇지만 하나님이 밥을 드시나?"

"아, 그거야 다 인사치례 아닌가!"

성찬의 떡

시골교회에 할머니 한 분이 성찬식에 참예했습니다. 그분은 세례가 뭔지, 성찬이 뭔지도 제대로 모르고 세례를 받은 분이었습니다. 먼저 떡이 분배되었습니다. 떡이라지만 실제로는 카스테라를 작게 잘라서 사용했습니다. 할머니는 떡 그릇이 자기 앞에 오자 손으로 한 움큼 집어서 손수건에 싸는 것이었습니다. 장로님이 놀라서 말했습니다.

"할머니, 그렇게 하는 게 아닙니다. 한 개만 드세요."

"장로님, 내가 먹으려고 욕심 부리는 거 아냐. 집에 손자들이 셋이나 있는 거 장로님도 잘 아시잖소?"

06
간증문을 써 보세요

자신의 신앙생활을 돌아보며 이를 정리해 보는 것은 여러 모로 유익합니다. 교인들 중에는 자신이 하나님에 대해서 무엇을 알고 있으며, 아는 것 중에서도 어디까지 믿고 있는지가 분명치 않은 분들이 더러 있습니다. 이런 경우 간증문을 써 보면 정리가 됩니다. 그리고 자신이 과연 믿음을 따라 살고 있는지도 확인이 됩니다. 나아가 혹 전도대상자를 만나면 그 동안 자신이 예수님을 믿고 살아온 이야기를 나눌 수 있는데, 간증문은 아주 효과적인 전도 메시지가 됩니다. 그래서 나는 누구에게나 간증문을 써 보라고 권합니다.

아래 글은 교회에 나온 지 얼마되지 않은 강인숙 자매와 초신자 김경민 형제의 간증문입니다. 무엇을 알고 믿는지에 대해서는 쓰지 않았습니다만 신앙생활의 기쁨이 잘 나타나 있는 좋은 간증문입니다.

「제가 교회에서 찬송가를 부르고 성경공부를 한다는 것이 어쩜 웃음이 나고 한편으로는 눈물이 납니다(사실 눈물이 많이 났어요). 저는 '교회 다니는 사람들은 무엇 때문에 다닐까?' 의문이 앞서고, 행동이 올바르지 못한 교인들을 보면 싫었습니다.

그러나 나이가 쉰이 넘은 이제야 그들이 눈에 들어왔습니다. 그들은 한결같이 자식 교육을 하나님 품에 안기어 정서적이고 올바른 행동을 함으로써 아무래도 비종교적인 가정보다는 알차고 열매가 알알이 맺는 것을 보았지요.

그리고 성경 한 구절 한 구절을 보면, 제가 알고 있는 도덕적 지식보다도 더 많은 것을 알려주고 실행하게 함으로써 인간이 가야하는 기본적인 행동지침이 성경 한 권에 다 나와 있는데, 왜 방황하며 내 교과서적인 행동만 옳다고 고집했는지 부끄럽고 죄송하기 그지없습니다.

언제부터인가 송두리째 잃어버린 세월로 고통의 병을 앓고 있을 때, 남편은 교회 가자고 했습니다. 교회에 다니는 사람들을 보면 얼굴이 편안해 보이고 마음을 비움으로써 즐겁게 생활하더라고. 그래서 2년의 고민 끝에 동백에 이사 와서 여기 향상교회에 남편과 같이 등록하게 되었습니다.

이제 만 일 년이 넘었는데, 일요일 휴식에 취해 있던 제가 일요일만 되면 '오늘의 주제는 무엇일까? 목사님의 설교로 얼마나 좋은 시간을 보내며 살찌울 수 있을까?'라는 생각에 주저 없이 교회에 달려갑니다. 교회 문턱에 들어서면 정말 기분이 좋습니다. 행복하고요.

얼마 전까지도 어떻게 하든지 마음의 욕심을 채우고 꼭 그리 살아야만 한다고 스스로 고집했던 원칙적인 행동들을 내려놓았습니다. 이젠 용서할 수 없는 사람도, 사랑할 수 없는 사람도 다 용서가 되고 사랑이 됐습니다. 정말 고요한 바다를 바라보고 있는 것 같아요.

이 글을 쓰면서도 미소가 나옵니다. 제 주변의 모든 사람들이 주님의 지혜와 사랑으로 살아가면 좋겠습니다. 제게 남은 숙제는 제 아이들이 좋은 주님 만나서 이 세상 다할 때까지 건강하고 아름답게 살아갔으면 하는 마음입니다. 두서없이 글을 쓰려니 앞뒤가 영 맞지 않는군요. 많은 이해 부탁드려요.」

강인숙 (네 자녀를 둔 50대 여성, 1교구 이문수 목장 소속)

「저는 3교구 이기호 목장의 목원 김경민입니다. 저는 모태신앙이었다고 합니다. 기억은 전혀 없지만 어머님의 품에 안겨 태어나자말자 성당을 다녔고 그곳에서 유아영세도 받았다고 합니다. 그런데 지금은 무슨 이유인지 말씀을 안 해주시지만 어머니는 성당을 다니지 않고 계십니다.

이후 저를 하나님께 인도하려고 했던 친구가 있었습니다. 그는 저의 중학교, 고등학교 동창이자 친구입니다. 그는 현재 청주에서 목사님이 되어 하나님의 말씀을 전하고 있습니다. 당시 친구는 교회에 이쁜 여자들이 많으니 교회를 다니면 좋을 거라며 저를 유혹했습니다. 하지만 저는 일요일에 몇 시간이라도 더 자야 한다는 생각에 그 친구의 손을 잡지 못했습니다.

그 이후 오랜 세월이 지나 저를 하나님께 인도한 사람이 나타났습니다. 바로 사랑하는 아내입니다. 그런데 처음에는 목장에 VIP로 나가기만 했습니다. VIP로 목장에 나간 지 1년 만에 저는 선배에게 돈 2,200만원을 빌려준 것이 아내에게 발각되는 바람에 용서를 구하는 방법으로 생각해낸 것이 아내와 함께 교회를 나가 신앙생활을 열심히 하겠다고 약속한 것입니다. 그래서 아내에게 용서를 구하고 교회를 다니며 하나님을 믿게 된 것입니다. 이렇게 처음엔 자의반 타의반으로 신앙생활이 시작되었습니다.

바쁜 업무로 시간에 쫓기며 주일과 목장예배에 열심히 참석하기도 어려웠고 직장에서의 잦은 회식 때문에 하나님 앞에 더 가까이 가기가 쉽지 않았습니다. 그러나 지난 2년이란 시간은 저를 향한 하나님이 놀라운 사랑과 계획 가운데 있은 시간이었음을 깨달았고, 제가 하나님께 의지하고자 하는 마음을 갖게 되는 시간이었습니다.

하나님은 사랑이셔서 죄인인 저희들을 예수님을 믿는 믿음의 고백만으로도 용서하시고, 사랑하시며, 구원해주셨습니다. 죄인인 저도 하나님의 자녀 됨으로써 구원받고 천국으로 갈수 있다니 얼마나 놀라운 일이 아니겠습니까! 저도 저이지만 이제 저는 제 아이들이 하나님의 자녀로 하나님의 말씀 안에서 성장하여 하나님의 자녀로 세상에서 당당히 나아가길 원합니다.

또한 저는 우리를 죄에서 구원하시는 구주이신 예수 그리스도를 믿게 되었으니 이제부터는 하나님 말씀에 순종하며 하나님이 기뻐하시는 일하며 하나님의 뜻대로 살고 싶습니다. 저는 지금 하나님은 이미 처음부터 저와 함께하고 계셨다고 느낍니다. 제 짧은 40년의 인생을 돌아보니 저는 깨닫지 못하고 있었지만 하나님은 이미 처음부터 저와 함께 하고 계셨던 것입니다.

이 미련하고 어리석은 자, 그것을 지금 깨닫고 회개하며 하나님의 자녀 되길 원합니다. 하나님의 자녀로 하나님의 자녀들인 성도들과 하나님의 말씀 안에서 제 삶이 더욱 발전하기를 기도합니다. 예수님을 제 구주로 영접한 후 제 생활은 조금씩 변해 가고 있습니다. 좁고 어리석은 저 혼자만의 생각과 계획에서 벗어나 하나님께 의지하고 하나님의 말씀을 따라가려 하는 저를 발견합니다.

물질적으로라면 이전보다 가진 것이 훨씬 적어졌지만, 지금 저는 제가 가난하다 느끼지 않고 있습니다. 왜 일까요? 저도 잘 모르겠지만 지금부터는 하나님께서 저와 함께하심을 제가 믿기 때문이겠죠. 저는 오늘 하나님의 뜻대로 하나님의 계획안에서 하나님의 자녀로 거듭나게 된 것을 향상교회 성도들 앞에서 다짐합니다.

저는 세상의 나이로는 40이 넘었지만 여러분 앞에 서 있는 지금의 저는 하나님의 자녀로 막 태어난 어린아이와 같습니다. 부족하고 아무것도 모르는 제가 하나님의 자녀로 잘 성장할 수 있도록 앞으로도 많은 지도와 가르침 부탁드립니다.

언제나 반가운 미소와 따뜻한 손과 사랑의 마음으로 이곳에 계신 정주채 목사님, 저희 가족을 위해 매일 기도해 주시는 이기호 목자님, 임경숙 목녀님, 또 저희 아내를 전도해주시고 기도해 주시는 등불목장 전미선 자매님, 그리고 목장 식구 여러분, 항상 감사합니다. 저와 저의 가족에게 부모님과 형제자매, 그리고 친구가 되어주셨습니다. 이 또한 하나님의 사랑이심을 알기에 오늘도 저는 감사의 기도를 드립니다. 저는 제 가족을 포함한 저에 대한 하나님의 계획을 부푼 마음으로 기대하고 있습니다. 이 낯선 땅에서 만난 모든 하나님의 자녀분들 항상 고맙습니다. 감사합니다.」

김경민 (3교구 이기호 목장 소속)

07
성탄절에 얽힌 불확실한 이야기들

예수님의 탄생연대

　서력기원은 예수님의 탄생 연도이므로 올해는 주후(AD) 2010년입니다. 그러나 이 년도는 실제와 적어도 4~6년 정도 차이가 나는 것으로 생각되고 있습니다. 왜냐하면 성경은 예수님이 헤롯 때에 나셨다고 기록하고 있는데, 헤롯이 죽은 때가 BC 4년이기 때문입니다.

　왜 이런 차이가 생겼을까요? 기독교가 로마의 국교가 되면서 예수님의 탄생연대를 서력기원으로 도입했는데, 그때가 AD 525년이었습니다. 이를 위해 당시 예수님의 탄생연대를 학문적으로 연구했던 사람은 디오니시우스 엑시구우스(Dionysius Exiguus) 신부였고, 그가 이미 500년이 훨씬 지난 예수님의 탄생연대를 연구하면서 착오를 일으켰던 것입니다.

　그리고 당시 유대 지역까지 관할하고 있던 수리아 총독 퀴레니우스(성경에는 구레뇨)가 첫 번째 호적을 하게 했던 때는 BC 7경이었던 것으로 알려져 있습니다. 이것은 4~6년의 차이를 다시 확인해 주는 사실인데, 호적령이 내린 때와 실제로 호적이 실시된 때는 보통 1~2년의 간격이 있었으므로(당시는 행정이 지금과는 비교할 수 없을 정도로 느꼈다) 예수님의 탄생이 아마 BC 5~6년이었을 것으로 추정됩니다.

동방박사들의 방문

동방박사들이 세 사람이었다고 알려져 있으나 이는 확실치 않습니다. 성경에는 세 사람이라는 기록이 없습니다. 아마 세 가지 예물 곧 황금과 유향과 몰약을 드렸으므로 그 일행이 세 사람이었을 것으로 짐작하는 것뿐입니다.

그리고 이들이 예수님께 경배를 드린 장소를 대부분 외양간으로 생각하고 있습니다. 모든 그림들이 그렇게 되어 있기 때문입니다. 그러나 성경에는 "집에 들어갔다"고 써 있습니다. 성경에 기록된 집이란 단어는 사람이 사는 가옥을 말합니다. 그리고 당시 유대 나라의 외양간은 양이나 짐승들이 나돌아 다니지 못하도록 울타리를 둘러놓은 정도였고 지붕은 없었다고 합니다.

또 박사들이 방문한 때 역시 예수님이 태어나신 직후가 아닙니다. 적어도 예수님이 태어나신 후 일 년 가까이 되었을 것으로 짐작됩니다. 박사들의 방문 때가 예수님이 탄생하신 날이거나 혹은 며칠 후였다면, 헤롯이 "왕으로 나신 그 아기"를 찾아 죽이려고 베들레헴 근처에 사는 두 살 아래의 유아들을 다 죽일 이유가 없기 때문입니다.

시골에서 아기가 나면 그 동네 사람들은 누구 집에서 아기가 태어났는지 다 알게 되어 있습니다. 그러니 군인들이 그 신생아를 찾아 죽이면 그만입니다. 그런데 헤롯이 별이 나타난 때를 자세히 물었고, 그 때로부터 2년이라는 기간을 잡았다는 사실은 박사들의 방문이 예수님이 탄생하신 직후가 아니었다는 것을 증거합니다.

아마 마리아와 요셉은 '다윗의 자손으로 난 이 특별한 아기를 다윗의 고향에서 길러야 하지 않을까'라고 생각하여 베들레헴에 계속 머물렀는데, 그땐 마구간이 아닌 집에 살고 있었을 것입니다. 그러다가 박사들의 방문하였고, 그 후 현몽을 받아 애굽으로 피했던 것입니다. 그리고나서 헤롯이 죽었다는 소식을 듣고 이스라엘로 돌아와서 베들레헴으로 가려했으나 그의 아들 아켈라오가 뒤를 이어 왕이 되었다는 소식을 듣고 그리로 가지 못하고 나사렛으로 갔던 것입니다.

그리고 그들이 애굽으로 피하기 전 베들레헴에 있을 동안에 예루살렘 성전에 올라가서 정결예식과 할례를 행하였습니다. 단, 누가복음에는 예수님이 애굽으로 피난했었다는 기록이 빠져 있고, 예식을 마치고 나사렛으로 갔다고만 기록하고 있습니다.

08
성령강림절

우리가 잘 아는 대로 구약시대의 3대 절기는 유월절과 맥추절 그리고 수장절입니다(출23:14-16). 이 절기들은 연속성을 가진 절기들이며 일련의 구원역사입니다. 그리고 그리스도의 구속사역에 대한 예표입니다. 그리스도를 바라보며 지켰던 이 절기들은 그리스도 안에서 성취되었습니다.

유월절

유월절에는 누룩 없는 빵을 먹었기 때문에 무교절이라 불렀습니다. 이 무교절 첫 날이 바로 유월절입니다. 이스라엘이 애굽에서 해방된 것을 기념하는 절기입니다. 무교절 첫 날 곧 유월절에는 양을 잡아서 무교병과 쓴 나물을 함께 곁들여 먹었습니다. 유월절은 어린양으로 세상에 오실 그리스도의 속량사역을 예표하는 절기입니다.

맥추절

맥추절은 농사의 첫 추수를 하여 감사하는 절기입니다. 일반적으로는 오순절이라는 이름으로 불렸습니다. 오순절이란 '유월절로부터 50일째 되는 절기'라는 뜻입니다. 칠칠절이란 밀과 보리의 첫 추수를 시작해서 그것이 끝나는 곡식 추수의 전체기간을 7주간으로 잡은 것을 의미하나, 이것 역시 오순절과 마찬가지로 유월절과 관계하여 붙여진 이름입니다. 곧 유월절이 있으므로 오순절이 있습니다.

수장절

수장절은 이스라엘 민족이 애굽의 고난으로부터 해방되어 약속의 땅에 들어온 것을 감사하며, 광야에서 장막생활한 것을 기념하는 동시에 그 해의 수확을 감사하는 절기입니다. 그래서 이 절기를 추수절이라고도 합니다. 추수한 모든 것들을 창고에 드린 후에 지키는 이 절기는 신약시대의 교회가 누릴 즐거움을 예표하며, 동시에 영원한 하나님 나라에 들어가서 누릴 천국을 소망하는 절기입니다.

유월절은 신약에서 그리스도의 십자가로 성취되었고, 오순절은 성령강림으로 구원의 추수가 시작된 실체가 드러났고, 수장절은 장차 예수그리스도의 재림으로 완성될 것입니다.

오순절은 맥추절이라고도 불리웠는데 보리와 밀을 추수하는 절기였기 때문입니다. 또 이 절기는 '처음 익은 열매를 드리는 날'로 불렸습니다(출23:16, 34:22, 레23:17, 민28:16). 오순절은 하루동안 지켰으나 칠칠절이라는 이름에 나타나는 대로 이 절기의 기간은 사실상 일곱이레 동안이라 할 수 있습니다.

처음 익은 열매를 드리는 이 절기는 초실절로부터 시작합니다(레23:9-14). 초실절은 유월절이 지난 첫 안식일 다음 날입니다(레23:11, 16). 이 날에 첫 이삭 한 단을 요제로 하나님께 드렸습니다. 이 날로부터 일곱이레가 지나면 칠칠절 곧 오순절입니다. 그리고 오순절에는 새 밀가루로 만든 떡 두 덩이를 요제로 드리는 '새 소제'(레23:16)가 거행되었습니다.

특이한 점은 새 소제로 드려진 떡에는 누룩을 넣었다는 사실입니다(레23:17). 본래 소제물에는 누룩을 넣지 못하도록 되어있습니다(레2:11). 그러나 오순절에 드리는 새 소제에는 누룩을 넣도록 했는데 이것은 예수님의 천국비유 곧 "가루 서 말

속에 갖다 넣어 전부 부풀게 한 누룩과 같으니라"(마 13:33)는 말씀을 생각나게 합니다. 그리고 이는 성령강림으로 말미암아 새롭게 드려지는 교회를 예표하는 것이었습니다.

여기서 우리는 정교하게 세워진 구약의 절기들과 성취된 그리스도의 사역을 볼 수 있습니다. 유월절에 예수님이 십자가에서 죽으시고 초실절에 부활하셨습니다. 그리고 일곱이레가 지난 오순절에 성령께서 강림하셨습니다. 예수 그리스도의 부활은 초실절에 드려진 첫 열매였으며(고전 15:20), 오순절에 바쳐진 떡은 성령강림으로 말미암아 설립된 신약시대의 교회입니다.

제10부

인물과 기억

故 손양원 목사는
'사랑과 용서와 화해'라고 하는
성경의 가장 귀한 교훈을
온몸으로 실천하며 살다가
마지막에는 순교의 제물로
자신을 주님께 드렸습니다.

01
날 가끔 울리는 자매

날 가끔 울리는 자매가 있습니다. 엊그제도 그의 선교편지를 읽다가 눈물을 흘리고 말았습니다. 연약한 싱글 자매가 힌두교의 중심도시인 인도의 바라나시에서 목숨을 걸고 버티고 있습니다. 가장 더울 때는 50도까지 올라가는데 정전은 왜 그렇게 잦은지, 정전이 되면 도무지 어찌할 방도가 없어서 등을 방바닥에 댄 채 숨만 할딱거리고 있을 수밖에 다른 방법이 없다고 합니다. 너무 더울 때는 다른 선교사들처럼 한 두 달이라도 시원한 곳으로 피했다가 돌아가라고 해도 이 친구에겐 통하지 않습니다.

"한여름 더위가 시작되면 바라나시에는 거의 모든 선교사가 피서를 갑니다. 그러면 교회들은 몇 달 동안 어쩌란 말입니까? 한 사람이라도 남아 있어야지요. 전 홀몸이니까 제가 남는 거지요…. 더위는 작은 문제예요. 이곳에는 정말 견딜 수 없게 하는 영적 음산함과 더러움이 있습니다. 갠지스 강가에는 항상 시체를 태우는 연기가 오르고, 그 재와 함께 때론 타다 남은 시신의 일부분까지도 강에 버려지는데, 사람들은 그 강물로 입을 씻고 몸을 씻으며 감격해 합니다. 그리고 거리 곳곳에는 온갖 기분 나쁜 장식을 한 신당들이 있고, 온갖 비위생적인 환경 등은 외인들을 견딜 수 없게 만듭니다. 종종 초년 선교사들이 엄청난 결단과 각오로 이 어두움의 땅을 찾지만 어떤 이들은 6개월 만에, 오래 버티는 사람들도 1~2년이면 더 견디지 못하고 떠납니다."

수년 전에 이 친구가 갑상선이 부어오르고 몸은 꼬챙이처럼 말라서 치료를 위해 귀국한 적이 있습니다. 과로와 영양실조라서 그랬는지 한 달 쯤 치료하니까 병은 쉽게 나았습니다. 그때 나는 귀국한 김에 몇 개월만 더 머물며 몸을 추슬러 가라고 신신당부했지만, "지금은 여름이라 거기에 사역자들이 아무도 없어요. 저라도 가야해요"라며 남의 말 하듯 하고 떠났습니다. 난 그때도 울었습니다. '그 작고 여린 몸 안에 무엇이 있기에 저렇게 강할까….' 지난 번 보내온 편지엔 이런 말이 있었습니다.

"종종 피를 말리는 듯한 시간을 보내기도 합니다. 저에겐 선진들이 가지고 살았던 믿음이 없기 때문이지요. 믿음은 인내이기도 한데, 이 인내는 확신과 함께 할 때에만 유지될 수 있는 것임을 삶을 통해 배웁니다. 심었고 또 심고 있는 이 씨앗들이 언젠가, 제가 생전에는 볼 수 없을지도 모르지만, 그것이 열매로 나타날 때가 있을 것이라는 믿음을 가지고, 그때가 지금 이 순간인 듯 그렇게 이 자리를 지키며, 저 밑바닥의 마음까지 긁어모아 간절히 기도합니다. 하나님께서 실패하지 않으실 것이라는 것, 저의 삶을 헛되게 하지 않으실 것이라는 것, 당신을 기다리는 사람에게 결코 부끄러움을 안겨주지 않으리라는 믿음을 지켜 갈 수 있도록 기도해 주세요."

나는 요즘 종종 강한 펀치로 얻어맞는 기분입니다. 지난 주간에 간증했던 휴스턴서울교회 이강배 목자에게, 그리고 또 인도의 박선길 선교사에게 얻어맞고 부끄러워 눈물이 납니다.

02
금산교회의
조덕삼과 이자익

 지난 수요일 곽민환 강도사님이 설교 중에 전북 금산에 있는 금산교회와 조덕삼, 이자익 장로에 대해 소개했습니다. 아주 아름다운 이야기라 나는 좀 더 자세히 알고 싶어 몇 군데 검색을 해 보았더니 소개된 자료가 많았습니다.
 금산교회는 1905년에 테이트(Lews Boyd Tate) 선교사에 의해서 세워진 교회입니다. 금산교회가 세워진 동네에 조덕삼이라는 사람이 있었습니다. 그분은 그 일대에서 가장 큰 부자였고, 대대로 유교를 믿었던 보수적인 가문이었습니다. 그런데 이 사람에게 테이트 선교사가 복음을 전했고, 그가 예수님을 영접함으로 그의 사랑채에서부터 시작된 교회가 바로 금산교회입니다.
 이 교회가 세워질 당시에는 남녀칠세부동석이라 해서 남녀가 서로 같이 나란히 앉을 수가 없었습니다. 그래서 예배당을 'ㄱ'자로 짓고 한 쪽 날개는 남자 석, 한 쪽 날개는 여자 석, 목사님은 ㄱ자 모퉁이에 서서 예배를 인도하셨습니다. 우리나라에 ㄱ자 교회들이 몇 있습니다만 이 교회는 그 원형이 잘 보존되어 있어서 문화재로 지정되었습니다.

조덕삼의 집에서 마부로 일하던 사람이 있었는데, 그는 이자익이란 청년이었습니다. 경상남도 남해 사람인 이자익은 3살 때 아버지를 잃고 6살 때 어머니마저 잃은 고아였습니다. 먹을 것이 없어서 곡창지대라는 전라도 김제까지 왔다가 조덕삼의 집에서 마부로 일을 하게 된 것입니다. 그리고 그는 주인을 따라서 금산교회에서 신앙생활을 시작했습니다.

교회가 성장해서 교인이 100명쯤 되었을 때 장로님 한 분을 피택하게 되었습니다. 장로 후보에 조덕삼과 그의 마부 이자익이 함께 후보로 올라오게 되었는데, 투표를 마치고 개표를 해 보니 놀랍게도 주인 조덕삼은 떨어지고, 그의 마부 이자익이 장로로 피택된 것입니다. 양반과 상놈을 따지던 시대에 이런 일이 일어났다는 것은 천지가 개벽하는 것 같은 일이 아닐 수 없었습니다. 그러나 조덕삼은 이 교회의 결정을 하나님의 뜻으로 받아들이고 교인들에게 "이 일은 하나님이 하신 일입니다. 나는 이자익 장로님을 잘 받들어서 교회를 더욱 잘 섬기겠습니다"라고 선언했습니다.

그래서 집에서는 주인과 마부로, 교회에서는 평신도와 장로님으로 두 사람 모두 열심히 자기 직분을 잘 감당했습니다. 담임 목사가 없던 당시 장로인 이자익이 설교를 하면 조덕삼 씨는 무릎을 꿇고 설교를 들었다고 합니다. 후에 조덕삼도 장로가 되었지만, 그 때에도 선임 장로인 이자익을 잘 받들었다고 합니다.

그리고 금산교회는 이자익 장로를 평양신학교에 보내서 공부를 시켜 목사가 되게 했습니다. 목사가 된 이자익은 금산교회에서 목회하면서 대한예수교장로회 총회장을 3번씩이나 역임한 한국교회사에 전무후무한 사람이 되었습니다. 또한 조덕삼 장로는 '유광학교'를 설립하여 금산의 청소년들에게 꿈과 희망을 주는 교육을 받게 했다고 합니다.

조덕삼 장로의 아들이 조영호 장로라고 하는데, 이 분 또한 신앙이 돈독하여 신사참배와 동방요배를 거부하다가 감옥에 갇혀 시련을 겪었습니다. 그리고 해방되고 나서는 많은 사람들이 조영호 장로에게 국회의원이 되기를 권유했지만 그는 자신보다 지역교회의 선배 장로님들 중 한 분을 선택하자고 하면서 양보하고 선거운동을 돕기도 했습니다.

부모가 그 아름다운 신앙의 전통을 가지고 본을 보이니 자식들에게도 이런 모습이 전해지는 것입니다. 조영호 장로의 아들은 무학교회의 장로님인 전 국회의원(전 국민회의 총재권한대행 역임) 조세형 씨입니다.

03
한국교회의 영원한 자랑이요 보배인
故 손양원 목사

    우리교회에서는 이번 달에 가장 많은 행사를 가진 것 같습니다. 지난 25일까지 나라를 위한 20일 특별기도회를 가졌고, 둘째 주일 4부 예배는 나라를 위한 특별예배를 드렸고, 23일 수요일에는 6.25전쟁 발발 60년을 기념하는 특별기도회를 가졌습니다. 또 나라를 위한 기도 행사 외에도 해외선교부가 주최하는 '이슬람을 알자'는 주제로 3일(14-16일) 동안 선교세미나를 가졌습니다.

    진행 중에 아쉬웠던 점은 참석자가 적었다는 것입니다. 나라를 위한 기도라는 평범한 주제로 연속적인 행사를 하니 관심이 적었던 것 같습니다. 이슬람 선교세미나에는 겨우 50명 정도가 참석했습니다. 성도들이 꼭 알아야 할 좋은 내용들이 많은 세미나였는데 참석자가 적어 못내 아쉬웠습니다.

    이제 6월의 마지막 행사로 이번 수요일(30일) 저녁 8시에 [손양원 목사 순교 60주년 기념예배]가 있습니다. 이 행사는 한국교회 순교자기념 사업회의 주관으로 진행되는 행사입니다. 이번 기념예배에는 긴 설교나 학술강연 등은 없고, 손 목사님과 직접 접촉했던 분들의 영상 증언들과 친척들의 간증 등이 주를 이루고 있는데, 손양원 목사님의 신앙과 삶을 추모하는 은혜로운 시간이 되리라고 믿습니다.

그리고 내가 회장으로 있는 산돌손양원기념사업회에서는 3개월 후 9월29일(화)에 새문안교회에서 기념예배와 학술대회를 가질 준비를 하고 있습니다. 또 본 사업회는 『연개소문』, 『대조영』 등의 작가인 유현종 장로님에게 전기집필을 의뢰해놓고 있으며(8월에 발간예정), 동시에 올리브 영화사(대표 민병천 감독)에 의뢰해서 손 목사님의 생애를 다룬 다큐멘터리를 제작하는 중에 있습니다.

손 목사님은 6.25가 터진 지 3개월 만인 9월 28일에 여수 미평의 한 과수원에서 인민군에 의해 총살당했습니다. 안용준 목사가 저술한 손 목사님의 전기 『사랑의 원자탄』에 의하면, 손 목사님은 인민군에게 끌려가면서도 전도를 하셨다고 합니다. 이에 인민군은 듣기 싫다며 목사님의 입을 때려 입술이 터지고 이가 부러졌는데, 후에 교인들이 시신을 수습하면서 이를 확인하고 애통해 했다고 합니다.

손 목사님의 순교는 돌발적인 사건이 아니라 그의 순교적 삶의 연장이요 마감이었습니다. 그는 신학교에 가기 전부터 외지 전도사로 임명받아 밀양, 울산, 부산 등지에서 6개 처 이상의 교회들을 개척했고, 신학교 재학 중에는 순회 전도사로서 부산 경남 지역 미자립 교회들을 순회하며 전도와 설교로 봉사했습니다.

그리고 그는 신학교를 졸업하면서 한센씨병 환자들의 요양원인 여수애양원교회의 목사로 부임했습니다. 당시는 목사가 귀한 때라서 도시의 큰 교회에도 부임할 수 있었을 텐데 그는 한센씨 병 환자들과 함께 사는 일을 선택했습니다. 한편 손 목사님은 순회전도사로 일할 때부터 신사참배 반대운동을 하다가 1940년에 구속되어 감옥살이를 했고, 해방과 더불어 석방되었습니다.

그리고 공산주의자들이 일으킨 여순사건으로 두 아들 동인, 동신이 죽임을 당했는데 그는 두 아들을 죽인 청년 안재선을 용서하고 그를 양자로 삼았습니다. 안재선을 살리기 위해 대통령에게 탄원서를 올려 사면을 받아내고, 결국 그를 양자로 삼아 세인들로부터 "사랑의 원자탄"이라는 별칭을 얻었습니다. 그는 "사랑과 용서와 화해"라고 하는 성경의 가장 귀한 교훈을 온몸으로 실천하며 살다가 마지막에 순교의 제물로 자신을 주께 드렸습니다.

04
이은주 사모의
간증집회를 마치고

　이번 집회는 조용하면서도 아주 감동 깊은 집회였습니다. 사경회와는 달리 간증집회는 한계가 많을 수 있는데 이번 집회는 전혀 그런 한계에 대한 느낌 없이 4일 동안 계속 은혜롭게 진행되었습니다. 이은주 사모님의 믿음과 온전한 헌신에서부터 나오는 강한 감화력이 있었습니다. 신앙과 사역에 관한 지식이나 정보를 제공하는 말씀이 아니라 헌신의 삶을 나누는 말씀이었기에 더욱 그랬습니다. 집회를 하는 동안 많은 분들이 눈물을 흘리며 말씀을 들었습니다. 놀람과 감사, 부러움과 부끄러움, 죄송함과 한탄, 확인과 깨달음… 등의 감정들이 뒤섞여 눈물이 되었나 봅니다. 아래는 은혜 받은 성도들이 하신 말씀입니다.

　"주님의 일을 하는데 어떤 조건이나 환경이 문제가 아니라는 것을 깊이 깨달았습니다. 눈이 보이지 않는 상황에서 눈 뜬 우리들보다 엄청나게 더 많은 일을 했습니다. 저는 좋은 환경에서도 제대로 일하지 못한 것이 너무나 안타깝습니다. 그리고 나이 차이라야 서너 살밖에 나지 않는 형제자매들에게 엄마라고 불렸던 사모님, 그분이 쏟아 부은 사랑이 얼마나 컸을지 자식을 길러본 어머니들은 짐작할 수 있을 거예요. 그 어머니의 사랑을…"

"어떻게 살아야 할까? 무엇을 위해 살아야할까? 나는 오래 전에 마태복음 6장 33절이 그 대답임을 알았습니다. 그런데 하나님께서 이번 집회를 통해 다시 한 번 나의 삶에 그 답을 주셨습니다."

"하나님과 동행하는 사모님의 환하고 당당한 모습과 그 미소, 나에게 롤 모델이 되었습니다. 나도 하나님의 사랑을 전하는 사람이 되고 싶습니다. 사모님이 '여러분들 중에 저와 같은 간증자와 말씀의 선포자들이 나올 것입니다'라고 하셨는데 내가 바로 그런 간증자 중 하나가 되고 싶습니다."

"사모님을 보면서 훌륭한 사람은 못되더라도 좋은 사람이 되자는 생각을 많이 했습니다. 휴스턴서울교회에 연수를 가보고 싶습니다. 현장을 보고 싶습니다."

"집회에 참석하면서 나는 '다른 사람의 필요를 채우는 사람'이 되자는 결심을 했습니다. 배고픈 유학생들에게 언제나 맛있고 풍성한 식사를 제공했던 사모님, 나도 나의 필요에 급급하기보다 다른 사람의 필요를 채우는 사람이 되고 싶습니다."

"나는 강의를 할 때 항상 다른 사람들의 간증들을 인용했습니다. 내려놓은 사람들의 이야기를 하며 천상병 시인이나 이용구 선교사 같은 분들을 인용했습니다. '나의 간증은 무엇인가? 나의 이야기는?' 이런 생각을 하며 나는 자신에 대해 화가 났습니다."

"아무리 힘들어도 하나님 외에는 그 누구에게도 구하지 말자고 결단했습니다. 하나님은 공급자, 나는 분배자라는 말씀이 내 마음의 깊은 곳에 자리를 잡았습니다."

이은주 사모님, 차츰 시력이 어두움으로 짙어갈 때 그 마음이 어떠했을까요? 대부분의 사람들은 아마 평생 이 고통을 붙들고 몸부림치고 갈등하다가 끝났을 것입니다. 물론 믿음을 지키고, 어떤 사람들은 더 나은 믿음을 가질 수도 있었겠지요. 그러나 사모님은 원망하지 않고 하나님을 섬기고 형제자매들을 섬겼습니다. 그리고 세상 그 어떤 보석들과도 비교할 수 없는 영혼들을 구원하고 제자를 삼았습니다. 나는 내 짐이 가벼워야 남의 짐을 들어줄 수 있다며 자주 하나님께 "환난을 벗어나 근심이 없게 해주옵소서"라고 기도했던 것이 부끄러웠습니다. 이은주 사모님은 우리에게 좋은 자취를 남기셨습니다.

05
고신총회 설립 60주년 기념일을 맞으며

우리 교회의 소속은 대한예수교장로회(고신)입니다. 고신이란 고려신학교를 줄인 말이며, 이 신학교를 중심으로한 교파(교단)란 뜻으로 고신파라 불려왔습니다. 오늘은 고신총회가 설립된 기념일입니다. 고신총회는 1952년 4월 29일에 대한예수교장로회로부터 축출당하며 시작되었습니다.

고신의 연원은 일제 시에 일어났던 신사참배반대운동입니다

일본강점기에 한국교회가 직면해야 했던 가장 큰 시련은 신사참배 강요였습니다. 여기에 대항하여 한국교회—특히 장로교회—는 처음부터 강하게 반대하고 투쟁했습니다. 이로 인해 약 30여개의 학교가 폐교되었고, 당시 유일한 신학교였던 평양신학교도 문을 닫았으며, 50여명의 성도들이 순교하였고, 2천여 명이 투옥되었습니다.

그러나 세월이 흐르면서 일제의 강요와 탄압은 점점 심해지고 따라서 교회의 투쟁의지는 점점 약해지다가, 결국 1938년 수백 명의 경찰들이 포진한 가운데 평양서문밖교회에서 열린 장로교 제27회 총회에서 신사참배를 가결함으로써 일본의 태양신 우상 앞에 무릎을 꿇고 말았습니다. 이 결의는 한국 교회가 공적으로 저지른―비록 일제의 강압에 의해서라 하더라도―가장 크고 수치스럽고 굴욕적인 범죄였습니다.

이후 신사참배 반대운동을 주도했던 교회 지도자들은 오랫동안 감옥생활을 했는데, 그 중에서 주기철 목사님은 순교하셨고, 한상동 목사님과 몇몇 교회 지도자들은 8.15 광복과 더불어 출옥하셨습니다. 한상동 목사님은 감옥에서 기도하는 중에 일제가 곧 망할 것을 예상하셨고, 출옥하면 한국교회의 재건을 위해 정통신학을 가르치는 신학교를 설립하기로 결심하셨습니다.

그리고 부산에서 박형용, 박윤선 박사들을 모시고 1946년 9월에 고려신학교를 시작하였습니다. 고신이란 말은 여기서부터 생겼습니다. 그리고 이 신학교를 중심으로 회개운동, 진리운동을 일으켰습니다.

고신파의 축출과 한국 장로교의 분열

그러나 신사참배의 죄를 회개하고, 교회를 진리 위에 바르게 세우는 일은 결코 쉬운 일이 아니었습니다. 당시 한국장로교회는 신사참배를 하고 일제에 아부했던 친일파에 의해 완전히 장악되어 있었습니다. 우선 수적으로 비교할 수가 없었고, 그들은 총회의 모든 조직과 권한을 쥐고 있었습니다. 그러다 보니 신사참배의 죄를 회개하고, 목사·장로들이 먼저 자숙함으로 교회를 쇄신해야 한다고 주장하는 사람들은 그들의 눈에 가시같이 귀찮은 존재일 수밖에 없었습니다. 이런 가운데 한상동 목사님이 속해 있던 경남노회가 분열되었습니다. 이 분열의 원인은 회개운동에 대한 반발 때문이었습니다.

한상동 목사님은 목사, 장로들이 일제하에 저지른 모든 죄를 통회, 자복하기 위해 일정한 자숙기간을 갖자고 하였고, 목사의 경우는 교회로부터 다시 신임을 물어 시무하게 함으로써 교회를 쇄신하자고 주장하였는데, 많은 목사들이 죄의 회개는 개인적인 양심의 문제라고 주장하며 이를 거부함으로써 분열이 일어났습니다. 당시 이런 개혁안을 거부하고 새로운 노회를 만들어 경남노회를 분열시켰던 사람은 친일파의 거두였던, 그리고 천조대신의 이름으로 세례까지 다시 받았던 김길창 목사였습니다.

그런데 더 기가 막힐 일은 총회가 새로운 노회를 만들어 분열을 시킨 김길창 목사 쪽을 지지하고, 회개를 외쳤던 고신파 사람들을 오히려 제명함으로써 한국 장로교가 최초로 분열되는 비극을 맞았습니다. 그 후 고신파 지도자들은 1952년 9월 11일에 진주성남교회에 모여 총회를 조직하고 새로운 출발을 하였습니다.

06
평양과기대 김진경 총장의
전기를 소개합니다

"그분은 참 희한한 사람입니다." 어떤 분이 김진경 총장에 대해서 나에게 한 말입니다. 정말 그렇습니다. 그는 기묘한 사람입니다. 우선 그는 네 나라의 시민권을 가지고 있습니다. 미국, 중국, 북한의 시민권을 가지고 있고, 거기에다 대한민국 서울특별시의 명예시민증까지 가지고 있습니다. 이 네 나라들은 둘씩 갈라져 있고 서로 가장 적대적인 나라들입니다. 그런데 그는 이 네 나라 어디서나 VIP로 대접을 받고 있습니다.

어떤 사람은 그가 이중간첩임에 틀림없다고 말합니다. 또 어떤 사람은 키멜리온이라고 비난합니다. 그러나 내가 보기엔 이중간첩이나 카멜레온 수준으로 그를 설명한다는 것은 턱도 없는 소리입니다.

그는 공산주의 국가인 중국에서 사립대학을 세운 사람입니다. 또 세상에서 가장 특이한 사회주의 국가인 북한에 그것도 평양 한복판에 역시 사립대학인 평양과학기술대학을 세운 사람입니다.

그리고 그는 미국에 가면 국가조찬기도회에서 오바마 대통령 바로 다음에 연설을 할 정도로 대우를 받는 사람입니다. 영국 의회에 초청을 받아 연설을 하고,

아랍권 무슬림지도자들도 그를 청하여 강의를 듣고 그에게서 한 수 배우고자 주목하는 인물입니다. 한국에 오면 전·현직 모든 대통령들이 집무실로 불러 대화를 나누는 사람입니다. 과연 그는 누구인가요? 그는 스스로 말합니다. "나는 사회주의자가 아닙니다. 나는 자본주의자도 아닙니다. 나는 크리스천이고 사랑주의자 (loveist)입니다."

나는 오래 전부터 그분의 자서전이나 평전이 나오기를 기다렸습니다. 연세도 80세가 다 되가는데 세상 떠나기 전에 그분이 누구인지, 지금까지 그가 한 모든 일들이 어떻게 가능했는지 알고 싶었습니다. 이 알고싶음이 간절했던 이유는 옆에서 그를 보는 것만으로는, 옆에서 사람들이 평가하는 것만으로는 그를 제대로 알 수 없었기 때문입니다.

내가 김진경 총장님을 만난 것은 1968년이었습니다. 그리고 그에게서 한 학기 동안 철학 강의를 들었습니다. 그 후 나도, 그도 학교를 떠났습니다. 다시 만난 것은 1992년이었습니다. 중국 정부로부터 연변과학기술대학의 설립인가를 받고 건축을 위해 모금하러 서울에 왔을 때였습니다. 당시 사람들은 그를 국제사기꾼으로 취급했습니다. 그러나 나는 그를 믿었습니다. 그를 교수님으로 처음 만났을 때부터 나는 그에게서 하늘을 나는 "꿈꾸는 사람"의 면모를 보았기 때문입니다.

지난 9월에 홍성사에서 그의 평전을 출간했습니다. 중국교포 허련순 씨가 저술한 『Loveism 사랑주의』입니다. 허련순씨는 중국에서 유명한 소설가라고 합니다. 그 작가는 오래 전부터 김 총장의 전기를 쓰려고 시도했으나 "내가 죽은 다음에 써요"라는 말로 거절을 당했었는데, 홍성사 정애주 사장이 설득하여 이 책이 나오게 되었다고 합니다.

이 책으로 그를 얼마나 알 수 있을지는 모르겠습니다. 나도 며칠 전에 이 책을 받았지만 아직 다 읽지 못했습니다. 사실 전기나 평전 같은 한 권의 책으로 어떤 이의 생애와 사역과 그의 정체를 서술해낸다는 것은 불가능합니다. 더군다나 살아있는 동안에는 말할 수 없이 많은 비밀(?)을 가진 사람이라면 더욱 그렇습니다. 아마 그가 세상을 떠나고 나면 10권이 넘는 전기가 나올지도 모릅니다. 그러나 이 작은 한 권의 책으로도 일단 그의 두드러진 어떤 면모는 발견할 수 있을 것입니다.

그는 신실한 복음주의 크리스천입니다. 고려신학교에 대학부를 신설할 때에 초대 학부장이었던 사람이고, 동시에 교회에서는 장로였습니다. 그가 말하는 사랑은 십자가의 사랑입니다. 모든 민족과 이념을 뛰어넘는 사랑입니다. 그래서 그가 북한에서 사형선고를 받은 후 가장 먼저 생각한 것은 그리스도의 십자가였다고 합니다.

제11부

사랑

목회를 하면서 마음이 상할 때도 많지만
나는 행복할 때가 더 많습니다.

간혹 마음을 힘들게 하는 사람들도 있지만,
기쁘고 행복하게 하는 사람들이 훨씬 더 많기 때문입니다.

01
요한 크리소스토무스의
『단순하게 살기』

    작년 가을에 나는 강원도 속초의 어느 시골 마을 농가에서 마지막 남은 안식년을 보내며 마무리하는 시간을 가졌습니다. 주일에는 근방에 있는 교회에서 예배를 드렸는데 그곳에 계시는 좋은 목사님 한 분을 만났습니다. 2~30명의 교인들과 함께 20년 가까이 시골서 지내온 목사님이시지만 평범한 목사님은 아니었습니다. 그의 목회는 교회 안에만 머무르지 않고 속초지역의 자연환경까지 아우르는 넓은 목회였습니다.

    이번에 신갈렙 선교사님을 문병하러 갔더니 이 목사님으로부터 점심이니 같이 하자며 연락이 왔습니다. 내가 사겠다고 했으나 환자도 있고 하니 소찬이지만 직접 재배한 채소반찬으로 집에서 하자고 했습니다. 점심을 맛있게 먹고 나서는데 예쁜 책을 한 권 주며 "저자는 4세기의 설교자 요한 크리소스토무스인데 어쩌면 이렇게 21세기의 우리들에게도 꼭 맞는 말씀을 주셨는지 모르겠습니다."라고 말했습니다.

    정말 그랬습니다. 나는 한 구절 한 구절을 읽으며 나의 몸과 마음에 조용히 스며드는 좋은 차의 향기 같은 것을 느꼈습니다. 번역자도 목사이자 문학가인 이현

주 님인데다 출판사의 이름도 [아침이슬]이고, 제본 역시 너무 고상하고 예뻐서 그냥 들고만 다녀도 마음이 아름다워질 것 같습니다. 그래서 향상가족 모두에게 꼭 들고 다니며 읽으라고 권해 드립니다. 쉽게 구할 수 있도록 사무실에 갖다놓으라 하겠습니다.

이렇게 말씀드려도 모두 구입하지는 않을 것 같아서, 차 한 잔 권하는 마음으로 이 책의 첫 한 두 페이지를 여기에 올립니다. 나에게 이런 좋은 책을 선물로 주신 간성면 오봉리 오봉교회 장석근 목사님께 감사드리며.

"공기, 물, 불, 햇볕과 같은 것들은 돈 주고 살 필요가 없습니다. 누구든지 맘껏 즐기라고, 이 모든 축복들을 하나님께서 넉넉히 주셨거든요. 햇볕은 부자와 가난한 자들에게 똑같이 내려쬐고, 같은 공기를 부자와 가난한 자들이 함께 마십니다.

그러면, 왜 생명을 지탱하기 위해 반드시 필요한 것들은 모두 함께 쓸 수 있도록 하나님께서 넉넉히 만드셨는데 돈은 그렇지 않을까요?

이유는 두 가지입니다. 하나는 생명을 지키기 위해서이고, 다른 하나는 덕행의 문을 열기 위해서예요. 만약, 살아가는데 반드시 필요한 공기나 물 따위가 모두 함께 쓸 수 있을 만큼 풍족하지 않다면 욕심 많은 부자들이 그것들을 가난한 이들한테서 가져갈 것입니다. 자기만을 위해 돈을 쌓아두어야 만족하는 자들이 물이나 공기도 그렇게 하지 않을 리 없지요. 반면에, 돈이 어디에나 넘치도록 있으면 부자 쪽에서는 베푸는 기회를, 가난한 자 쪽에서는 감사하는 기회를 얻을 수 없을 것입니다."

"우리가 어떻게 창조되었는지 기억하십시오. 모든 인간이 공동의 조상을 모십니다. 따라서 모든 인간의 육신이 같은 물질로 되어있지요. 귀족의 몸과 시골 농부의 몸 사이에 아무 다른 점이 없습니다. 우리가 자선을 행하여 우리에게 있는 것으로 없는 사람들을 도와줄 때, 그때 우리는 우리가 다른 사람들과 하나임을 알고 있는 것입니다.

무엇보다도, 부자들과 가난한 자들이 같은 육신을 지니고 있기에, 가난한 이의 고픈 배가 부자들에게 아픔이어야 합니다. 그리고 아픔은 굶주린 이들의 배를 채워줌으로써 진정될 수 있어요.

　부자들이 자주 자선에 대하여 말하고 저들의 선한 의도를 표현하지만 그들의 말과 행동이 일치되지 않는 것은 슬픈 일입니다. 그러나 부자들의 선한 의도는, 자기네가 가난한 자들과 하나인 줄 알고 있다는 뜻이니만큼 우리에게 희망을 줍니다.

　이제 우리가 할 일은 부자들로 하여금 자기네 말을 행동으로 옮기도록 설득하는 것입니다. 설교자들은 마땅히 이 일을 해야 합니다. 그리고 부자들에게 말할 기회가 있는 사람이라면 누구나 그래야 합니다."

02
함께 도시락 먹는 재미

"도시락"이란 말을 들으면 대부분 학창시절이 기억날 것입니다. 지금은 학교에서 급식을 하기 때문에 도시락을 쌀 일은 거의 없지만, 이미 나이 3~40세 이상 된 사람들은 대개 초등학교 때부터 도시락을 싸들고 다니기 시작해 고등학교 시절까지 계속했을 것입니다. 30여년 전만해도 우리는 모두 가난해서 곽도시락에 밥과 김치만 담아 책가방에 넣어 들고 다녔습니다. 그래서 김치 국물이 흘러나와 책가방을 더럽혔고, 덕분에 학생들이 등교하면 아침부터 교실은 김치냄새로 가득했습니다.

그리고 항상 배고픈 시절이었기에 그랬는지 아님 냄새의 자극 때문이었는지 모르겠으나 우리는 대부분 점심시간이 되기 전, 세 시간째 수업이 끝나면 곧 도시락을 꺼내 먹었습니다. 메뉴가 너무 단순하여 밥과 김치뿐이니 순식간에 먹어치웠습니다. 또 도시락을 싸오지 못하는 친구들은 젓가락만 들고 돌아다니며 남의 밥을 빼앗아 먹느라 시끌벅적한 가운데 후딱 식사를 마치니, 식후 한 시간만 지나도 다시 배가 고팠습니다. 그래도 지금은 그때의 일들이 좋은 추억으로 남아 생각하면 미소가 떠오릅니다.

지난 봄부터 우리 교역자들과 직원들은 새삼스럽게 도시락을 싸들고 출근합니다. 경제가 매우 어려우므로 우리도 백지장을 맞드는 심정으로 뭔가 작은 노력이라도 해보자며 도시락을 싸서 다니기로 결정했습니다. 그동안 교회가 주로 심방비에서 교역자들의 중식비를 지불했는데 이를 다소 아껴보자는 마음에서였습니다.

몇 달 해보니 좋은 점도 많다는 것을 느끼고 있습니다. 우선 점심 먹는 시간이 매우 짧아졌습니다. 15분 정도면 점심식사가 끝나고, 앉아서 이런저런 이야기를 하며 노닥거리다 일어나도 3~40분이면 충분합니다. 항상 시간에 쫓기듯 살아야 하는 나에게는 아주 큰 절약입니다.

이전에는 점심 먹는데에 적어도 한 시간 반 이상 걸렸습니다. 그땐 점심시간이 되면 "오늘은 뭘 먹지?, 어디 값싸고 좋은 집 없나?, 목사님, 또 칼국수집 갈 거예요?" 이러면서 식당을 찾아 나섰습니다. 식사를 하고 좀 떠들다보면 한 두 시간 지나는 것은 일도 아니었습니다. 돈 들고 시간 들고, 손해가 많았습니다.

도시락 식사를 시작한 이후, 매일 같이 함께 모여(심방 나간 교역자들 외에는) 식사를 하니 교제에도 좋습니다. 가족 같고 식구 같은 마음이 더해집니다. 왜냐하면 밥상 대화는 어느 곳에서의 대화보다도 친밀함을 더해주기 때문입니다. 삶의 나눔 시간을 따로 가질 필요 없이 자연스럽게 나눔이 이루어지기 때문입니다.

그러나 나와는 달리 재미없는 사람들도 있을 것입니다. 우선 싱글 교역자들이 당황스러워합니다. 전에는 교회 오면 기대가 있었는데 요즘은 재미기 없다는 말이 들립니다. 그래서 금요일에는 도시락 없이 출근하기로 했습니다. 이땐 회식하는 마음으로 밖에서 식사를 하자고 말입니다.

또 도시락을 싸주는 사모들도 좀 싫어할지 모르겠습니다. 아무래도 반찬 때문에 신경이 쓰일 테니까 말입니다. 그래서인지 아내는 "오늘도 도시락 싸야 하느냐?"고 자주 묻습니다. 여전도사님들도 내심 싫어하고 있을지 모르겠습니다. 여직원들은 아침에 시간 맞춰 출근하기도 힘든데 도시락까지 싸야하니 더 바쁠 것입니다.

이러고 보니 도시락 싸오는 걸로 재미(?) 보는 사람은 나 혼자인지도 모르겠다는 생각이 듭니다. 그래도 추억이란 만들어지는 것. 우리가 훗날 생각하면 함께 도시락 나눠먹던 일들이 '참 좋았더라'고 미소 짓게 될지도 모릅니다. 그리고 또 도시락을 풀 때마다 아직 우리 주위에는 결식 어린이들이 많다는 사실을 잊지 않게 될지도 모릅니다.

03
좋은 말 나쁜 말

항상 말이 문제입니다. 말 때문에 말이 많아지고, 말 때문에 말썽이 생깁니다. 말세에는 사람들이 사나워질 것이라고 했는데, 그래서 그런지 요즘은 어디서나 사나운 말이 난무합니다. 며칠 전에는 어느 잡지에서 한 언론인이 쓴 글을 읽었는데, 그 행간에 증오심이 깊이 배여 있다는 것을 많이 느꼈습니다. 참 사나운 세상입니다.

사람은 누구나 자기주장을 펼 수 있고 또 얼마든지 남을 비판할 수도 있습니다. 그러나 생각이 다르고 주장이 다르다고 해서 증오심을 갖고 대한다는 것은 자타를 함께 파괴하는 결과만 가져올 뿐입니다. 나쁜 말은 더 나쁜 말을 발설하게 만들고, 미움은 그게 작아도 큰 문제를 일으킵니다.

성경에는 말에 대한 교훈이 의외로 많습니다. 성경에 언급된 좋지 못한 말의 종류만 해도 엄청납니다. "거짓말, 교만한 말, 포학한 말, 원망의 말, 비방의 말, 궤사한 말, 미워하는 말, 패역한 말, 허망한 말, 망령된 말, 헛된 말, 완악한 말, 아첨하는 말, 더러운 말, 희롱의 말, 참람한 말" 등 끝이 없습니다. 물론 좋은 말들도 있습니다. "지혜로운 말, 온유한 말, 사랑의 말, 축복의 말, 감사의 말, 때에 맞는 말, 위로의 말, 격려의 말, 은혜로운 말, 단비 같은 말, 양약 같은 말 ….”

우리 크리스천들은 악한 말을 삼가고, 좋은 말을 많이 하도록 노력할 필요가 있습니다. 그리고 여기서 한 걸음 더 나가서 악한 말을 하는 사람의 마음을 누그러뜨리고 착한 마음을 가질 수 있도록 만드는 화법까지 연습할 필요가 있습니다. 좋은 지도자들 중에는 이런 사람들이 많습니다. 그들의 말에는 덕이 있었고, 악을 선으로 바꾸는 힘이 있었습니다.

링컨 대통령은 미국의 역대 대통령 중에서 가장 존경받는 대통령이지만 그의 인물은 못난 것으로 정평이 나있습니다. 하루는 그에 대해 매우 비판적인 한 야당 의원이 링컨 대통령을 향해 인신공격적인 독설을 퍼부었습니다. "당신은 두 얼굴을 가진 이중인격자야." 그러자 링컨이 말했습니다. "의원님, 의원님의 말대로 만약 내가 두 얼굴을 가졌다면 왜 하필 이런 중요한 자리에 이 못생긴 얼굴을 가지고 나왔겠습니까?" 의사당에 폭소가 터져 나왔고 인신공격을 한 야당의원은 고개를 숙일 수밖에 없었습니다.

처칠 수상도 야당 의원들에게 독설을 듣는 일이 가끔 있었다고 합니다. 하루는 어느 여성 의원이 아주 독한 말을 했습니다. "내가 당신의 아내였다면 당신의 커피 잔에 독약을 넣었을 것이요." 처칠은 빙긋이 웃으며 말했다고 합니다. "만약 당신이 내 아내였다면 나는 그 독이 든 커피를 기꺼이 마셨을 것이요." 그 의원 같은 여자와 함께 사는 것보다는 차라리 죽는 게 낫겠다는 유머러스한 표현이었습니다.

이누가이 외상도 그 중 한 사람입니다. 그는 일본의 유명한 외교관이었는데, 한쪽 눈에 장애가 있었다고 합니다. 아무리 훌륭한 정치가라도 정적은 항상 있는 법, 의회에서 어느 의원이 그의 신체적인 약점을 가지고 아주 무례하게 공격했습니다.

"이누가이 씨, 당신은 눈이 하나뿐인데 어떻게 세계적인 정치 흐름을 제대로 볼 수 있겠소?" 이누가이 외상은 표정하나 변하지 않고 의연한 태도로 말했습니다. "존경하는 의원님, 일목요연(一目瞭然)이란 말을 모르십니까?" 이 말로 이누가이는 더 유명해졌고 그를 공격했던 의원은 정치생명이 끝났다고 합니다.

04
유서 쓴 이야기

나는 20년여 년 전 호스피스 교육을 받은 뒤, 강사가 시키는 대로 처음으로 유서를 썼습니다. 유서를 쓰려니 엄숙한 생각이 들어서 혼자 조용히 있을 수 있는 한적한 장소를 찾아갔습니다. 종이를 펴놓고 펜을 드니 갑자기 눈물이 나는 게 아닙니까. 나는 한참을 바보처럼 울었습니다. 엉뚱하게도 내가 죽는 것이 슬퍼서가 아니라 내가 죽으면 슬퍼할 사람들이 생각나서 울었습니다. 슬퍼해 줄 사람들이 과연 얼마나 있을지도 모르면서 말입니다.

그리고 울다보니 지금 내 인생이 끝난다면 너무 아쉽다는 생각, 내가 한 일이 아무 것도 없는 것 같다는 생각이 들어서 또 울었습니다. 울다가 기도를 했습니다. 죽음에 임박해 너무 오래 고생하지 않도록 해 주십사고. 특히 다른 사람들에게 누를 끼치지 않고 죽을 수 있도록, 그리고 열심히 일하다가 어느 날 홀연히 죽음을 맞이할 수 있게 해 달라고… 염치없는 기도를 한참 동안 했습니다.

유서를 쓰면서 나의 인생을 생각하고, 주위를 생각하고, 하나님을 생각했습니다. 그리고 사람에게는 인생의 목표가 분명하고 영원한 미래에 대한 확실한 소망이 있다는 것이 얼마나 중요하고 또 필요한가를 생각했습니다. 나아가 자신의 인생을 다 쏟아 부어도 아깝지 않은 일이 있어야 한다는 것이 얼마나 절실한 일인지도 많이 생각했습니다.

그리고 이어 아름다운 죽음, 존엄한 죽음을 맞이하고 싶다는 소원이 간절해졌습니다. 아름답고 존엄한 죽음, 이는 모든 사람들의 소원이 아니던가요? 그러면서 아름다운 죽음이란 아름다운 삶의 결과이지 아름다운 죽음만 따로 있을 수 없다는 것도 깨달았습니다.

여러분들도 유서를 써 보십시오. 영국의 철학자이며 극작가인 버나드 쇼가 생전에 자기의 비문을 써서 미리 발표했는데 "우물쭈물하다가 내 이렇게 될 줄 알았다"였습니다. 우물쭈물 살지 않기 위해 미리 유서를 써 보는 게 좋겠습니다.

성경에는 분명한 사생관을 가지고 산 사람들이 많습니다. 그 중 대표자는 바울 사도님일 것입니다. 그는 생과 사의 분기점에 서서 그가 살아온 날들을 되돌아보고, 동시에 미래에 주어질 영광을 바라보며 아래와 같은 고백들을 당당히 했던 사람입니다.

"나는 선한 싸움을 싸우고 나의 달려갈 길을 마치고 믿음을 지켰으니 이제 후로는 나를 위하여 의의 면류관이 예비 되었으므로 주 곧 의로우신 재판장이 그날에 내게 주실 것이며 내게만 아니라 주의 나타나심을 사모하는 모든 자에게 도니라." (딤후 4:7-8)

"우리가 살아도 주를 위하여 살고 죽어도 주를 위하여 죽나니 그러므로 사나 죽으나 우리가 주의 것이로다." (롬 14:8)

그리고 그는 "먹든지 마시든지 무엇을 하든지 하나님의 영광을 위하여 하라"고 성도들을 권면했습니다. 이 말씀들 속에는 아주 분명하고 확신에 차 있는 사도님의 모습과 그의 사생관이 잘 드러나고 있습니다.

그는 정말 놀라운 믿음의 사람이었습니다. 당신에게도 이런 믿음과 소원이 있나요? 나의 삶이 하나님이 기뻐하시는 산제사가 되고, 나의 죽음은 그 위에 부어지는 관제(冠祭)처럼 될 수 있다면 얼마나 좋을까요? 이렇게만 될 수 있다면 이것이야말로 가장 아름다운 삶과 죽음이 아니겠는지요?

　나는 가끔 이런 생각이 날 때면 그 때 썼던 유서를 읽어보고 개정하기도 합니다. 또 생명이 경각 간에 달린 환우를 심방하고 돌아오면 나는 또 나의 삶과 죽음을 생각합니다. 목사는 이런 점에서 좋습니다. 깨어있게 만드는 자극이 많기 때문입니다.

05
윤리가 힘이다

　오늘날 복음전도의 문이 막히고 교인 수가 줄어드는 것은 우리 기독교인들의 윤리적 타락 때문입니다. 그리고 그 주요 책임은 지도자들에게 있습니다. 지금은 거의 보편화 되다시피 한 대형교회들의 담임목사직 세습과 재정적인 불투명성, 그리고 몇몇 목사들의 성적 스캔들이 가져온 결과입니다. 그러나 그들에게만 책임을 물을 수 없습니다. 여기저기서 부스럼이 나고 악창이 터지는 것은 몸이 심각하게 오염되어 있다는 증거입니다.

　지금 한국교회가 가장 시급하게 해야 할 일은 도덕재무장운동입니다. 도덕재무장운동(MRA, Moral Re-Armament)은 제1차 세계 대전 후 미국의 부크맨(Buchman, F.) 목사가 일으킨 기독교 정신에 근본을 둔 윤리운동입니다. 그리고 웨슬레(감리교 창설자)는 부크맨 보다 약 100년 전의 인물인데, 그는 영국 기독교가 윤리적으로 심각하게 타락하였을 때 옥스퍼드에서 홀리 클럽(Holy Club)을 만들어 성결운동을 일으켰습니다. 이 운동이 대각성운동으로 연결되었고, 도덕재무장운동의 뿌리도 여기에 있다고 할 수 있습니다. 한국교회에도 이런 운동이 일어나야 합니다. 한국교회가 권위를 회복하고 힘을 얻는 길은 윤리회복을 통해서입니다.

우리는 허물어지고 있는 조국교회를 생각하며 각자가 먼저 자신을 돌아보고 통절히 반성하며 회개해야 합니다. 자기반성이 없이는 결국 다른 사람들을 비난하는 것으로 끝나게 되고, 죄를 더하여 교만하게 될 뿐입니다. 도덕재무장운동은 단순한 개인윤리운동은 아닙니다. 그렇지만 윤리운동은 역시 개인에서 시작됩니다. 더딜지라도 나 자신부터 시작해야 하고, 나를 통하여 확장되어야 합니다.

기독교 윤리의 구체적인 내용들을 몇 가지만이라도 생각해 봅시다.

진실

"너희가 전에는 어둠이더니 이제는 주 안에서 빛이라 빛의 자녀들처럼 행하라 빛의 열매는 모든 착함과 의로움과 진실함에 있느니라." (엡 5:8,9)

진실과 정직은 인격의 기반이고 신뢰의 기초입니다. 기독교 문화에서는 이를 가장 중시합니다.

정결

구약 성경에 가장 많이 나오는 단어 중 하나가 정결함(깨끗함)입니다. 하나님 앞에 나아가는 자는 정결해야 합니다. 부정한 자는 하나님 앞에서 끊어집니다.

"여호와의 산에 오를 자가 누구며 그의 거룩한 곳에 설 자가 누구인가 곧 손이 깨끗하며 마음이 청결하며 뜻을 허탄한 데에 두지 아니하며 거짓 맹세하지 아니하는 자로다." (시 24:3,4)

신약교회에서 사역자들에게 강력하게 요구했던 것도 정결함이었습니다.

"깨끗한 양심에 믿음의 비밀을 가진 자라야 할지니" (딤전 3:9)

근면

정직함이 마음의 진실을 말한다면, 근면은 생활의 진실을 말합니다. 게으른 사람은 악한 사람입니다. 그는 자기에게 주어진 좋은 은사들을 낭비하거나 폐지하는 사람이기 때문입니다. "이 악하고 게으른 종아" 예수님이 하신 말씀입니다.

검소함

훌륭한 사람들의 특징은 생활은 검소하고 생각은 고상하다고 합니다.

"우리가 세상에 아무 것도 갖고 온 것이 없으매 또한 아무 것도 가지고 가지 못하리니 우리가 먹을 것과 입을 것이 있은즉 족한 줄로 알 것이니라." (딤전 6:7,8)

박애

박애란 널리 사랑을 베푼다는 말로써 사랑은 기독교의 최고 윤리입니다. 예수님은 자신과 불우한 이웃을 동일시하셨습니다.

"내가 진실로 너희에게 이르노니 너희가 여기 내 형제 중에 지극히 작은 자 하나에게 한 것이 곧 내게 한 것이니라." (마 25:40)

06
주님의 긍휼을
앙망하며

　유달리 지난 두 주간은 검은 넥타이를 풀 시간이 별로 없었습니다. 더욱이 지난 한 주간은 감당하기 힘든 충격과 고통의 날들이었습니다. 어느 집사님의 친정 어머니가 자살하여 장례식이 있었는데 그 장례 후 4일 만에 그 딸마저 어머니를 따라 자살했습니다. 그 어머니는 딸과 함께 살면서 우울증으로 고생하던 분이신데, 딸이 입원하게 되면서 아들 집으로 갔습니다. 그런데 불교신자인 며느리가 어머님에게 액운이 서려있어 같은 집에서 잠을 자면 안 된다며 배척하는 바람에 스스로 목숨을 끊었다고 합니다. 역시 우울증으로 고생하던 그분의 자매는 어머니의 죽음으로 인한 충격을 견디지 못하고 또 스스로 목숨을 끊게 된 것입니다.

　우리는 어머니의 장례식을 하면서 그 자매의 가족들에게 한 동안은 절대로 혼자 있게 해서는 안 된다며 거듭거듭 당부하였습니다. 그래서 청주에 있는 언니가 동생을 데리고 갔고, 여전도사님이 죽기 하루 전 날 전화를 했을 때만해도 그녀는 명랑한 목소리로 염려하지 말라고까지 했다 합니다. 그런데 언니가 집에 같이 있었음에도 불구하고 그녀를 지키지 못하고 이런 일이 일어난 것입니다.

　나는 목회자로서 형언할 수 없는 안타까움과 무한한 책임을 통감하지 않을 수 없습니다. 그녀의 고통을 알면서도 나누지 못하고, 더 많이 기도하지 못하고, 지켜주지 못했던 것이 너무나 죄송합니다. 이제는 그 남편과 자녀들입니다. 고인의 어린 자녀들과 아직 신앙이 없는 남편을 우리가 돌아보아야 합니다. 주님의 긍휼을 앙망하며 그들을 위해 눈물로 기도합니다.

우리나라는 자살로 죽는 사람들이 일 년에 1만 5천명이 넘는다고 합니다. 하루 평균 40명이 스스로 목숨을 끊는 것입니다. 자살은 일반적인 죽음과는 달라서 자살한 사람의 가족들뿐 아니라 그를 아는 모든 사람들에게 큰 고통과 충격을 가져다줍니다. 그래서 자살은 세 가지 대상들에게 죄를 짓는 것이라고 말합니다.

첫째는 자기 자신에게 죄를 짓는 일입니다. 살아있는 모든 존재들은 본성적으로 자신을 사랑하고 자신에 대하여 언제나 선을 추구하도록 되어있는데 자살은 이런 본성을 거스르고 자기 자신에게 무서운 악을 행하는 것이므로 죄라는 것입니다.

둘째는 가족과 이웃 등 공동체에 죄를 짓는 것입니다. 사람은 홀로 존재하며 홀로 사는 존재가 아닙니다. 모두 다 관계 속에 존재하고 관계 속에서 살아갑니다. 존재와 삶을 서로 서로 공유하고 있다는 것입니다. 그러므로 자살은 공동체에 큰 죄를 짓는 일입니다.

셋째는 하나님께 죄를 짓는 것입니다. 생명은 하나님께서 주신 것이고, 그분의 섭리 안에 종속되어 있습니다. 생명은 자신의 것이 아니고 하나님께서 사랑 안에서 선물로 주신 것입니다. 그런데 이를 무시하고 자신의 생명 유지 여부를 스스로 결정하는 것은 하나님께 큰 죄를 범하는 일입니다. 따라서 자살은 어떤 경우에도 정당화될 수 없습니다.

그러면 자살한 사람은 모두 지옥에 가요? 쉽게 대답할 수 없는 질문입니다. 자살의 죄는 용서받을 수 없나요? 자살이 죄임에는 틀림없지만 나는 자살의 죄도 용서받을 수 있는 경우가 있다고 생각합니다. 그 근거로는 첫째, 하나님의 자비와 복음의 능력이 무한하다는 것이고, 둘째는 인간이 극히 연약한 존재라는 사실입니다. 대부분 자살은 자살하는 사람의 지적이고 의지적인 결단으로 단행되기보다 우울증이라는 질병으로 인한 연약함에서 비롯됩니다. 그리고 일반적으로 자살은 타인을 향한 포악함이나 증오심에서 비롯되는 것이 아니기 때문에 살인과는 다릅니다. 그렇기에 우리는 하나님의 긍휼을 기대하며 기다립니다.

07
어느 의사의 유언

어느 마을에 훌륭한 의사 한 분이 있었습니다. 그는 유능한 의사였지만 돈을 많이 벌 수 있는 도회지로 나가지 않고 그가 세상을 떠날 때까지 시골 사람들과 함께 살면서 모든 마을 사람들의 주치의가 되었습니다.

그는 지나다니는 마을의 아이들과 어른들의 얼굴만 보고도 어디가 아픈지를 바로 진단할 수 있을 정도로 친절하고 유능한 의사 선생님이었습니다. 그도 그럴 것이 마을 어린이들은 거의 대부분 엄마의 뱃속에 있을 때부터 그의 돌봄을 받았고, 어른들도 몸이 조금만 아프고 이상해도 모두 그를 찾아가 도움을 받았기 때문입니다.

이렇게 한 평생을 마을 사람들과 함께 지낸 그 의사 선생님도 어느 듯 노년이 되었고 어느 날 임종을 맞게 되었습니다. 마을 사람들은 모두다 너무나 안타까워했습니다.

"선생님이 가시면 이젠 누가 우리를 돌봐주지요?"

사람들은 침대를 둘러서서 그의 죽음을 지켜보며 기도하고 있었습니다. 그때 그 선생님이 말했습니다.

"저보다 훨씬 훌륭한 세 분의 의사를 소개하겠습니다. 그 의사들의 이름은 음식과 수면과 운동입니다. 음식은 위(胃)의 75%만 채우고 절대로 과식하지 마십시오. 그리고 밤 12시 이전에 잠자리에 들고 해가 뜨면 일어나십시오. 아울러 부지런히 살며 많이 걸으십시오. 걷다보면 웬만한 병은 다 나을 수 있습니다."

잠시 숨을 돌린 선생님은 다시 말을 이었습니다.

"그런데 음식과 수면과 운동은 다음의 세 가지 약과 함께 복용할 때 효과가 더욱 커집니다."

사람들은 그 약이 무엇일까 궁금해서 그의 말에 더욱 귀를 기울였습니다.

"신체의 건강과 더불어 영혼의 건강을 위해 꼭 필요한 약은 성경말씀과 기도와 사랑입니다. 몸만 건강한 것은 반쪽 건강이라 할 수 있습니다. 몸과 마음이 균형 있게 건강해야 진짜 건강한 사람입니다. 말씀의 약은 매일 일정한 시간에 평생 꾸준히 복용해야 합니다. 기도도 말씀의 약과 함께 꾸준히 복용하십시오. 신기하게도 이 두 약은 많이 복용할수록 효과도 큽니다. 급하고 힘든 일이 생기면 더 많이 복용하십시오. 그리고 이 두 약과 함께 복용할 너무나 좋은 묘약이 있는데 그것은 사랑입니다. 이 약도 아주 신비로워서 자신이 먹어서 좋을 뿐 아니라 나누어주면 배나 더 효과가 큰 약입니다. 저의 마지막 처방을 꼭 기억하십시오. 이 처방대로 하시면 다른 의사 없이도 여러분들은 건강하게 살 수 있습니다."

우리나라 사람들은 다른 나라에 비해 유달리 병원을 많이 찾는다고 합니다. 하나님이 주신 의사와 약은 무시하고 병원에 있는 의사들만 찾아다니니 그렇습니다. 옛말에 음식으로 고치지 못하는 병은 의사도 못 고친다고 했습니다. 그리고 과식과 그로 인한 비만은 모든 질병의 원인이 될 수 있다는 사실은 어린이들도 다 아는 상식입니다. 그러나 우리는 절제를 못해서 많은 고생을 하고 수명을 단축시킵니다.

운동은 적극적인 의미의 절제라고 할 수 있습니다. 바쁘고 피곤한 일에서 잠깐이라도 벗어나 몸을 풀어주는 것이 운동입니다. 요체는 바쁜 일들을 잘 조정하고 시간을 할애할 수 있는 지혜입니다. 운동과 관련해서 자신 있게 말할 수 있는 게 하나 있습니다. 그것은 어느 명의보다도 더 훌륭한 명의, 어떤 약보다 더 좋은 약은 바로 운동이라는 것입니다.

   그런데 앞의 의사의 유언대로 몸만 건강하다고 해서 건강을 자신할 수 없습니다. 마음이 건강해야 하고, 영혼 또한 강건해야 합니다. 말씀과 기도를 중단하지 마십시오. 그리고 힘써 사랑하십시오. 사랑하면 예뻐지고 건강해집니다.

08
목사를 행복하게 하는 사람들

목회를 하면서 마음이 상할 때도 많지만 나는 행복할 때가 더 많습니다. 간혹 마음을 힘들게 하는 사람들도 있지만, 기쁘고 행복하게 하는 사람들이 훨씬 더 많기 때문입니다. 여기에 그 중 세 가지를 소개하려 합니다.

새 생명의 탄생

우리는 한 달에 두 번씩 세례식을 하고 있습니다. 한 번은 성인들을 위해, 또 한 번은 유아들을 위해 갖습니다. 매달 유아들이 5~6명씩 세례를 받는데 세례식 때마다 그렇게 기쁠 수가 없습니다. 하나님께서 우리 교회에 매달 귀한 생명들을 주셔서 감사하고, 유아들의 아름다운 모습들을 보는 것이 좋고, 자녀들을 하나님께 드리는 부모들의 신앙이 나를 행복하게 합니다.

어른들의 세례식도 마찬가지입니다. 특히 세례를 받고 간증을 할 때면 '언제 저렇게 믿음이 자랐을까? 어쩌면 저렇게 분명한 신앙 간증을 할 수 있을까'싶어 신기하고 감사합니다. 나는 간증을 들을 때마다 눈물이 납니다. 교인들 중에 간증을 들으며 눈물을 닦는 분들이 더러 있습니다. 잃은 자 하나가 돌아오면 천국에서는 잔치를 한다는 예수님의 말씀이 기억납니다. 자연출산이든, 영적인 출산이든 새 생명이 태어나는 것을 보는 것은 정말 기쁘고 행복한 일입니다.

과부의 두 렙돈 같은 헌금

나는 종종 가난한 성도들의 헌금 때문에 행복할 때가 있습니다. 가난하고 병약한 어느 교우님이 병이나 박스 등을 모아 팔아서 살면서도 십일조헌금을 제일 먼저 챙기신다는 말을 듣고 감격한 일이 있습니다. 언젠가 그분이 비록 적은 금액이지만 모금하는 일에도 참여한 것을 보고 놀랐습니다.

그리고 작년 연말에는 어느 은퇴 권사님이 오랫동안 부은 적금이 나왔다며 선교헌금으로 써 달라면서 천오백만 원의 돈을 들고 나에게 오셨습니다. 아마 그분에게는 전 재산이었을 것입니다. 나는 권사님이 가지고 오신 헌금을 그분의 뜻을 따라 재정적인 어려움이 많은 선교지로 보내 요긴하게 쓰도록 했습니다.

또 한 달 전에는 연세가 여든이 다 되신 남자 집사님 한 분이 이천 만원이라는 큰 금액의 헌금을 가지고 오셨습니다. 그분은 목사님을 만날 것까지 없다고 하시며 그 돈을 교구 전도사님에게 맡기고 가셨지만, 내가 주일에라도 한 번 만나뵐 것을 부탁드려 결국 감사인사를 전할 수 있었습니다. 알고 보니 아직 노구를 이끄시며 작은 장사를 하시고 계신 분이셨습니다. 이천 만원이면 아마 그분이 일 년 동안 얻은 이익금 전부였을 것입니다. 나는 이분들을 생각하면 지금도 마음이 따뜻해집니다.

충성된 목자 목녀들

우리 교회 안에는 정말 훌륭한 목자 목녀들이 많습니다. 여러 가지 어려움 가운데서도 힘을 다해 봉사하는 분들입니다. 나는 이런 분들의 간증을 들으면, 한편으론 부끄럽고 한 편으론 참 기쁩니다. 그들의 마음 자세가 목사보다 낫다는 것 때문에 부끄럽고, 하나님을 사랑하고 이웃을 자기처럼 사랑하는 것을 보면 눈물이 납니다. 지난 목자 모임의 간증 때도 눈물을 참기가 힘들었습니다. 그들이 아주 엄청난 봉사를 했다거나 큰 업적을 세운 것은 아니었지만 잠잠히 성실하게 봉사했다는 것이 참으로 아름답게 여겨졌습니다.

나는 우리 교회 목자 목녀들의 간증을 다 들을 기회가 없어서 안타깝지만, 상당히 많은 분들이 이렇게 성실하게 주님을 섬기며 목장을 섬기고 있다는 것을 알고 있습니다. 이분들은 정말 주님 나라에서 큰 상을 받을 것입니다. 지난 주일 나는 매우 바쁜 일정을 마치고 태국으로 떠났습니다. 그런데 생각보다 크게 피곤하지 않았습니다. 그것은 마음이 기쁘고 행복했기 때문이었을 것입니다.

제12부

사회

복음을 통하여 이루어지는 하나님나라,
이 나라의 통치원리는 사랑과 정의입니다.

이웃을 사랑하고,
이 사랑의 기초가 되는
정의를 실현하는 것입니다.

01
인권 문제와 기독교

01

근년에 국회와 서울시의회 등은 국민들과 학생들의 인권을 보호하고 신장시키려는 목적으로 법안을 상정하거나 학생인권조례를 제정하는 등의 노력을 해왔습니다. 그런데 이에 대한 반대가 교육계뿐 아니라 종교계와 학부모들 사이에 크게 일어나고 있습니다. 인권을 보호하고 신장시키자는 좋은 일을 왜 반대하는 것일까 하고 이상하게 여기는 사람들이 있을지 모르지만, 국회에 제출되어 있는 장애자차별금지법이나 이미 제정된 서울시의회의 학생인권조례 등에 크게 우려되는 심각한 내용들이 들어 있기 때문입니다.

작년에 국회에서 논의하다가 종교계의 반발로 일단 계류된 장애자차별금지법안에는 동성애자들에 대한 차별을 금지하는 내용이 포함되어 있습니다. 이 법에 의하면 동성애를 죄악으로 규정하거나 비난할 경우 처벌을 받도록 되어있습니다. 종교지도자나 학교의 교사라도 공적인 자리에서 동성애를 비윤리로 비판하는 것도 이 법에 저촉됩니다. 그러니까 이 법은 차별을 금지하고 인권을 보호하기 위한 것이라고는 하나 실제로는 동성애를 정당화하고 양성화하자는 것이 목적입니다. 그래서 기독교를 중심으로한 종교계의 반발이 거세졌고, 국회는 이를 일단 유안했습니다. 그러나 정권이 바뀌면 차기 국회에서 통과될 가능성이 매우 크다고 보고 있기 때문에 우리는 이를 두고 기도하면서 국민들에게 널리 알려 이를 막아야 합니다.

이런 상황에서 동시에 나온 것이 '학생인권조례'입니다. 곽노현 씨가 서울시교육감이 되면서 제출한 조례인데 서울시의회가 이미 작년에 통과시켰습니다. 그러나 곽 교육감이 일시적으로 구속되어 공포하는 일이 미루어져 오다가 그가 출감하면서 이 문제가 다시 핫 이슈로 떠올랐습니다. 학생인권조례에 대해서 찬성하는 사람들도 있지만 교사나 학부모들, 그리고 종교계의 많은 인사들이 크게 우려하며 반발하고 있습니다.

반발하는 내용들 중에서 교사들이 문제 삼는 것은 우선 원칙적으로 이 조례가 교권을 실종시킬 수 있다는 점입니다. 많은 교사들과 학부모들은 이 조례가 비교육적이라고 말합니다. 교육이란 수직적 관계가 더 우선하는 것인데 이 조례는 수평적 관계만 강조함으로써 교권이 실종될 수 있고, 이로 인한 교육현장의 황폐화가 심각하게 우려된다는 주장입니다.

특히 요즘은 교내의 폭력문제로 교육현장이 엄청난 소용돌이를 겪고 있고, 그래서 교사들의 훈육과 감독이 한층 더 요구되고 있는 것이 현실입니다. 그런데 이 조례는 현실과는 반대방향으로 역주행하고 있습니다. 최근 학교는 학생들끼리의 폭력뿐 아니라 선생님들에게까지 대들고 무례한 행동을 서슴지 않는 학생들이 점점 늘어나고 있는 상황입니다. 이런 상태에서 인권조례까지 시행되면 이를 이용하여 교사들의 지도를 거부하고 반발하는 학생들이 더욱 많아지게 될 것이 뻔한데, 이런 학생들을 대관절 어떻게 지도할 것이냐는 것이 선생님들의 탄식입니다.

심지어 학생들의 단체행동권까지 보장하면 교사들은 학생들의 요구와 주장에 끌려 다녀야 할 판이니 과연 교육이 제대로 될 수 있겠느냐고 묻습니다. 그래서 이들은 [학생인권조례폐지 범국민연대]를 결성하고 폐지운동을 하고 있습니다. 그들의 말에 의하면 이 인권조례를 찬성하는 국민들보다 우려하며 반대하는 국민들이 훨씬 더 많다고 합니다.

　모두 주목해야 합니다. 이것은 정치적인 문제가 아닙니다. 단순히 이념의 잣대로 왈가왈부할 일도 아닙니다. 또한 서두를 일도 아닙니다. 이것은 그야말로 우리 자녀들의 교육문제입니다. 백년대계를 생각하며 심각한 논의와 국민적 합의가 필요한 중대한 사안입니다.

02

　교육은 훌륭한 인품과 창조적 능력을 가진 사람으로서 많은 사람들을 널리 이롭게 해야 할 차세대를 양육하는 신성한 일입니다. 나아가 교육은 개인과 사회의 도덕적 기준을 고양시켜 좋은 사회를 만들어가는 전인적이고 역사적인 과업입니다. 그러므로 이런 일은 어떤 정권이 좌우지할 것이 아니며, 투표로 정치지도자를 뽑는다거나 어떤 정당을 지지하느냐는 정도의 문제가 아닙니다. 신중하고 또 신중하게 다루어야 할 문제입니다.

　나는 학생인권조례를 밀어붙이고 있는 사람들에게 묻고 싶습니다. "지금 많은 학생들이 교사들에 의해 인권유린을 당하고 있어 당장 조치를 취해야 하는 시급한 상황인가? 중고등학생들의 동성애나 임신과 출산 등의 문제가 심각한가?" 만약 그렇다면 이런 일들이 일어나는 현실과 그 이유를 교육적인 차원에서 면밀히 분석하고 먼저 대책을 세워야 합니다. 그렇지 않고 인권보호부터 내세우면 고쳐야 할 병을 오히려 크게 키우는 결과만 가져올 뿐입니다.

　많은 학부형들은 서울시의 학생인권조례를 보면서 이것이 학생들의 비윤리적인 행동을 선동하는 것 같다는 느낌을 받습니다. 특히 동성애차별금지라든가, 학생들이 임신이나 출산과 같은 일로 차별을 받아서는 안 된다는 조례들은 그 의도하는 바와는 달리 그런 행위를 정당화해주고, 조장하는 결과를 가져올 것이란 사실은 삼척동자라도 쉽게 알 수 있습니다. 동성애는 당당한 자신의 인권이고, 미성년자가 간음을 해서 임신을 하거나 출산을 해도 괜찮다는 생각을 갖게 만든다면 앞으로 그 후유증을 대관절 어떻게 할 것입니까? 비도덕적인 행위를 한 미성년자들을 책망하기보다 보호하는 데다 우선권을 두는 것이 과연 교육의 정도(正道)입니까?

물론 학생인권조례가 동성애를 권장한다거나 임신과 출산의 자유를 보장한다는 의도로 제정된 것은 아닐 것입니다. 학교 안에서 학생들 사이에서 일어날 수 있는 이런 일들 때문에 그 학생들의 인권이 유린되어서는 안 된다는 것, 나아가 이런 것들을 이유로 차별을 해서는 안 된다는 것이 조례를 제정하는 목적일 것입니다.

그러나 실제로는 그 의도와 전혀 다른 결과가 올 수 있습니다. 지금까지 우리 사회가 비윤리라고 합의하고 교육해 온 것들을 이제는 정당한 것이라며 뒤엎는 결과가 올 수 있습니다. 그래서 학생인권조례를 보면 도덕적 기준 자체가 무너져 버렸다는 느낌이 강하게 든다는 말입니다. 만약 이런 말이 실감이 안 된다면 당신의 자녀들과 연결시켜 생각해보라고 말하고 싶습니다.

기독교계의 반발은 위 내용과는 또 다른 차원에서 일어나고 있습니다. 도덕적 타락을 정당화하고 이를 인권으로 규정하는 내용들 때문입니다. 대부분의 종교가 다 그렇지만 기독교는 고도의 윤리종교입니다. 성경은 동성애나 음란을 타락한 세상의 전형으로 여기고 있습니다.

성경적 관점에서 보면 동성애나 간음은 분명히 죄악입니다. 이것들은 인간의 존엄성을 깨뜨리고 사회를 타락시키며, 인간이 가진 천부적인 인격과 인권을 심각하게 훼손하는 결과를 가져오는 죄악입니다. 하나님은 사람을 만드실 때 남자와 여자로 만드시고, 한 남자와 한 여자로 가정을 이루게 하셨습니다. 이것은 창조질서입니다. 이 같은 창조질서가 무너지면 사회는 혼란에 빠지고 개인의 삶은 불행하게 됩니다.

그렇다고 우리가 종교적인 계율로 청소년들을 정죄하고 심판하자는 것은 아닙니다. 그들이 올바르게 자라고 행복하게 살 수 있도록 교도하자는 것입니다. 잘못을 잘못이라고 말하는 것은 차별이나 인권유린이 아닙니다. 학생들에게 잘못을 깨우쳐주고 올바른 길이 무엇인지를 가르쳐서 반듯하게 자라도록 해 주는 것이 교육의 목적이기 때문입니다.

03

인간과 생명의 가치에 대한 사상 중 성경의 가르침보다 더 고상하고 구체적인 사상을 찾기는 힘듭니다. 성경은 모든 것을 아우르고 뛰어넘을 수 있는 보편적, 절대적 가치가 무엇인가를 분명히 가르치고 있습니다. 이것이 인간의 존엄성을 말해주고 인권의 기초가 됩니다.

성경은 좌도 우도 아니고, 또 시대의 풍조를 따라 변하는 어떤 사상이나 정치철학도 아닌 영원한 가치, 즉 모든 사람들에게 진정한 삶과 복지를 가져다 줄 수 있는 가치들을 분명히 하고 있습니다. 우리는 이것들을 알고 붙잡아야 하며, 이를 수호하고 실현해야 합니다. 하나님의 나라란 바로 이런 가치가 실현된 나라이며, 여기서 사람은 사람다운 대접을 받고 사람다운 삶을 살게 됩니다.

생명

인간의 생명보다 더 귀한 것은 없습니다. 이는 우주와도 바꿀 수 없는 고귀한 가치입니다. 이것은 논증이 필요 없는 선험적 가치입니다. 그리고 절대가치라고 하는 것은 그것이 바로 선악의 기준이 됨을 뜻합니다. 생명은 선악을 분별하고 판단하는 기준이 됩니다. 곧 선은 생명을 위한 어떤 것(something for life)이고, 악은 생명을 대적하는 어떤 것(something against life)입니다. 사탄은 악의 실체로서 생명의 존엄성을 파괴하고 왜곡시키며 부패케 하여 멸망에 이르게 합니다.

인권

인권이 넓은 의미에서는 생명에 포함되는 것이라고 할 수 있겠지만 엄밀히 보면 다른 차원의 내용이 있습니다. 생명이 존재론적인 차원에 속한다면 인권은 사회적인 차원에 속합니다. 누구에게나 공동체 속에서 인간적인 대우를 받고 존중받을 권리가 있으며, 이것이 바로 인권입니다.

사람은 누구나 자신의 생명을 유지하고, 활동하고, 자신의 의지를 따라 능력을 개발하고 행사할 수 있는 권리가 있습니다. 이를 천부인권이라고 합니다. 이 인권은 하나님으로부터 주어진 것입니다. 하나님은 당신의 형상을 따라 사람을 인격적인 존재로 만드셨습니다. 인격이란 말은 사람 편에서 쓴 용어이고 실제로는 신격(神格)이란 말입니다. 곧 사람을 신적인 존재로 만드셨다는 것입니다. 여기서 아무도 침해할 수 없는 인권이 나옵니다.

그런데 인간이 가진 천부적인 인권을 그 근본에서부터 무너뜨리는 것이 있으니 그것이 바로 죄악입니다. 앞에서 언급한 대로 죄는 생명을 쇠하게 하고 인간의 인간됨을 파괴합니다. 곧 인간이 가진 거룩한 신성에 도전하고 이를 무너뜨립니다.

자유

또 하나의 절대 가치는 자유입니다. 생명, 인권, 자유는 모두 불가분리의 관계에 있습니다. 자유가 없는 인격이 성립될 수가 없고, 인격과 인권이 무시되는 생명은 가치가 없습니다. 인간은 양심의 자유, 언론의 자유, 근로의 자유, 행복을 추구할 자유, 신앙의 자유 등의 자유가 있습니다. 이런 자유는 이웃의 자유와 권리를 해치지 않는 범위 내에서 최대한 보장되어야 합니다.

그러나 방종과 자유는 다릅니다. 방종은 자기중심적 자유입니다. 방종은 죄를 짓는 자유입니다. 자신의 부패한 욕심을 채우고자 하는 자유입니다. 그러므로 이기적인 자유는 다른 사람들의 생명과 인권을 무시합니다. 인간이 가진 자유는 하나님의 사랑 안에 있는 자유입니다.

02
무례한 기독교

얼마 전 방송국에서 지하철 승객들에게 설문조사를 했는데 차 안에서 승객들을 짜증스럽게 하는 두 가지는 '술주정과 선교'였다고 합니다. 곧 술 취한 사람들의 행패와 전도자들의 소음입니다. 이 보도를 듣는 순간 나는 미안함과 부끄러움으로 얼굴이 확 달아올랐습니다.

옛날 일제 강점기에 최봉석 목사님은 노방전도를 열심히 했고, 그의 전도 메시지도 매우 단순했습니다. 그것이 바로 "예수 천당"이었습니다. "예수 믿으면 천당 간다"는 말의 줄임입니다. 그런데 놀랍게도 이 단순한 메시지의 노방전도를 통해서 최 목사님은 70여개의 교회를 세웠다고 합니다. 그래서 그의 별호는 최권능이었습니다. 내가 어릴 때만 해도 최 목사님의 흉내를 내는지 종종 시장이나 열차 안에서 "예수천당 불신지옥"을 외치며 전도하는 사람들이 있었습니다.

그런데 이런 식의 노방전도가 지금도 여전히 계속되고 있어서 지하철을 이용하는 승객들의 짜증꺼리가 되고 있다니 민망스럽기 그지없습니다. 목사가 "때를 얻든지 못 얻든지" 열심히 전도하는 사람들이 있다는 것을 들을 때 그들을 대견스럽게 여겨야지 부끄럽게 여겨서야 되겠느냐고 생각하는 사람들이 혹 있을지 모르지만, 나는 우리 기독인들의 교양 수준이 이런 무례함에까지 이르고 있음을 매우 안타깝게 여깁니다.

요즘은 노방전도가 오히려 전도의 문을 막는 역효과를 내고 있습니다. 전도지나 주보를 들고 다니며 길거리에서 그것을 나누어주거나 아파트 문 앞에나 우편함에다 끼우는 일 등은 오히려 주민들을 짜증나게 하고 있습니다. 그러면서 이것이 불신자들에게는 전도가 이웃을 사랑하여 구원의 소식을 전하고자하는 거룩한 종교행위가 아니라 물건을 강매하려는 판촉행위로 비치고 있습니다. 다행인지 모르겠으나, 요즘은 아파트 경비들의 저지로 이런 일도 잘 못하게 되었지만, 하여간 이런 식의 노방전도는 복음의 존귀성과 영광을 천박하게 만드는 결과만 가져오고 있습니다.

어느 사회나 그 사회가 갖는 문화가 있고 교양이라는 게 있습니다. 이런 것을 무시하거나 짓밟는 것은 이웃에 대한 무례함입니다. 이것이 이웃을 짜증스럽게 만드는 행위이기 때문입니다. 또한 이것은 "이웃을 자신처럼 사랑하라"는 대계명을 무시하는 것이기도 합니다. 물론 어떤 이들은 이웃을 사랑하기에 그런 식으로라도 전도한다고 말할지 모릅니다. 그러나 사랑에도 보편적인 교양이 뒷받침되지 않으면 오히려 악행처럼 보일 수 있습니다. 잠언에 "이른 아침에 큰 소리로 자기 이웃을 축복하면 도리어 저주 같이 여기게 되리라"(27:14)는 말씀처럼 말입니다.

미국 풀러신학대학교 총장인 리처드 마우 박사는 『무례한 기독교』(Uncommon Decency)란 책을 썼습니다. 거기서 그는 이웃과 더불어 사는 그리스도인들이 베드로전서 3:15의 말씀에 유의하고 생활 속에 적용해야 할 것을 강조하고 있습니다.

> "너희 마음에 그리스도를 주로 삼아 거룩하게 하고 너희 속에 있는 소망에 관한 이유를 묻는 자에게는 대답할 것을 항상 준비하되 온유와 두려움으로 하고" (벧전 3:15)

그렇습니다. 우리 크리스천들은 고난과 핍박 속에서도 기쁨과 감사를 잃지 않는 소망을 가진 자들입니다. 이것이 기독인들에게 당당한 삶의 태도를 갖게 만듭니다. 또한 한편으로 이것은 불신자들에게는 궁금증과 함께 기독인들에 대한 존경심을 갖게 만들기도 합니다. 우리는 이런 사람들이 되어야 합니다. 동시에 우리는 사람들 앞에서 겸손해야 합니다. 그리고 우리가 가진 소망에 대해 "온유함과 두려움(여기 두려움은 상대방을 존경하는 마음의 태도를 뜻한다)"으로 설명해야 합니다. 이것이 전도입니다.

따라서 다원주의 사회에서의 전도는 관계전도여야 합니다. 가정교회는 바로 이런 섬김의 전도, 이웃을 진심으로 사랑하는 관계전도의 가장 좋고 효과적인 장(場)입니다.

03
기독인의 나라사랑

대한민국 건국 60년, 나는 대한민국 정부가 수립되던 1948년에 태어났습니다. 어릴 때는 몰랐지만, 돌아보면 지난 60년은 참으로 갈등, 위기, 혁명, 격동 등 이런 단어들을 총동원해도 오히려 모자람이 느껴지는 파란만장의 역사였습니다. 6·25동란, 4·19혁명과 5·16 군사쿠데타, 5·18 광주민주화운동, 남북의 끊임없는 충돌과 갈등…. 이 피 흘림의 엄청난 역사를 우리가 어떻게 감내해왔는지 모르겠습니다.

그런데 더 놀라운 것은 이런 역사 속에서도 산업화와 민주화가 이루어지고 나라가 발전해왔다는 사실입니다. 정말 기적입니다. 60년은 역사라는 말로 표현하기에는 어울리지 않는 짧은 기간입니다. 그런데 우리는 이 짧은 기간에 그야말로 역사를 이루어냈습니다. 참으로 기적이요 은혜입니다.

그러나 아직도 우리나라는 여전히 격동 중에 있습니다. 지금도 우리 형편은 평화와는 먼 거리에 있습니다. 남북교류가 시작되었지만 갈등과 불안은 여전하고, 국내에서도 이념갈등은 더욱 증폭되고 있는 느낌입니다. 본래 좌우는 대칭을 이루며 균형을 잡는 관계로써 서로를 보완하여 나라를 바로 세우는 것인데, 우리는 남북 대치라는 특수한 상황 때문에 서로가 지나치게 예민해지고 오해가 심화되어 부딪힙니다. 우리는 크리스천으로서 좌우극단에 치우치지 말고 기독교적인 가치, 즉 하나님나라의 가치를 드러내고 실천을 통해 세상을 이끌어가야 합니다.

기독교의 최고 가치는 복음입니다. 복음은 죄인을 구원하고 세상을 구원하는 하나님의 지혜요 능력입니다. 복음은 이렇게도 뒤틀린 세상, 온갖 비참과 저주가 있는 세상을 구원하는 하나님의 대책이요 인류의 희망입니다.

구원이란 말은 엄청난 내용을 가진 말입니다. 죄 사함, 칭의, 거듭남, 양자됨과 성화, 그리고 영화와 하늘나라의 기업을 소유하고 누리는 모든 내용이 다 들어 있습니다. 그러나 이것들도 개인의 구원 차원의 내용일 뿐입니다. 구원이란 개인을 넘어 공동체와 하나님나라로 나아가는 것입니다. 존 스토트는 구원을 세 가지 차원으로 설명했습니다. "새 생명(New Life), 새로운 사회(New Society), 새로운 왕국(New Kingdom)"이 그것들입니다. 이를 가능하게 하는 것이 복음입니다.

복음의 핵심은 십자가의 도입니다. 십자가의 도는 그리스도께서 십자가의 죽음을 통하여 인간의 죄를 속량하셨다는 것입니다. 이를 믿는 자는 죄 사함을 받고, 성령으로 거듭나 새 사람이 됩니다. 복음은 사람을 살리고, 그의 삶을 변화시킵니다. 이 복음이 들어가면 사람이 변하고, 가정이 변하고, 지역 사회가 변하고, 나라가 변합니다. 그리고 이 복음은 결국 하나님나라로 완성됩니다. 따라서 기독인의 나라사랑은 복음·전도의 사명을 실천하는 것에서 출발합니다.

그리고 복음을 통해 이루어지는 하나님나라, 이 나라의 통치원리는 사랑과 정의입니다. 이웃을 사랑하고, 이 사랑의 기초가 되는 정의를 실현하는 것입니다. 정의란 바른 것이며, 관계를 올바르게 하고, 공평을 가능하게 하는 사회정의입니다. 오늘날의 사회정의는 주로 경제정의를 의미합니다. 경제정의란 경제활동의 공정과 공평을 말하지만, 좀 더 구체적으로는 가난한 자들에 대한 배려와 사랑입니다. 예수님은 가난한 자들을 먼저 돌아보셨고, 불의한 권력자들과 부자들을 심판하셨습니다.

가난한 사람들은 경제적인 약자입니다. 우리가 건물을 짓거나 길을 낼 때 장애자를 배려해야 하듯이 경제활동과 관련된 법을 제정하거나 제도를 만들 때는 경제적인 약자들을 우선적으로 배려해야 합니다. 이 구조적 배려가 효력있고 진정한 이웃 사랑입니다. 장애자들을 전혀 배려하지 않는 건물을 지어놓고, 지체장애자를 돕는다며 손을 내미는 것으로 사랑을 실천한다고 착각해서는 안 됩니다. 그것은 자기만족을 위한 온정주의에 불과합니다. 따라서 기독인의 나라사랑은 사회정의의 실현을 위해 자신의 부를 희생하는 것입니다.

건국 60년에 맞는 광복절은 우리에게 새로운 의미로 다가옵니다. 나라를 사랑하고, 나라를 위해 기도합시다. 그리고 일어나서 사랑을 실천합시다.

04
인터넷 중독

무엇에든 중독되는 것은 위험한 일입니다. 중독이란 어떤 것이 신체적 정신적 기능에 계속적인 장애를 일으키게 만드는 현상을 말합니다. 정상적인 기능을 마비시키거나 훼손하여 비정상적인 생각과 행동을 하게 하는 것이 중독입니다. 어떤 중독이든 처음에는 예사롭게 여겨지던 것이 점점 심해져서 나중에는 심각한 상황에 이르게 합니다.

얼마 전만해도 중독이라면 술이나 담배, 혹은 약물 중독을 생각했습니다. 그러나 요즘은 중독을 일으키는 매체와 현상들이 훨씬 더 다양해졌습니다. 그 중에서도 인터넷 중독이 가장 많아지고 있습니다. 인터넷 중독이 심해지는 가장 중요한 이유는 인터넷이 아주 유용한 매체이고, 누구에게나 보편적으로 열려있는 매체이기 때문입니다. 그러다보니 아무나 무방비상태로 여기에 접근하게 되고 그러다가 쉽게 중독에 빠지는 것입니다.

요즘은 인터넷 커뮤니티가 발전하고, SNS 등이 보편화되면서 그 부작용이 크게 확대되고 있습니다. 무엇보다 이 문화는 청소년들의 마음을 사납게 만들고, 사람들을 유치하고 경박스럽게 만들고 있습니다. 청소년들뿐 아니라 성인들까지

길거리에서도 고개를 푹 숙이고 스마트 폰을 들여다보고 있는 모습을 보노라면 참 답답하고 안타깝습니다. 인터넷 중독에 대한 몇 가지 예를 통해 경종을 울리고 싶습니다.

예 1

이전에 시무하던 교회에서 어느 가정을 방문했던 때의 일입니다. 3~4살 되는 어린이가 컴퓨터 앞에 앉아서 열심히 게임을 하고 있었습니다. 엄마가 "○○야, 목사님이 오셨으니 이제 그만하고 예배드리자"라고 했으나 들은 척도 하지 않았습니다. 몇 번 설득하다가 안 되니 엄마가 전원을 꺼버렸습니다. 그랬더니 그 아이는 방을 뒹굴며 소리를 있는 대로 지르고 울어댔습니다. 엄마가 어쩔 수 없어서 다시 컴퓨터 앞에 앉히고 게임을 하게 하고 나서야 예배를 드렸습니다.

이 댁은 엄마 아빠가 둘 다 직장에 나가는 집이었습니다. 그래서 아이는 어린이집에 다녔고, 돌아오면 가정부가 돌보았습니다. 가정부가 아이를 조용히 잡아두는 제일 쉬운 방법이 게임을 하게 하는 것입니다. 그래서 이 아이는 게임 중독에 빠져버렸던 것입니다. 밥도 제대로 먹지 않고, 운동도 하지 않고, 때론 잠도 자지 않으려했습니다. 부모들이 이를 알았을 때는 너무 늦어서 어떻게 치료를 해야 할지 몰라 엄마는 직장을 포기하고 아이에게 매달려야 했습니다.

예 2

한 청소년이 있었습니다. ○○는 중학교 일학년 때부터 인터넷에 맛을 들이기 시작하더니 음란 사이트에 빠져들었습니다. 상당 기간이 지났으나 부모들은 이 사실을 알지 못했습니다. 주로 밤 늦은 시간이나 새벽에 일어나서 인터넷을 했기 때문입니다. 엄마는 아이의 방에서 심한 지린내가 나기도 하고 아이의 몸이 마르고 힘들어 하는 것을 보았지만 성장통인 줄로만 알았습니다. 학교에서는 친구들과 어울리지 않았고 수업 시간에는 항상 졸았습니다. 이상하게 여긴 담임선생님이 부모들을 불러 상담을 하면서 그 아이의 심각한 상태를 알게 되었습니다.

아이는 밤마다 엄마 아빠가 잠자리에 든 것을 확인하면 그 후부터 밤새도록 인터넷에 매달렸습니다. 그리고 소변이 마려워도 일어나기가 싫어서 앉은 자리에서 종종 실례를 하는 경우까지 있었습니다. 다행히 특별한 치료를 받고 어느 정도 회복되긴 했으나 학교도 다니지 못하고 오랫동안 후유증에 시달려야 했습니다.

예 3

이 예는 미국의 K.S. 영(K. S. Young)이라는 교수가 쓴 『엉망진창의 웹』(Tangled Web)에 나오는 이야기입니다. 평범한 가정주부였던 마르시아라는 주부가 해외의 어느 남자와 채팅을 시작했습니다. 서로 성적인 이야기를 주고받다가 그녀는 성적 환상에 빠져들게 되었습니다. 그러다가 남편과의 정상적인 부부생활에는 흥미를 느끼지 못하고 사이버 섹스에만 몰두하다가 강박장애에 빠졌고, 그녀는 결국 정신질환에 시달리다가 가정도 인생도 망쳐버리고 말았습니다.

유용한 것이 이렇게 인생을 망쳐버릴 수도 있다는 무서운 이야기들입니다.

05
세상에는 참 기이한 일들이 많습니다

잠언서에 보면 심히 기이히 여기고도 깨닫지 못하는 것들에 대한 몇 가지 예를 들고 있는데 요즘 세상에는 그것들보다 훨씬 더 이해가 안 되는 기이한 일들이 많습니다. 그 중 세 가지 예를 들어 보겠습니다.

예 1

통일교는 대한민국을 국토로 하는 천주평화통일국(일명 천일국)을 수립했는데 문선명 교주 사후 그의 부인인 한학자 씨가 천일국(天一國) 진성덕천황제로 즉위했다고 합니다. 그리고 지난 2월22일 경기도 청평에 있는 천전궁(天殿宮, 하나님의 집무실)에서 기원절(基元節, 천일국 수립기념일) 행사를 하면서 한학자 씨는 황제의 면류관과 천황보를 입고 일어나 만백성들을 축복했다고 합니다.

그런데 이 희한한 행사에 통일교인들 수만 명은 물론 제법 이름 있는 인사들, 그리고 어느 나라의 대사까지 참석했다고 합니다. 내가 기이하게 느끼는 것은 천일국 여황제의 쇼가 아니라 이런 이상한 쇼에 참석하는 지성인들입니다. 대학을 나오고 사회에서 지도적 자리에 앉아있는 사람들이 무슨 생각으로 이런 집회에 참석할까요? 참석하면서 무엇을 느꼈을까요?

예 2

자유민주주의와 공산주의가 우리나라만큼 오랫동안 혈투를 벌이며 대결해온 나라는 없을 것입니다. 이런 대결과 갈등은 지금도 여전히 진행 중입니다. 10여 년 전, 이런 가운데 생겨난 말이 종북주의(從北主義) 또는 종북(從北)이란 말입니다. 이는 북한의 집권 정당인 조선노동당과 그 지도자인 김일성 전 국가주석, 김정일 전 국방위원장 등의 외교 방침을 무비판적으로 추종하는 경향을 일컫는 말이라고 합니다. 쉽게 말하면 북한 사회주의 정권을 추종하고 그들을 비호하는 사람들에 대한 비판적인 용어입니다.

그런데 이런 용어보다 이런 비판을 받는 사람들에게서 나타나는 행태가 더 문제입니다. 북한에 가서 '경외하는 김일성 동지'를 추모 찬양하는 사람들, 자신이 속한 나라의 대통령에 대해서는 온갖 모욕적이고 추악한 욕을 하면서도 '민족의 지도자 김정은 동지'는 존경한다고 경의를 표하는 사람들, 북한이 핵을 보유한 것은 그들의 주권이라고 비호하는 사람들, 대명천지에 아직도 이런 사람들이 더러 있다니 참 기이하지 않습니까?

예 3

요즘 기독교계는 동성애차별금지법 반대운동으로 계속 뜨겁습니다. 동성애자들이라고 해서 그들의 인권까지 무시해서는 안 된다는 취지의 법이라고는 하지만 사실은 동성애를 정당한 것으로 인정하자는 법이고, 얼마 지나지 않아 동성결혼도 합법화하자고 들고 나올 것이기 때문에, 기독교계는 세상을 망하게 할 이런 법제정을 강력히 반대하는 것입니다.

그런데 기이한 일은 목사로서, 또 기독교인 학자로서 동성애의 합법화를 주장하는 사람들이 있다는 사실입니다. 극소수이긴 하지만 이런 주장을 하는 기독지성인들이 있다는 것이 참 기이하고 놀랍습니다. 그들은 성경에 동성애를 죄악시하는 구절은 몇 구절 없다고 말하며, 동성애가 구약성경에 거의 제한돼 있을 뿐 아니라 예수님이 동성애를 반대하는 말씀을 한 일이 없다고 주장합니다. 이들은 눈을 감고 성경을 읽은 것 같습니다. 자기의 마음에 맞는 말씀만 받아들이는 이상한 사람들입니다. 영적인 우맹이 되어버린 것입니다.

그런데 이렇게 별 희한한 일을 벌이고 주장을 해도 동조하는 사람들이 있으니 세상은 참 기이합니다. 통일교와 같은 희한한 종교에도 열광하는 사람들이 있고, 이성이 없는 사람들이 아니라면 도무지 따를 수 없을 것 같은 사상에도 열정적으로 따르는 사람들이 있으니 참 희한한 세상입니다. 이와같이 사탄은 그를 추종하는 자들의 지각에 화인을 찍어 맹목이 되게 만듭니다.

06
목회자윤리선언

지난 11월 29일(2012년)에 기독교회관에서 한국교회목회자윤리위원회의 발족과 함께 윤리강령을 발표했습니다. 윤리위원들은 한국교회 주요 교단에서 한 분씩, 비교적 건강하고 개혁적인 목회를 하고 은퇴한 원로목사님들로 조직되었습니다. 나는 은퇴가 이미 확정된 목사라는 것 때문에 추천을 받아 참여하게 되었고, 참석한 목사들 중에서는 나이가 가장 젊다는 이유로 서기가 되어 윤리선언문을 작성하는 중요한 일을 맡게 되었습니다. 나는 원로들의 자문을 받아 초안을 작성하였고, 위원회가 모여 이를 수정 보완하여 발표하였습니다.

　이 윤리선언은 목회자만을 위한 것이 아닙니다. 교인들에게도 어떤 표준적인 목회자상을 보여줌으로써 이를 위해 기도하며 목회자들을 돕도록 하기 위함입니다. 교회에서 성도들이 적극 협력하지 않으면 목회자들만으로는 이런 윤리강령들을 실천할 수가 없습니다. 우리 교우님들에게도 참고가 되기를 바라며 여기에 전문(10개항)을 게재합니다.

목회자 윤리선언 (전문)

하나님께서는 "내가 거룩하니 너희도 거룩하라"고 말씀하셨다. 오늘 한국교회가 당면한 모든 위기는 목회자의 거룩성 상실에 그 원인이 있다. 목회자는 교회의 지도자들로서 교회에서 거룩의 본보기가 되어야 하고, 세상에서 마땅히 윤리적인 모범이 되어야 함에도 불구하고 지금 우리의 현실은 교인들과 세상 사람들의 근심거리가 되고 있는 상황이다.

우리는 그리스도의 피로 속량함을 받고 의롭다함을 얻은 사람들이지만 동시에 여전히 죄로 오염된 몸과 마음을 가진 죄인들이다. 따라서 우리는 하나님의 말씀 앞에서 항상 자신을 살펴 죄를 회개하고, 우리를 거룩케 하시는 성령님의 도우심을 의지하여 성결을 이루는 일에 마땅히 헌신해야 한다.

동시에 개인적인 결단과 헌신만으로는 이런 과업을 성취하기가 어렵다는 것을 알고, 한국기독교목회자협의회는 우리 모두가 연약한 동역자들로서 서로 돕고 보호해주어야 할 필요가 있음을 통감하여 한국교회 목회자윤리위원회를 독립적인 상설기구로 설립하여 목회자들의 윤리적 사명 수행을 돕고자 한다. 따라서 우리는 오늘의 윤리선언이 선언적 의의로만 끝나지 않고 모든 목회자들이 서로 돕고 격려하며 이를 함께 이루어 갈 수 있도록 최선을 다할 것을 다짐하며, 이를 위해 아래와 같이 목회자윤리선언을 천명한다.

1. 우리는 그리스도가 교회의 주되심(the Lordship)을 거듭 확인하고 고백한다. 그러므로 어떤 경우에도 개인적으로나 교회적으로나 그리스도의 주권에 도전하거나 훼손하는 일이 생기지 않도록 두려워 떨며(시 99:1) 삼갈 것을 다짐한다.

1. 목회자의 권위는 겸손과 섬김과 희생에 있다. 따라서 우리는 섬김이 가장 귀한 사역이라는 그리스도의 교훈(막 10:45)을 받들어 부와 명예와 권세의 유혹을 이기고 평생토록 낮은 자리에서 섬기는 자로 살 것을 다짐한다. 우리는 교회에서 어떤 직책이나 지위를 얻기 위해 선거운동을 하거나 돈을 쓰는 일이 없도록 자정(自淨) 노

력을 계속할 뿐 아니라 감시 감독의 책임도 다할 것을 다짐한다.

1. 우리는 공정한 절차를 통한 민주적인 의사결정이 성서적인 방법이라고 믿는다. 따라서 우리는 교회의 모든 일들에서 하나님의 뜻을 찾되(롬 12:2) 공개적이고 민주적인 절차를 따라 행할 것이며, 나아가 교회가 사회로부터 신뢰를 얻을 수 있도록 목회자 스스로 정직 근면할 뿐 아니라 그리스도인들로 양심운동과 정직운동에 적극 참여토록 격려하고 고무하는 지도자가 될 것을 다짐한다.

1. 우리는 교회의 불투명하고 독단적인 재정운영이 목회자를 부패시키고 교회의 화합을 깨는 주요한 원인이 되고 있다는 것을 인정하며, 따라서 교회의 재정은 교인들의 감시와 감독을 받을 수 있도록 공개되어야 한다고 천명한다. 이로써 우리는 교회 안팎으로부터 신뢰를 얻고, 적극적으로는 선교와 사랑의 나눔을 통하여 교회의 사명을 완수하는데 진력할 것을 다짐한다.

1. 목회자는 결혼의 존엄함과 가정의 순결을 지키는 일에 본이 되어야 한다. 하나님께서는 한 남자와 한 여자가 연합하여 둘이 한 몸을 이루게 하셨다(창 2:24). 그러므로 가정은 창조주 하나님의 섭리와 그리스도의 뜻대로(엡 5:22-27) 거룩하고 순결하게 보존되어야 한다. 우리는 무방비 상태로 노출된 현대사회의 온갖 유혹으로부터 자신과 가정과 교회를 지키는 순결운동에 앞장 설 것을 다짐한다.

1. 우리는 교회의 주권이 오직 그리스도에게 있음을 믿는다. 교회는 담임목사의 소유가 아니며, 자녀들에게 물려줄 수 있는 유산도 아니다. 따라서 우리는 자녀나 친족에게 담임목사의 자리를 대물림하는 일을 하지 않을 것을 결단하며, 지금도 한국교회에서 계속되고 있는 '세습'을 근절하는 일에 앞장설 것을 다짐한다.

1. 우리는 이원론적인 세계관과 왜곡된 복 사상, 교회의 양적 성장주의 추구에 함몰되지 않도록 즉 세속화와 인본주의 그리고 각종 프로그램에 치우치지 않도록 자

기를 지키며 교회의 갱신과 진정한 부흥을 위해 말씀과 기도에 더욱 전념할 것을 다짐한다.

1. 우리는 하나님의 창조 세계를 사랑하고 귀히 여기며, 자연을 보존하는 친환경적인 생활습관과 문화를 기르고 발전시키기 위해 목회자로서 검소와 절제의 모범을 보이며 교육적 사명을 다할 것을 천명한다.

1. 우리는 교회와 국가가 사역의 영역에서 구분되어 있다는 것을 안다. 따라서 우리는 세상 권력을 쟁취하기 위해 정당을 만들거나 특정 정당에 가입하여 활동하는 일을 삼갈 것이다. 그러나 정치와 종교의 구분이 기독인들의 사회 정치적 책임과 권리를 유보케 하는 것은 아니므로 우리는 시민으로서 납세와 국방의 의무를 포함한 공적 의무와 사회적 책임을 다할 것이며, 나아가 이 땅 위에 하나님의 공의와 사랑이 이루어지도록 예언자적인 사명을 다할 것임을 다짐한다.

1. 우리는 그리스도의 복음이 모든 믿는 자들에게 구원을 주시는 하나님의 능력임을 고백할 뿐 아니라 기독교 진리의 탁월성을 믿는다. 동시에 우리는 타종교들을 존중하며, 그들이 가진 신앙과 종교시설을 폄하하는 일이 없도록 노력할 것을 천명한다.

에필로그

  한 공동체가 좋은 리더를 만난다는 것은 축복이고 은혜입니다. 정주채 목사님의 사역을 함께 돕고 그분을 가까이에서 지켜보면서 좋은 리더라는 것을 확신할 수 있었고, 나 또한 그런 리더가 되기 원하는 갈망을 갖도록 하셨습니다. 하지만 아쉬운 것은 이런 좋은 리더의 생각과 마음을 많은 사람이 늘 함께 할 수 없었다는 점이고, 시간이 지나면 쉽게 망각 속에 묻혀 버릴 수 있다는 점입니다.

  이런 의미에서 목회의 현장에서 생생하게 써내려간 정 목사님의 칼럼은 각자의 자리에서 좋은 리더의 모습을 만날 수 있게 하며, 일대일로 정 목사님의 이야기를 들을 수 있게 합니다. 목회의 여러 가지 상황과 문제에 맞닥뜨리며 수년간 집필하신 정 목사님의 칼럼은 오고가는 세대의 목회자, 그리고 건강한 교회를 꿈꾸는 성도들에게 좋은 이정표가 될 것입니다.

  정 목사님의 칼럼은 시기마다, 교회나 사회의 이슈에 따라 목자의 마음을 가지고 매주 집필하셨지만 독자들의 이해를 돕기 위해 관련 있는 주제에 따라 분류해 보니 자연스럽게 그 주제가 총 11가지가 되었습니다. 새로운 시작, 교회, 가정교회, 선교와 여행, 이웃, 가정과 자녀, 감사, 믿음, 인물과 기억, 삶, 사회 등으로 평소 정 목사님의 관심과 생각이 어디에 있는지를 알 수 있게 해주는 균형 잡힌 신앙의 글들입니다.

이제 목회 현장을 떠나시려는 시점에서 정 목사님의 빈자리가 실감나질 않지만 목사님이 그리워질 때 이 책을 통해 다시 좋은 리더를 만날 수 있게 되길 바랍니다.

2013년 10월 29일
책을 마무리하며, 편집자 김성수